税务会计实训丛书

会计与税法差异调整

侯江玲　王成科　主编

北京大学出版社
PEKING UNIVERSITY PRESS

内 容 简 介

本书根据最新颁布的税法和会计准则，仔细分析了会计准则与税法的各项具体差异，主要包括会计与税法差异概述、收入财税处理差异及调整、存货财税处理差异及调整、固定资产财税处理差异及调整、无形资产财税处理差异及调整、长期股权投资财税处理差异及调整、投资性房地产财税处理差异及调整、非货币性资产交换财税处理差异及调整、债务重组业务财税处理差异及调整、成本费用财税处理差异及调整以及职工薪酬财税处理差异及调整等方面的内容。

本书既可作为企业财会人员、财税系统职工的参考用书，也可作为各类学校财税专业及相关专业纳税实务课程的培训教材。

图书在版编目(CIP)数据

会计与税法差异调整/侯江玲，王成科主编. —北京：北京大学出版社，2012.1

(税务会计实训丛书)

ISBN 978-7-301-20020-9

Ⅰ. ①会… Ⅱ. ①侯…②王… Ⅲ. ①会计制度－研究－中国②税法－研究－中国 Ⅳ. ①F233.2②D922.220.4

中国版本图书馆 CIP 数据核字 (2011) 第 282761 号

书　　　名：会计与税法差异调整
著作责任者：侯江玲　王成科　主编
策 划 编 辑：邱　懿
责 任 编 辑：卢英华　武瑞敏
标 准 书 号：ISBN 978-7-301-20020-9/F・3022
出 版 发 行：北京大学出版社
地　　　址：北京市海淀区成府路 205 号　100871
网　　　址：http://www.pup.cn
电 子 信 箱：zyjy@pup.cn
电　　　话：邮购部 62752015　发行部 62750672　编辑部 62754934
　　　　　　出版部 62754962
印　刷　者：河北滦县鑫华书刊印刷厂
经　销　者：新华书店
　　　　　　650 毫米×980 毫米　16 开本　17.75 印张　264 千字
　　　　　　2012 年 1 月第 1 版　2012 年 1 月第 1 次印刷
定　　　价：36.00 元

税务会计实训丛书编委会

前　言

随着我国经济的高速发展，税收所具有的组织收入、调控经济和调节分配等职能作用越来越突出，各项财税法规也发生了深刻变化，新的财税法规不断出台。为适应全国税务系统岗位专业知识和技能培训的需要，不断提高广大税务人员的业务素质，根据最新颁布的《企业会计准则》、新《中华人民共和国企业所得税法》、最新修订的《中华人民共和国企业所得税法实施条例》、《中华人民共和国营业税暂行条例》《中华人民共和国增值税暂行条例》、《中华人民共和国消费税暂行条例》等税法相关内容，对会计准则与税法的各项具体差异进行了详细的分析，通过例题解析和实训来帮助读者更好地掌握各项差异的会计和税务处理，我们编写了此书——《会计与税法差异调整》。

本书以最新财税法规体系为指导，真正站在税务会计人员的立场上，想税务会计人员之所想，根据税务会计人员的特点和需要来设计体例和取舍内容，而不是从政府部门宣称、普及税法的角度，旨在用最新政策为企业和有关财会人员解决实际业务问题。

本书文字简洁、通俗易懂，用丰富的实例来讲解，避免晦涩难懂，使税务会计人员在有限的时间和精力里，获取到作为税务会计人员应知应会的全面知识。由于时间仓促以及编者水平有限，书中难免有不足之处，恳请广大读者热心指点，以便做进一步修改和完善。

编　者

2011.06

目　录

第1章

会计与税法差异概述

1.1 企业会计准则体系与税收法律制度体系

要 点

会计与税法既存在许多共同点，又存在着一些差异，若要了解掌握这些差异及其协调处理情况，首先要熟悉企业会计准则体系以及税收法律制度体系。本节将主要介绍企业会计准则体系和税收法律制度体系。

解 释

◆ 企业会计准则体系

2006 年 2 月 15 日，财政部发布了新的《企业会计准则——基本准则》及 38 项具体会计准则；2006 年 10 月 30 日，财政部又发布了《企业会计准则——应用指南》，建立了新企业会计准则体系，实现了我国企业会计准则与国际财务报告准则的实质性趋同。

企业会计准则体系在会计法律体系中占有很重要的地位。在企业会计法律体系中，《中华人民共和国会计法》属于法律，是会计的根本大法；《企业财务会计报告条例》属于行政法规；《企业会计准则——基本准则》属于部门规章；具体会计准则及其应用指南、《企业会计准则》解释公告属于规范性文件。《企业会计准则》作为会计法律体系的重要组成部分，具有强制性特点，要求企业必须执行，否则就属于违法行为。

会计准则作为一种技术规范，具有严密的结构和层次。《企业会计准则》体系是由基本准则、具体准则、准则应用指南及解释公告等组成的。财政部发布新企业会计准则体系时，首先要求上市公司于 2007 年 1 月 1 日全面执行，鼓励其他企业执行。国有资产管理委员会要求：中央国有企业在 2008 年年底前应全部执行《企业会计准则》。2006 年年末，中国证监会为了推进《企业会计准则》的实施，要求证券公司、基金管理公司、期货经纪公司及证券投资基金从 2007 年起执行《企业会计准则》。2009

年1月1日起,《企业会计准则》的实施范围扩大,包括农村信用社和相当部分省市的国有企业。执行新《企业会计准则》的企业不再执行旧的《企业会计准则》、《企业会计制度》和《金融企业会计制度》,未执行会计准则的企业仍执行《企业会计制度》或《小企业会计制度》。

◆ **税收法律制度体系**

我国现行税收法律制度体系是经过1994年工商税制改革后逐步形成并完善。税收法律制度体系包括以下几个部分。

1. 税收法律

税收法律是由全国人大及其常委会通过、由国家主席签署颁布,在全国范围内普遍适用。例如,《中华人民共和国企业所得税法》(2007年修订)、《中华人民共和国个人所得税法》、《中华人民共和国税收征收管理法》。

2. 税收行政法规

税收行政法规是经国务院常务委员会通过、以国务院总理令公布,效力介于法律与部门规章、规范性文件之间。例如,《中华人民共和国企业所得税法实施条例》(2007年修订)、《中华人民共和国增值税暂行条例》(2008年修订)、《中华人民共和国消费税暂行条例》(2008年修订)、《中华人民共和国营业税暂行条例》(2008年修订)。

3. 税收部门规章

税收部门规章由全国税务主管行政部门(国家税务总局)以部长令的形式公布。

4. 税收规范性文件

税收规范性文件由各级税务主管部门以部门文件形式印发。

相关知识

◆ **会计与税法产生差异的原因**

会计和税法是经济领域中的两个不同分支,分别遵循不同的规则、规范不同的对象。会计制度规范的是企业的会计核算,要求会计能提供真实、完整、可靠的信息,满足各方面了解企业经营成果、财务状况及现金流量的需要。税法规定了国家征税机关和纳税人的纳税行为,体现的是财富在国家和纳税人之间的分配,具有强制性和无偿性。这两者存在差异的原因主要表现在以下几个方面。

1. 目的不同

税法和会计准则是由国家机关制定的，但两者的出发点和目的均不相同。会计准则反映企业的财务状况、经营成果和现金流量，以满足会计信息使用者的需要，目的是规范企业的会计核算，真实、完整地提供会计信息，以满足各方面了解企业财务状况和经营成果的需要；而税法是为了保证国家强制、无偿、固定地取得财政收入，按照公平税赋、方便征管的要求对会计准则的规定有所约束和控制。

2. 对会计要素确认要求不同

企业会计制度规定会计核算遵循的是权责发生制；税法是收付实现制与权责发生制相结合。

3. 服务对象不同

企业会计制度要求提供的会计报表为会计信息的使用者，包括各类投资人、债权人、企业管理层、政府部门及其他利益相关者服务；税法的目的是为了保障国家依法参与财富分配、取得财政收入，同时还为纳税人提供纳税服务，保障其合法权益。

4. 发展速度不同

由于资本市场的快速发展，会计准则的建设进展迅速，新准则更是加快了与国际会计准则接轨的速度，使之具有了“国际化”；税法的制定更多的是从国家宏观经济发展的需求出发，在保证国家不同阶段经济发展目标实现的前提下进行，相对会计准则而言，更具中国特色。

1.2 会计与税法差异对企业的影响

要 点

会计准则和税法都是由国家制定的，用于调整一定经济关系和维护社会经济秩序的行为规范。但是，由于会计准则和税法体现着不同的经济关系，服务于不同的目的，因此，二者对同一问题的认定和处理往往存在着一定的差异。本节将介绍会计假设下财税差异对企业的影响；权责发生制下财税差异对企业的影响；谨慎性原则下财税差异对企业的影响；借贷记账法下财税差异对企业的影响；收入确认的财税差异对企业的影响；固定资产折旧财税差异对企业的影响；债务重组中的财税差异对企业的影响；企业改制、兼并和重组中的财税差异对企业的影响以及非货币性交易下的财税差异对企业的影响。

解 释

◆ 会计假设下财税差异对企业的影响

会计假设主要有会计主体、持续经营、会计分期和货币计量四部分。企业所得税的会计处理是依照某个会计主体，在一定会计期间内所取得的所有收入，扣除税法允许的合理开支之后，按其净所得的一定比例计算征收的。故在计算所得税时，依据会计主体假设与会计分期假设。但由于我国处于经济体制改革过程中，承包经营、租赁经营等多种经营方式并存，而由于这些经营方式不规范，在计算所得税时就会产生如下几个问题。

(1) 会计主体是以企业法人为依据，并不确认具体的经营者个人，会计主体可以是法人，或其内设部门；而企业所得税对承包经营者征税刚好相反，只确认承包经营者个人，不确认法人，不会是其内设部门。

(2) 计征所得税时，是以分期假设的会计期间为纳税期，即是以承包经营期为其纳税义务期。故发包人是按会计期间纳税的，承包人是按照承包期纳税的，当会计期间与承包期不一致时，就会产生矛盾。

◆ 权责发生制下财税差异对企业的影响

企业所得计算基础通常有权责发生制和收付实现制两种。权责发生制是指以权利和责任的发生来决定收入和费用归属期的一项原则。我国会计准则强调以权责发生制作为会计核算的基础，目的是使各个会计单位、各个核算对象的盈利状况得到正确反映，提供的会计信息真实公允。根据这样的要求，企业财务会计的收入中包括了已经交货但尚未收款的赊销收入(应收账款)，在费用中包含了已经支出但尚未摊入费用的损耗(待摊费用)；企业预收的贷款不计入当期收入，而留待交货时才计入，企业以后支付的费用可按照规定预提。这样确认的收入、费用，及其由此计算的损益，坚持了权责发生制原则、满足了财务会计的要求。但税法在应用权责发生制时，却存在如下问题。

1. 影响资金周转

在信用销售普遍、应收销货款比重较大的企业，因销售已经实现，按照权责发生制原则，纳税义务已发生，但用来缴纳税款的销货款还没收回，实际缴纳税款的能力尚不具备，税款只能从企业的自有资金中拨出。若企业自有资金本来已很紧张，就不得不使用银行借款来垫付税款。这样做不仅会加大企业资金成本，影响企业生产经营；由于借款并非可随时和轻易取得，可能会造成某些企业的巨额欠税。这样极大地挫伤了企业纳税的积极性，还影响了国家税收工作的顺利进行。

2. 对所得税的影响

会计准则在计算企业所得(生产经营所得和其他所得)时遵循权责发生制原则。而税法却规定了生产经营所得的计量、确认贯彻权责发生制原则。其他所得，如股息、利息、租金、转让各类资产收益、特许权使用费及营业外收益等，则贯彻收付实现制原则，如利息收入的确认、资产收益的确认、特许权使用费的确认等，均在收到现金(包括票据)时确认收入实现。

3. 对增值税的影响

增值税的进项抵扣是按照收付实现制原则进行的，即增值税的缴纳在产品销售的基础之上，计算应交增值税的销项税款，并扣除购入原材料所支付的进项税额之后，核算本期应交纳的实际税额。而会计核算按照权责发生制原则，当期购入的原材料不一定全部被消耗在当期已销售的产品成本中。因此，企业每期所交纳的增值税只是当期实现的销售收入应纳的增值税扣除累计已购入的原材料进项增值税额的对应部分。这使得会计信息资料缺乏可比性，从而削弱了会计信息的反映功能。

当今世界各国的税法大都采用财务会计中的权责发生制作为税务会计的基础，使得会计准则与税法在这方面基本一致，但在权责发生制应用于税法时，同会计准则存在某些差异。在处理这些差异时，首先必须考虑纳税人的支付能力，使纳税人在最有能力支付时支付税款；其次是要满足确定性的需要，使收入和费用的实际实现具有确定性；除了依法确保政府的财政税收收入之外，还应尽可能公平、合理确定纳税人的税收负担，确保其及时、足额履行纳税义务。

◆ 谨慎性原则下财税差异对企业的影响

会计准则在贯彻权责发生制原则的同时，必然也遵循着谨慎性原则。谨慎性原则要求会计核算中，为避免盲目乐观地确定收益，应合理确认很可能发生的损失和费用。然而，“很可能发生”有一定的主观因素，其标准在企业看来有可能偏紧，但在国家看来有可能过松，由此引发国家与企业在物质利益上的争执。在财政需要与维护税基的选择中，立法机关常偏重财政收入考虑，而忽视谨慎性原则的要求。

会计准则充分体现了谨慎性原则的要求，允许企业在符合条件的前提下，合理计提各项资产减值准备。企业可采用成本与市价孰低法，比较期末存货、短期投资、长期投资、委托借款、在建工程、固定资产、无形资产的账面价值与市价，期末账面价值高于市价时，直接体现损失，减少会计期间应税所得；相反，在期末账面价值低于市价时，则仍以历史成本计价，无须体现当期收益，不会导致会计利润增加。成本与市价孰低法符合谨慎性原则的要求。《企业所得税法实施条例》第五十六条规定，企业的各项资产，包括固定资产、生物资产、无形资产、长期待摊费用、投资资产、存货等，以历史成本为计税基础。历史成本是指企业取得该项资产时实际发生的支出。企业持有各项资产期间资产增值或者减值，除国务院财政、税务主管部门规定可以确认损益外，不得调整该资产的计税基础。

长期以来，由于谨慎性原则的应用会使企业利润减少，按此确定的收入分配会导致财政收入的下降，税法对谨慎性原则一直持有否定的态度。随着会计改革及与国际惯例接轨，在新颁布的会计准则处处体现了谨慎性原则，税法也应从维护税基的角度出发，在扣除项目的确认时间，以及与生产经营有关的成本费用支出据实列支等方面，充分体现谨慎性原则。针对特殊高风险行业准备金税前扣除比例，也一定程度上遵循了谨慎性原则。

◆ 借贷记账法下财税差异对企业的影响

会计准则规定，会计记账采用借贷记账法。根据借贷记账的原理，任何经济活动的发生都会引起会计要素的变化，但其变化规律只有以下三种情况。

(1) 资产实物和债权形式的转化。

(2) 权益和负债形式的转化。

(3) 资产实物和权益发生转化。

特别要注意的是资产与权益的变化会引起税收的变化。因为资产交易和权益交易的会计处理方法不同，且在制定税法时没有考虑借贷记账的原理，造成税务处理的结果不同。

例如，一家中方房地产公司以一幢楼房同一家外资企业合资，成立了新的中外合资企业，房产通过合资后由资产变成权益。但合资不到一年，中方房地产公司以合资企业经济效益不佳为由提出退股。根据《中外合资企业经营法》的规定，如果合资一方提出退股，合资的另一方有优先购买权，于是外方以市价购得了中方的权益。按照我国现行税法的规定，股权交易不需交纳任何税金。尽管上述交易的结果都是房产所有权的转移，但在形式上由资产交易变成了权益交易，而实际上是逃避应交纳的营业税、土地增值税及契税等。由此可见，纳税人可利用会计方法，先将资产变成资本，然后进行交易，从而实现逃避纳税的目的。

◆ 收入确认的财税差异对企业的影响

1. 商品销售收入

对于“商品销售收入”，税法和会计制度的规定基本一致，都采用的是权责发生制的确认原则。对“商品销售的现金折扣和折让”，税法与会计制度有明显的不同。会计制度规定，企业发生现金折扣应采用总价法记账，即按发票所列金额记账，不考虑各种预计可能发生的现金折扣，实际发生折扣时，应直接计入当期财务费用；销售折让是指在商品销售时直接给予购买方的折让，应在实际发生时直接从当期实现的销售收入中抵减。而税法规定，企业为促进商品销售而在商品价格上给予的价格扣除属于商业折扣，商品销售涉及商业折扣的，应当按照扣除商业折扣后的金额确定销售商品收入金额。

2. 接受捐赠的收入

《企业会计准则》规定，接受捐赠属于营业外收入，与所得税一致。税法将企业取得的捐赠收入视为应税收入，对企业接受的货币捐赠，应一次计入企业当年度收益，计算缴纳企业所得税；对企业取得的非货币资产捐赠，按照资产公允价值计入有关资产项目，计算缴纳企业所得税。

◆ 固定资产折旧财税差异对企业的影响

企业会计制度规定，固定资产折旧方法可采用平均年限法、工作量法、年数总和法及双倍余额递减法等，折旧方法一经确认不可随意变更。税法对固定资产折旧方法有严格的限制。

《企业所得法实施条例》第五十九条规定，固定资产按照直线法计算的折旧，准予扣除。

企业应当自固定资产投入使用月份的次月起计算折旧；停止使用的固定资产，应当自停止使用月份的次月起停止计算折旧。

企业应当根据固定资产的性质和使用情况，合理确定固定资产的预计净残值。固定资产的预计净残值一经确定，不得变更。

《企业所得法实施条例》第六十条规定，除国务院财政、税务主管部门另有规定外，固定资产计算折旧的最低年限如下：

(1) 房屋、建筑物，为 20 年；

(2) 飞机、火车、轮船、机器、机械和其他生产设备，为 10 年；

(3) 与生产经营活动有关的器具、工具、家具等，为 5 年；

(4) 飞机、火车、轮船以外的运输工具，为 4 年；

(5) 电子设备，为 3 年。

《企业所得法》第三十二条规定，企业的固定资产由于技术进步等原因，确需加速折旧的，可以缩短折旧年限或者采取加速折旧的方法。

《企业所得法实施条例》第九十八条规定，《企业所得税法》第三十二条所称可以采取缩短折旧年限或者采取加速折旧方法的固定资产，包括：

(1) 由于技术进步，产品更新换代较快的固定资产；

(2) 常年处于强震动、高腐蚀状态的固定资产。

采取缩短折旧年限方法的，最低折旧年限不得低于本条例第六十条规定折旧年限的60%；采取加速折旧方法的，可以采取双倍余额递减法或者年数总和法。

◆ 债务重组中的财税差异对企业的影响

为了真实客观地反映企业应税情况，应根据债务重组收益和企业所得税会计计算的应纳税所得额的正负分情况进行处理。对于《企业会计准则》规定应计入资本公积的部分，可根据企业应税税率计算应缴所得税，并通过“递延税款——重组收益应交所得税”科目过渡。

重组日作会计处理时，先按照企业应计缴所得税税率计算确定该债务重组收益的应纳税额，暂时计入“递延税款——重组收益应交所得税”科目，等到期末视企业所得税会计计算的应纳税所得额的正负来判断应转入“应交税费”还是“资本公积”。如果企业根据所得税会计计算的应纳税所得额为正数，则由“递延税款——重组收益应交所得税”直接转入“应交税费——应交企业所得税”；如果企业根据所得税会计计算的应纳税所得额为负数，则应根据以下公式计算的数额分情况进行处理：

递延税款——重组收益应交所得税＝期末余额÷企业所得税税率＋按所得税会计计算的应纳税所得额

若计算数额小于或等于零，则直接由“递延税款——重组收益应交所得税”转入“资本公积”科目；若计算数额大于零，则按所计算的数额同所得税税率的乘积由“递延税款——重组收益应交所得税”转入“应交税费——应交企业所得税”，而计转后“递延税款——重组收益应交所得税”的余额则转入“资本公积”科目。因企业中期财务报告中的债务重组收益已反映在了所有者权益中，并直接进入企业的净资产，这极大改变了企业中期财务报告的净资产额和净资产的内部结构。

◆ 企业改制、兼并和重组中的财税差异对企业的影响

企业的改制、兼并和重组均须对企业的资产进行评估。会计准则规定，企业的改制、兼并和重组以评估后的价值来确认和计量。根据企业所得税法规的规定，纳税人的各项资产转让、销售所得均应并入应纳税所

得，并依法缴纳企业所得税。企业以实物资产交换股权，从税收的角度应分解为资产转让和投资两项交易。为了鼓励有正常经营需要的企业的改组活动，包括企业改组为股份有限公司、企业合并、企业分立等，不增加企业改组的税负，防止企业以改组为名，隐匿转移增值资产，逃避缴纳企业所得税。

1. 资产评估增值的处理差异

《企业所得税法》第一条规定，在中华人民共和国境内，企业和其他取得收入的组织为企业所得税的纳税人，按规定缴纳企业所得税，其精神是“谁所得、谁所有、谁纳税”。企业改组为股份有限公司，应对其整体或部分资产进行评估，并按照评估价值折合股金，这部分资产增值明显是原企业所得，理应计入企业当年应纳税所得额，依法缴纳企业所得税。若不确认实现所得，不计缴所得税，与所得税法的基本精神不符。如改组前是国有企业，产权属于国家，改制后改组前的国有企业已经不存在，国家成为股份有限公司的股东(国家股)，可以理解为资产评估增值全部上交国家，再由国家将其投资到股份有限公司。除此之外，均应对其资产评估增值依法缴纳所得税。如改组企业是亏损的，允许递延弥补亏损。因为改组企业只是将部分资产的评估价值投到新企业，原企业继续存在，并履行其纳税义务。

2. 所得税的处理差异

改组企业不确认实现所得的不征所得税；改制成的股份有限公司，也不得按照评估确认后的价值确认调整有关资产成本。税法的这一规定给改组后股份有限公司的会计处理带来了困难。投入的资产按照有关部门确认的评估价值折合股金，反映了股东权益，但却按照评估前原值记账，其增值部分无法处理。若增值部分计入资产成本并计提折旧或摊销费用，则必须进行纳税调整，这会造成股东之间的矛盾。

合理的做法是：将实物资产折合成股金，由股份有限公司代扣代缴所得税，但这种方式资产评估增值的所有者(即改组前企业)不愿选择。企业改组涉及资产转让、资产投资的，其资产评估增值或减值均应调整改组企业的账务，同时增加营业外收入或营业外支出、计入企业当年损益、缴纳企业所得税或弥补企业亏损，其资产转让或投资按正常会计核算规定处理。接受方不应对受让或吸收投资的资产承担税负，而是由改组前企业对资产评估增值所得纳税。

◆ 非货币性交易下的财税差异对企业的影响

《企业会计准则》规定，非货币性交易的计价方法是按照换出资产的公允价值计价入账，而不是以账面价值计价入账。因非货币性交易将实质性的商品交易变成了非货币性交易,减少了国家税收,但税法对此并没有相应的规定。由于这种交换取得的收入是一种特殊形态的收入,税务会计需采用特别的方法予以确认和计量。

通常,非货币性交易的对象是商品或劳务时,应视同销售行为,在换出货物或交付货品时,一方面按照市价开具统一发票,交付对方收执;另一方面向对方索取换入物的统一发票,作为收入入账的凭证。

相关知识

◆ **正确处理会计准则与税法差异的作用**

研究经济业务事项的会计处理和税务处理的差异及纳税调整,对于指导企业税务会计实务,正确进行会计处理和税务处理,促进依法诚信纳税,提高会计信息质量,维护纳税人的合法权益,构建和谐税收征纳关系具有重要理论意义和实际意义。第一,有助于企业防范过失性的少缴、漏缴、不缴税款;第二,有助于企业避免重复或多缴税款;第三,有助于企业改进和完善企业会计核算制度和会计核算形式;第四,有助于加强和完善税收征管制度;第五,有助于政策制定部门协调两者关系,并降低会计核算成本和税收征管成本。

1.3 企业会计准则与税法基本假设的差异

要 点

会计工作所处的经济环境非常复杂,会受到很多不确定因素的影响,而会计基本假设是企业会计确认、计量和报告的前提,是对会计核算所处时间、空间环境等所作的合理设定。本节主要通过会计主体与纳税主体、持续经营假设、会计分期与纳税年度、货币计量这四个方面来说明企业会计准则与税法关于基本假设的差异。

解 释

◆ **会计主体与纳税主体基本假设的差异**

会计主体是指企业会计确认、计量和报告的空间范围。《企业会计准则——基本准则》第五条规定,企业应当对其本身发生的交易或者事项进行会计确认、计量和报告。一般情况下,纳税主体和会计主体是一致的,一个纳税主体也是一个会计主体；但在特定条件下，纳税主体不同于会计主体，如《企业所得税法》规定，分公司不是一个纳税主体，却有可能是一个会计主体。可见会计主体是根据会计信息使用者的需求而确立的进行核算和监督的特定单位，可以是一个法律主体，也可以是一个经济主体，还可以是一个纳税主体。

纳税主体是指纳税人和扣缴义务人。

从纳税人来说，《企业所得税法》第一条规定，在中华人民共和国境内，企业和其他取得收入的组织(以下统称企业)为企业所得税的纳税人，依照本法的规定缴纳企业所得税。此条规定明确了企业所得税的纳税人是法人。

从扣缴义务人来说，《企业所得税法》第三十七条规定，对非居民企业取得本法第三条第三款规定的各项所得应缴纳的所得税，实行源泉扣缴，以支付人为扣缴义务人。税款由扣缴义务人在每次支付或者到期应支付时，从支付或者到期应支付的款项中扣缴。第三条第三款规定的各项所得是指在中国境内未设立机构、场所的，或者虽设立机构、场所但取得的所得与其所设机构、场所没有实际联系的，应当就其来源于中国境内的所得缴纳企业所得税。《企业所得税法实施条例》第一百零四条规定，《企业所得税法》第三十七条所称支付人，是指依照有关法律规定或者合同约定对非居民企业直接负有支付相关款项义务的单位或者个人。《企业所得税法》第三十八条规定，对非居民企业在中国境内取得工程作业和劳务所得应缴纳的所得税，税务机关可以指定工程价款或者劳务费的支付人为扣缴义务人。

◆ 持续经营基本假设的财税差异

持续经营是指会计主体的生产经营活动将无限期地继续下去，在可预见的将来，不会倒闭及进行清算。《企业会计准则——基本准则》第六条规定，企业会计确认、计量和报告应当以持续经营为前提。在这个前提下，会计便可认定企业拥有的资产会在正常的经营过程中被合理的支配和使用，企业债务也将在持续经营的过程中得到有序的补偿。

《企业所得税法》虽没有持续经营假设的规定，但第三条第一款就规定了居民企业应当就其来源于中国境内、境外的所得缴纳企业所得税。第二款规定的非居民企业在中国境内设立机构、场所的，应当就其所设机构、场所取得的来源于中国境内的所得，以及发生在中国境外但与其所设机构、场所有实际联系的所得，缴纳企业所得税。这两款所得的计算基本上都是以持续经营为前提的。但当企业判断不能持续经营，而要改变会计核算原则和方法时，税法的处理规定并不会发生改变，即使企业破产清算也必须按照财政部、国家税务总局《关于企业清算业务企业所得税处理若干问题的通知》（财税[2009]60号）规定计算清算所得，缴纳企业所得税。

《企业所得税法》中也有一些特殊规定不以持续经营为前提。如该法第三条第三款规定，非居民企业在中国境内未设立机构、场所的，或者虽设立机构、场所但取得的所得与其所设机构、场所没有实际联系的，应当就其来源于中国境内的所得缴纳企业所得税。这些所得按项、按次征收，对股息、红利、利息、租金、特许权使用费所得以收入全额为应纳税所得额；转让财产所得以收入全额减除财产净值后的余额为应纳税所得额。在纳税人具有纳税能力时就征税，不考虑持续经营。

又如，《企业所得税法》第五十三条第三款规定，企业依法清算时，应当以清算期间作为一个纳税年度。该法第五十五条规定，企业在年度中间终止经营活动的，应当自实际经营终止之日起六十日内，向税务机关办理当期企业所得税汇算清缴。企业应当在办理注销登记前，就其清算所得向税务机关申报并依法缴纳企业所得税。此时，应纳税所得额的计算与持续经营假设相反。

◆ 会计分期与纳税年度的差异

会计分期是把企业持续不断的生产经营过程，划分为较短的等距会计期间。《企业会计准则——基本准则》第七条规定，企业应当划分会计期间，分期结算账目和编制财务会计报告。会计期间分为年度和中期，中期是指短于一个完整的会计年度的报告期间。

纳税期间是指依据税法计算各项税种的纳税申报和缴纳的起止日期。例如，《企业所得税法》第五十三条规定，企业所得税按纳税年度计算。纳税年度自公历1月1日起至12月31日止。企业在一个纳税年度中间开业，或者终止经营活动，使该纳税年度的实际经营期不足十二个月的，应当以其实际经营期为一个纳税年度。企业依法清算时，应当以清算期间作为一个纳税年度。《企业所得税法》第五十四条规定，企业所得税分月或者分季预缴。企业应当在月份或者季度终了之日起十五日内，向税务机关报送预缴企业所得税纳税申报表，预缴税款。企业应当自年度终了之日起五个月内，向税务机关报送年度企业所得税纳税申报表，并汇算清缴，结清应缴应退税款。

纳税年度与会计分期既有联系，也有区别：企业的会计年度选用公历年度时，纳税年度等于企业的会计年度；企业的会计年度不选用公历年度时，纳税年度便不等于企业的会计年度。企业在一个纳税年度中间开业或者终止经营活动，使该纳税年度的实际经营期不足十二个月的，以及企业依法清算时，纳税年度不等于会计年度。企业所得税分月或分季预缴时，预缴税款所属期等同于相同期间的会计中期。

◆ **货币计量的财税处理差异**

《企业所得税法》第五十六条规定，依照本法缴纳的企业所得税，以人民币计算。所得以人民币以外的货币计算的，应当折合成人民币计算并缴纳税款。《企业所得税法实施条例》第一百三十条规定，企业所得以人民币以外的货币计算的，预缴企业所得税时，应当按照月度或者季度最后一日的人民币汇率中间价，折合成人民币计算应纳税所得额。年度终了汇算清缴时，对已经按照月度或者季度预缴税款的，不再重新折合计算，只就该纳税年度内未缴纳企业所得税的部分，按照纳税年度最后一日的人民币汇率中间价，折合成人民币计算应纳税所得额。经税务机关检查确认，企业少计或者多计前款规定的所得的，应当按照检查确认补税或者退税时的上一个月最后一日的人民币汇率中间价，将少计或者多计的所得折合成人民币计算应纳税所得额，再计算应补缴或者应退的税款。

《企业会计准则——基本准则》第八条规定，企业会计应当以货币计量。这说明企业所得税计算和企业的会计核算都是以货币为基本计量单位。企业的会计核算一般以人民币为记账本位币，业务收支以人民币之外的货币为主的企业可选定其中一种货币为记账本位币，但在计算缴纳企业所得税、编报财务会计报告时，都应折算为人民币。

税务处理与会计处理的货币计量差异主要有以下两点。

(1) 折算的时点选择不同

税务处理一般在月度或季度最后一日、纳税年度最后一日、检查确认补税或退税时的上一个月最后一日，将以人民币以外的货币折合成人民币计算应纳税所得额。会计处理一般在交易发生日、资产负债表日等进行外币折算。

(2) 采用汇率不同

税务处理一般只用人民币汇率中间价。会计处理外币交易和对外币财务报表进行折算时，既可以用即期汇率，也可采用按照系统合理的方法确定的、与交易发生日即期汇率近似的汇率进行折算，企业发生的外币兑换业务或是涉及外币兑换交易事项的，应按照交易实际采用的汇率(即银行买入价或卖出价)折算。

相关知识

◆ **会计基本假设的原因**

会计工作所处的经济环境十分复杂,受很多不确定因素的影响,而会计基本假设是企业会计确认,计量和报告的前提,是对会计核算所处时间空间环境等所作的合理假定。会计假设虽然有人为假定的一面,但是并不因此影响其客观性。事实上,作为进行会计活动的必要前提条件,会计假设是会计人员在长期的会计实践中逐步认识、总结而形成的,绝不是毫无根据的猜想或简单武断的规定。离开了会计假设,会计活动就失去了确认、计量、记录、报告的基础,会计工作就会陷入混乱甚至难以进行。

1.4 会计信息质量要求与税前扣除原则的差异

要 点

会计信息质量要求是对企业财务报告中所提供会计信息质量的基本要求,是使财务报告中所提供会计信息对投资者等使用者决策有用应具备的基本特征。本节将分别介绍会计信息质量要求;税前扣除基本原则以及会计信息质量要求与税前扣除原则的差异。

解 释

◆ **会计信息质量要求**

会计信息质量要求是指对企业财务报告中所提供会计信息质量的基本要求。《企业会计准则——基本准则》规定,会计信息质量要求包括:可靠性、可比性、相关性、及时性、可理解性、谨慎性、重要性和实质重于形式。

(1) 可靠性

可靠性是指企业应当以实际发生的交易或者事项为依据进行会计确认、计量和报告,如实反映符合确认和计量要求的各项会计要素及其他相关信息,保证会计信息真实可靠、内容完整。

(2) 可比性

可比性是指企业提供的会计信息应当具有可比性。同一企业不同时期发生的相同或者相似的交易或者事项,应当采用一致的会计政策,不得随意变更;确需变更的,应当在附注中说明。不同企业发生的相同或者相似的交易或者事项,应当采用规定的会计政策,确保会计信息口径一致、相互可比。

(3) 相关性

相关性是指企业提供的会计信息应当与财务会计报告使用者的经济决策需要相关,有助于财务会计报告使用者对企业过去、现在或者未来的情况做出评价或者预测。提供会计信息的主要目的是为会计信息的使用者所用,因此,会计信息必须对会计信息的使用者有用。

(4) 及时性

及时性是指企业对于已经发生的交易或者事项,应当及时进行会计确认、计量和报告,不得提前或者延后。

(5) 可理解性

可理解性是指企业提供的会计信息应当清晰明了,便于财务会计报告使用者理解和使用。

(6) 谨慎性

谨慎性是指企业对交易或者事项进行会计确认、计量和报告应当保持应有的谨慎,不应高估资产或者收益、低估负债或者费用。

(7) 重要性

重要性是指企业提供的会计信息应当反映与企业财务状况、经营成果和现金流量等有关的所有重要交易或者事项。

(8) 实质重于形式

实质重于形式是指企业应当按照交易或者事项的经济实质进行会计确认、计量和报告,不应仅以交易或者事项的法律形式为依据。

◆ 税前扣除基本原则

允许在企业所得税税前扣除的费用,应该符合以下原则。

(1) 权责发生制与收付实现制相结合的原则

《企业得所税法实施条例》第九条规定,企业应纳税所得额的计算,以权责发生制为原则,属于当期的收入和费用,不论款项是否收付,均作为当期的收入和费用;不属于当期的收入和费用,即使款项已经在当期收付,均不作为当期的收入和费用。本条例和国务院财政、税务主管部门另有规定的除外。例如,税法规定,纳税人应在职工工资和福利费实际发生时,而不是计提时确认税前扣除。又如,税法规定租金收入按合同约定的承租人应付租金的日期来确认收入的实现。这实质上是一种基于合同权利的收付实现制,不论企业是否实际收到现金,都判定纳税义务已经发生。

（2）合法性原则

企业所得税的合法性原则是指企业在计算应纳税所得额时，无论费用是否真实发生、确定、相关、必要、合理；如果是非法支出，即便是按财务会计制度已作为费用列支，也不得在税前扣除。例如，违反法律、行政法规规定经营而支付的罚金、罚款、滞纳金以及被政府没收财物的损失，违法支付给个人的回扣支出、贿赂支出等，均不得在税前扣除。

（3）合理性原则

企业所得税的合理性原则，也称正常性原则，是指纳税人的一项支出必须是合理的成本、费用和损失，符合一般经营常规和会计惯例。合理性包括两层含义。①成本、费用和损失必须在取得某项所得的经营活动中正常发生的，是纳税人在自己特定经营中经常或习惯性支出的。这主要是根据纳税人经营的性质来判断。②费用支出应属于当前的纳税年度或会计期间，如一家企业当年支付了今后5年的设备租赁费，如果一次性在税前扣除则是非正常的。合理性原则的实施往往依赖于税务人员的职业判断，这对税务人员的业务素质要求较高。

《企业所得税法实施条例》第二十七条规定，合理的支出是指符合生产经营活动常规，应当计入当期损益或者有关资产成本的必要和正常的支出。合理性原则常出现在涉及关联方交易的纳税调整中。当关联方不是按照独立企业之间的业务往来，而是通过比公平交易高或低的价格收取或支付价款、费用进行关联交易转移利润时，则被视为违反合理性原则，此时税务机关有权进行合理调整。

（4）相关性原则

企业所得税的相关性原则是指某项费用对企业的生产经营是必要的才允许在税前扣除。必要的费用是对纳税人取得的活动来说具有经营目的的、适当的、有益的。对于其他同类型企业的理性和谨慎的经营者，在类似的环境下都会发生。在大多数情况下，费用是否允许税前扣除主要从支出在经营上是否有必要进行判断，而不是从支出所带来的结果进行判断。如一个企业家爱好文物收藏，期间购买了一些具有历史价值的珍贵文物，吸引了一些爱好文物的人前来观看，这些人中间有不少成了该企业的大客户。虽然购买文物支出间接为企业带来了利润，但此项支出并不是企业生产经营的必要条件，因此不得在税前扣除。相关性原则可在判断企业的支出是否允许扣除上广泛应用。

纳税人可扣除的费用，从性质和根源上必须与取得应税收入相关，与取得收入无关的支出不允许在税前扣除。例如，《企业所得税法实施条例》第二十八条规定，企业的不征税收入用于支出所形成的费用或者财产，不得扣除或者计算对应的折旧、摊销扣除。

(5) 配比性原则

配比性原则是指企业在计算应纳税所得额时，收入与其成本、费用应当相互配比，同一会计期间内的各项收入和与其相关的成本、费用，应当在该会计期间内确认。企业所得税的配比原则包括两层含义：一是因果配比，即将收入与其对应支出的成本、费用相配比；二是时间配比，即将一定时期的收入与同时期的为取得该收入而支出的相对应的成本、费用与损失相配比。因此，纳税人发生的费用应在费用配比或应分配的当期申报扣除。纳税人某一纳税年度应申报的可扣除费用不得提前或滞后申报扣除。

(6) 划分收益性支出和资本性支出原则

划分资本性支出与收益性支出原则是指企业在计算应纳税所得额时应严格区分收益性支出、资本性支出的界限，以正确计算各期损益。收益性支出指受益期不超过一年或一个营业周期的支出，即发生该项支出是仅仅为了取得本期收益；资本性支出是指受益期超过一年或一个营业周期的支出，即发生该项支出不仅是为了取得本期收益，而且也是为了取得以后各期收益。《企业所得税法实施条例》第二十八条规定，企业发生的支出应当区分收益性支出和资本性支出。收益性支出在发生当期直接扣除；资本性支出应当分期扣除或者计入有关资产成本，不得在发生当期扣除，应通过折旧或摊销方式扣除。

◆ 会计信息质量要求与税前扣除原则的差异

通过比较发现，会计信息质量与税前扣除的原则不同。例如，企业会计核算以权责发生制为基础，而税法是将权责发生制与收付实现制相结合；税法仅在一定程度上承认谨慎性和重要性；相关性在会计和税法中体现的含义也不同，只要是应纳税收入或不得扣除的项目，无论金额大小，均应按规定计算所得。又如，合理性和真实性是税法特有的原则，按真实性原则的规定对尚未发生的或有负债的不得在税前扣除。

1.5 会计要素财税定义的差异

要 点

会计要素是根据交易或者事项的经济特征所确定的财务会计对象的

基本分类。《企业会计准则——基本准则》规定，企业应当按照交易或者事项的经济特征确定会计要素。会计要素包括资产、负债、所有者权益、收入、费用和利润。本节将重点介绍这六类会计要素定义的财税差异。

解 释

◆ 资产定义的财税差异

《企业会计准则——基本准则》第二十条规定，资产是指企业过去的交易或者事项形成的、由企业拥有或者控制的、预期会给企业带来经济利益的资源。企业过去的交易或者事项包括购买、生产、建造行为或其他交易或者事项，预期在未来发生的交易或者事项不形成资产。由企业拥有或者控制，是指企业享有某项资源的所有权，或者虽然不享有某项资源的所有权，但该资源能被企业所控制。预期会给企业带来经济利益，是指未来能直接或者间接导致现金和现金等价物流入企业的潜力。资产定义的资源，在同时满足与该资源有关的经济利益很可能流入企业和该资源的成本或者价值能够可靠地计量两个条件时，方可确认为资产。

《企业所得税法》对资产的税务处理主要包括资产的分类、确认、扣除方法和转让几个方面的内容。

资产在税务处理方面可分为固定资产、生物资产、无形资产、长期待摊费用、投资资产、存货等几个主要类别。其中投资资产是税法专门定义的概念，涵盖了会计上长期股权投资合并准则、金融工具准则等相关内容；无形资产、长期待摊费用等定义的界定与会计准则不同。

《企业所得税法实施条例》第五十六条规定，企业的各项资产，包括固定资产、生物资产、无形资产、长期待摊费用、投资资产、存货等，以历史成本为计税基础。前款所称历史成本，是指企业取得该项资产时实际发生的支出。企业持有各项资产期间资产增值或者减值，除国务院财政、税务主管部门规定可以确认损益外，不得调整该资产的计税基础。

理论上讲，资产在同时满足以下条件时可确认为税务处理项目：

(1) 与该资源有关的经济利益很可能流入企业，能够带来应税收入；

(2) 该资源的成本或者价值能够可靠地计量。

符合资产定义和资产确认条件的项目允许进行税务处理；符合资产定义，但不符合资产确认条件的项目不允许进行税务处理。《企业所得税法》第十一条、第十二条规定，与经营活动无关的资产，不得计算折旧、摊销费用，不允许扣除。

资产税务处理的扣除方法包括固定资产和生物资产的折旧、无形资产和长期待摊费用的摊销、存货成本的结转、投资资产成本的扣除等。

《企业所得税法》第十六条规定，企业转让资产，该项资产的净值，准予在计算应纳税所得额时扣除。

根据《企业所得税法》第十条第(七)项规定，企业各项资产按照《企业会计准则》计提的资产减值准备，在计算应纳税所得额时，不允许在税前扣除，应作纳税调整。

◆ 负债定义的财税差异

《企业会计准则——基本准则》规定，负债是指企业过去的交易或者事项形成的、预期会导致经济利益流出企业的现时义务。现时义务是指企业在现行条件下已承担的义务；未来发生的交易或者事项形成的义务不属于现时义务，不应当确认为负债。符合上述规定的负债定义的义务，在同时满足与该义务有关的经济利益很可能流出企业，且未来流出的经济利益的金额能够可靠地计量两个条件时，确认为负债。

在税务处理上，通常不允许负债本身直接在税前扣除，但因负债而产生的费用符合税法规定的，允许在税前扣除。按照《企业所得税法》第八条、《企业所得税法实施条例》第三十七条、第三十八条的有关规定，短期借款、应付票据、应付账款、长期借款、应付债券、长期应付款等产生的合理借款费用，一般允许在税前扣除；非金融企业向个人借款所产生的借款费用，不允许在税前扣除。在税务处理上，预计负债在税前也不得扣除。

如企业多年来制定有一项销售政策，对于售出商品提供一定期限内的售后保修服务，预期将为售出商品提供的保修服务就属于推定义务，应当将其确认为一项负债。但按照《企业所得税法》第八条的规定，此费用尚未发生时，不允许在税前扣除。企业的预提费用属于流动负债，也应当在实际发生时再在税前扣除。

◆ 所有者权益定义的财税差异

《企业会计准则》规定，所有者权益是指企业资产扣除负债后由所有者享有的剩余权益。公司的所有者权益又称为股东权益。所有者权益的来源包括所有者投入的资本、直接计入所有者权益的利得和损失、留存收益等。直接计入所有者权益的利得和损失，是指不应计入当期损益，会导致所有者权益发生增减变动的、与所有者投入资本或者向所有者分配利润无关的利得或者损失。

在企业所得税上，不同来源的所有者权益的处理是不同的。

所有者投入的资本，包括构成企业注册资本或者股本的金额、投入资本超过注册资本或者股本部分的金额(即计入资本公积的资本溢价或者股本溢价),不计入企业的应纳税所得额。

直接计入所有者权益的利得和损失,包括接受现金捐赠、拨款转入、外币资本折算差额、债务的豁免、资产溢余等,按照《企业所得税法》第六条、《企业所得税法实施条例》第二十二条等方面的规定,应计入应纳税所得额征收企业所得税。

留存收益是企业历年实现的净利润留存于企业的部分,主要包括累计计提的盈余公积和未分配利润,属于企业的税后利润,不应再重复征税。《企业所得税法实施条例》第十一条第二款规定,投资方企业从被清算企业分得的剩余资产,其中相当于从被清算企业累计未分配利润和累计盈余公积中应当分得的部分,应当确认为股息所得;剩余资产减除上述股息所得后的余额,超过或者低于投资成本的部分,应当确认为投资资产转让所得或者损失。

◆ 收入定义的财税差异

《企业会计准则》规定,收入是指企业在日常活动中形成的、会导致所有者权益增加的、与所有者投入资本无关的经济利益的总流入。收入只有在经济利益很可能流入从而导致企业资产增加或者负债减少,且经济利益的流入额能够可靠计量时才能予以确认。

《企业所得税法》规定的收入定义,包括收入总额、不征税收入和免税收入等。企业以货币形式和非货币形式从各种来源取得的收入,为收入总额。包括:销售货物收入,提供劳务收入,转让财产收入,股息、红利等权益性投资收益,利息收入,租金收入,特许权使用费收入,接受捐赠收入和其他收入。收入总额中的下列收入为不征税收入:财政拨款,依法收取并纳入财政管理的行政事业性收费、政府性基金,国务院规定的其他不征税收入。企业的下列收入为免税收入:国债利息收入,符合条件的居民企业之间的股息、红利收入,在中国境内设立机构、场所的非居民企业从居民企业取得与该机构、场所有实际联系的股息、红利收入,符合条件的非营利公益组织的收入。

税法中的收入总额所包含的收入内容往往比会计收入定义多,从理论上说,能提高企业纳税能力的收入都应计入收入总额,列入企业所得税纳税申报表中。收入总额应是使企业资产总额增加或是负债总额减少,同时导致所有者权益发生变化的收入。若收入使资产与负债同额增或减,结果没有导致所有者权益发生变化,则不是应税收入。例如,从银行贷款、企业代第三方收取的款项等,都不应当确认为收入。

《企业所得税法实施条例》规定的一些应计入收入总额的内容，不少在会计处理上是没有计入收入的。例如，《企业所得税法实施条例》第二十一条规定，《企业所得税法》第六条第（八）项所称接受捐赠收入，是指企业接受的来自其他企业、组织或者个人无偿给予的货币性资产、非货币性资产。《企业所得税法实施条例》第二十二条规定，《企业所得税法》第六条第（九）项所称其他收入，是指企业取得的除《企业所得税法》第六条第（一）项至第（八）项规定的收入外的其他收入，包括企业资产溢余收入、逾期未退包装物押金收入、确实无法偿付的应付款项、已作坏账损失处理后又收回的应收款项、债务重组收入、补贴收入、违约金收入、汇兑收益等。《企业所得税法实施条例》第二十五条规定，企业发生非货币性资产交换，以及将货物、财产、劳务用于捐赠、偿债、赞助、集资、广告、样品、职工福利或者利润分配等用途的，应当视同销售货物、转让财产或者提供劳务，但国务院财政、税务主管部门另有规定的除外。以上内容在会计处理上可能没有计入收入。

◆ **费用定义的财税差异**

《企业会计准则——基本准则》第七章规定，费用是指企业在日常活动中发生的、会导致所有者权益减少的、与向所有者分配利润无关的经济利益的总流出。

费用只有在经济利益很可能流出从而导致企业资产减少或者负债增加、且经济利益的流出额能够可靠计量时才能予以确认。

企业为生产产品、提供劳务等发生的可归属于产品成本、劳务成本等的费用，应当在确认产品销售收入、劳务收入等时，将已销售产品、已提供劳务的成本等计入当期损益。

企业发生的支出不产生经济利益的，或者即使能够产生经济利益但不符合或者不再符合资产确认条件的，应当在发生时确认为费用，计入当期损益。

企业发生的交易或者事项导致其承担了一项负债而又不确认为一项资产的，应当在发生时确认为费用，计入当期损益。

符合费用定义和费用确认条件的项目，应当列入利润表。

企业所得税上与费用对应的概念是扣除。《企业所得税法》第八条规定，企业实际发生的与取得收入有关的、合理的支出，包括成本、费用、税金、损失和其他支出，准予在计算应纳税所得额时扣除。

《企业所得税法实施条例》第二十九条规定，《企业所得税法》第八条所称成本，是指企业在生产经营活动中发生的销售成本、销货成本、业务支出以及其他耗费。第三十条规定,《企业所得税法》第八条所称费用,是指企业在生产经营活动中发生的销售费用、管理费用和财务费用,已经计入成本的有关费用除外。第三十一条规定,《企业所得税法》第八条所称税金,是指企业发生的除企业所得税和允许抵扣的增值税以外的各项税金及其附加。第三十二条规定,《企业所得税法》第八条所称损失,是指企业在生产经营活动中发生的固定资产和存货的盘亏、毁损、报废损失,转让财产损失,呆账损失,坏账损失,自然灾害等不可抗力因素造成的损失以及其他损失。企业发生的损失,减除责任人赔偿和保险赔款后的余额,依照国务院财政、税务主管部门的规定扣除。企业已经作为损失处理的资产,在以后纳税年度又全部收回或者部分收回时,应当计入当期收入。第三十三条规定,《企业所得税法》第八条所称其他支出,是指除成本、费用、税金、损失外,企业在生产经营活动中发生的与生产经营活动有关的、合理的支出。

◆ 利润定义的财税差异

《企业会计准则》规定,利润是指企业在一定会计期间的经营成果。利润包括收入减去费用后的净额、直接计入当期利润的利得和损失等。直接计入当期利润的利得和损失,是指应当计入当期损益、会导致所有者权益发生增减变动的、与所有者投入资本或者与所有者分配利润无关的利得或损失。利润金额取决于收入和费用、直接计入当期利润的利得和损失金额的计量。

企业所得税是对企业应纳税所得额征税。《企业所得税法》第五条规定,企业每一纳税年度的收入总额,减除不征税收入、免税收入、各项扣除以及允许弥补的以前年度亏损后的余额,为应纳税所得额。应纳税所得额通常会大于利润额,这是因为企业的有些费用不允许在税前扣除,还有些利润是有限额在税前扣除的。应纳税所得额在一定条件下也可能小于利润额,这是因为企业有不征税收入、免税收入、加计扣除、收入抵减、投资抵减等税收优惠,且企业所得税还允许在一定期限内以税前所得弥补以前年度亏损。

会计的亏损概念与税法亏损概念是有区别的。会计利润为负数时,即为亏损。税法规定的亏损与会计亏损的概念不同,根据《企业所得税法实施条例》第十条规定,《企业所得税法》第五条所称亏损,是指企业依照《企业所得税法》和本条例的规定将每一纳税年度的收入总额减除不征税收入、免税收入和各项扣除后小于零的数额。故税法上允许弥补的亏损,并非是指企业的会计亏损,而是按税法计算的亏损。

根据《企业所得税法》第二十一条规定,在计算应纳税所得额时,企业财务、会计处理办法同税收法律、行政法规的规定不一致的，应当依照税收法律、行政法规的规定计算。

相关知识

◆ **中国与国际会计要素划分的比较**

国际会计准则当中，将会计要素划分为资产、负债、产权、收益和费用五大要素，而且明确“收益的定义包括了收入和利得”，“费用的定义包括了损失，也包括那些在企业日常活动中发生的费用”。中国六大会计要素的划分与国际会计准则五大会计要素的划分，其基本思路和格局是相同的。它们的主要区别有两点：① 中国将“利润”作为独立的会计要素，而国际会计准则没有；② 国际会计准则明确收益要素包括收入和利得，而中国的收入要素仅是营业收入；国际会计准则明确其费用要素包括费用和损失，而中国的费用要素则不包括损失。关于收益要素和费用要素包括的内容问题，国际会计准则是大口径，我国的会计准则是小口径。因为国际会计准则未单独设“综合净利”要素，如果收益仅是营业收入，费用不包括损失，那么利得、损失的经济事项就会游离于五大会计要素之外，因此，国际会计准则采用大口径是必然的选择。我国的会计准则将“收入”、“费用”要素定为小口径，因为单独设有“利润”要素，而且将“利得”、“损失”经济事项归纳在“利润”要素之中。就是说，中国会计准则在“利润”要素中包含了“利得”、“损失”等内容，因而其“收入”、“费用”要素采用。

1.6　会计计量、计税基础的差异

要　点

新准则采用资产负债表债务法确认递延所得税负债或递延所得税资产，这要求企业在取得资产、负债时，应确定其计税基础。故新的《企业会计准则》也引入了“计税基础”的概念。本节主要介绍会计计量与计税基础相关内容。

解　释

◆ **会计计量**

会计计量是指企业在将符合确认条件的会计要素登记入账并列报于

会计报表及其附注时，应当按照规定的会计计量属性进行计量，确定其金额。计量属性是指所予计量的某一要素的特性方面，如公路的长度、矿石的重量、土地的面积等。从会计角度看，计量属性反映的是会计要素金额的确定基础。《企业会计准则——基本准则》第四十二条规定，会计计量属性主要包括：历史成本、重置成本、可变现净值、现值及公允价值。第四十三条规定，企业在对会计要素进行计量时，一般应当采用历史成本，采用重置成本、可变现净值、现值、公允价值计量的，应当保证所确定的会计要素金额能够取得并可靠计量。

1. 历史成本

在历史成本计量下，资产按照购置时支付的现金或者现金等价物的金额，或者按照购置资产时所付出的对价的公允价值计量。负债按照因承担现时义务而实际收到的款项或者资产的金额，或者承担现时义务的合同金额，或者按照日常活动中为偿还负债预期需要支付的现金或者现金等价物的金额计量。

在企业所得税计税基础的确定之上，历史成本原则指企业的各项资产在取得时应按照实际成本计量，在计算应纳税所得额时按历史成本扣除。历史成本是指企业取得某项财产所实际支付的现金及等价物，即实际发生的支出。物价变动虽对财产的市场价值有影响，除税法另有规定之外，企业不得调整财产计税基础。资产的计税基础应采用历史成本，因为历史成本是交易双方都认同的价格，人为估计等主观因素程度比较低，其真实性、可验证性在所有计量方法中最高。而且历史成本有原始凭证作为依据较为客观，具有可验证性和易于取得的特点，所以被企业所得税计税所用。

在按历史成本确定各项财产的计税价值后，各项财产若发生减值，除了税法规定允许扣除的准备金之外，企业在计算应纳税所得额时不得扣除已计提的各项财产减值准备；只有各项资产真正发生损失时，才能按照历史成本尚未在税前扣除或摊销的部分按程度进行税前扣除。

在按历史成本确定各项财产的计税基础后，各项财产若评估增值或按照公允价值处置获取收益，只有在企业将评估增值部分和处置收益计入应纳税所得额缴纳了所得税后，才允许将该项财产按评估增值和公允价值重新确定计税成本；否则，企业不能自行调整其各项财产的计税基础。企业重组发生的各项资产交易在税收上确认了收益或损失的，相关资产可按重新确认的价值确定计税基础。

2. 重置成本

在重置成本计量下，资产按照现在购买相同或者相似资产所需支付的现金或者现金等价物的金额计量。负债按照现在偿付该项债务所需支付的现金或者现金等价物的金额计量。

在企业所得税计税基础的确定之上，重置成本原则是指按照当前的市场条件，重新取得同样一项资产所需要支付的现金或现金等价物金额。例如，企业盘盈的固定资产应以重置成本作为计税基础。

3. 可变现净值

在可变现净值计量下，资产按照其正常对外销售所能收到现金或者现金等价物的金额扣减该资产至完工时估计将要发生的成本、估计的销售费用以及相关税费后的金额计量。

可变现净值是指在正常生产经营过程中，以预计售价减去进一步加工成本和预计销售费用以及相关税费后的净值。可变现净值常用于存货资产减值情况下的后续计量。在企业所得税计税基础的确定上，不采用可变现净值。

4. 现值

在现值计量下，资产按照预计从其持续使用和最终处置中所产生的未来净现金流入量的折现金额计量。负债按照预计期限内需要偿还的未来净现金流出量的折现金额计量。现值是指对未来现金流量以恰当的折现率进行折现后的价值，是考虑货币时间价值的一种计量属性。现值常用于非货币性资产可收回金额及以摊余成本计量的金融资产价值的确定等。例如，在确定固定资产、无形资产等可收回金额时，通常需要计算资产来预计未来现金流量的现值；对持有至到期投资、贷款等以摊余成本计量的金融资产通常需要用实际利率法将这些资产在预期存续期间或是适用的更短期间内的未来现金流量折现，然后通过相应的调整确定其摊余成本。在现今的企业所得税中不采用现值。

5. 公允价值

在公允价值计量下，资产和负债按照在公平交易中，熟悉情况的交易双方自愿进行资产交换或者债务清偿的金额计量。公允价值主要在交易性金融资产、可供出售金融资产的计量中应用。

在企业所得税中，公允价值的应用较广泛。企业所得税的公允价值原则，是指企业经营中的商品交易价值，应按照市场公允价值确定，也称“独立交易原则”、“公平独立原则”、“公平交易原则”、“正常交易原则”等。

在收入认定上，根据《企业所得税法实施条例》第十三条规定，《企业所得税法》第六条所称企业以非货币形式取得的收入，应当按照公允价值确定收入额。前款所称公允价值，是指按照市场价格确定的价值。第二十四条规定，采取产品分成方式取得收入的，按照企业分得产品的日期确认收入的实现，其收入额按照产品的公允价值确定。

在资产的税务处理上，根据《企业所得税法实施条例》第五十八条、第六十二条、第六十六条规定，通过捐赠、投资、非货币性资产交换、债务重组等方式取得的固定资产、生产性生物资产、无形资产，以该资产的公允价值和支付的相关税费为计税基础。第七十一条规定，通过支付现金以外的方式取得的投资资产，以该资产的公允价值和支付的相关税费为成本。第七十二条规定，通过支付现金以外的方式取得的存货，以该存货的公允价值和支付的相关税费为成本。

在特别纳税调整中，若企业与关联方进行交易，应将关联方视为完全独立的无关联关系的企业或个人，依据市场条件采用的计价标准或价格来处理相互之间的收入和费用分配。关联方之间按无关联关系企业或个人在相同或类似的条件下确定的交易价格，可视作正常交易价格。独立交易原则目前已被大多数国家的所得税法所接受和采纳，成为税务当局处理关联方之间收入和费用分配的指导性原则。《企业所得税法》第四十一条规定，企业与其关联方之间的业务往来，不符合独立交易原则而减少企业或者其关联方应纳税收入或者所得额的，税务机关有权按照合理方法调整。企业与其关联方共同开发、受让无形资产，或者共同提供、接受劳务发生的成本，在计算应纳税所得额时应当按照独立交易原则进行分摊。

◆ 计税基础

资产的计税基础是指企业收回资产账面价值过程中，计算应纳税所得额时按照税法的规定可自应税经济利益中抵扣的金额。例如，企业应收账款的账面价值为100元，相关的收入已包括了在本期应税收入中，在未来收回时，100元不构成应纳税所得额，该应收账款的计税基础就是账面价值100元，没有差异。再如，企业一台设备的原值为100元，折旧40元已在当期和以前期间抵扣，折余价值60元将在未来期间作为折旧或通过处置作为一项减项从应纳税所得额中抵扣，未来收回时，60元不构成应纳税所得额，该设备的计税基础就是其账面价值60元，没有差异。

负债的计税基础是指负债的账面价值减去未来期间计算应纳税所得额时，按照税法规定可予抵扣的金额。如企业应付工资的账面金额为100元，本期计税时相关的费用已抵扣，未来期间支付后不得从应税所得中抵扣，该应付工资的计税基础为100元，没有差异；企业账面金额为100元的应付罚款，计税时该项罚款不得抵扣，该应付罚款的计税基础是

100 元，没有差异；企业账面金额为 100 元的预计产品保修费用，相关费用按照收付实现制予以征税，该预计费用的账面价值为 100 元，在未来保修时可抵扣应纳税所得额为 100 元，计税基础为 0，产生可抵扣暂时性差异 100 元；企业账面金额为 100 元的预收房地产业务收入，相关收入按照收付实现制予以征税已经完税，未来结转时可抵扣应纳税所得额为 100 元，计税基础为 0，产生可抵扣暂时性差异 100 元。

在企业所得税中，计税基础是指计算应纳税所得额的基础，在计算应纳税所得额时按照税法规定允许扣除的资产成本金额。《企业所得税法实施条例》第五十六条规定，企业的各项资产，包括固定资产、生物资产、无形资产、长期待摊费用、投资资产、存货等，以历史成本为计税基础。例如，《企业所得税法》第十五条规定，企业领用或者销售存货，按照规定计算的存货成本，可以在计算应纳税所得额时扣除。这里，按照规定计算的存货成本就是存货的计税基础。第十六条规定，企业转让资产的净值和转让费用，可以在计算应纳税所得额时扣除。这里，该项资产的净值就是计税基础。

相关知识

◆ **会计计量三个基本质量标准**

会计计量应坚持三个基本质量标准：① 同质性，即会计计量所提示的数量关系（再现体）应与被提示的物品或事项的内在数量关系（客体）保持一致；② 证实性，即在给定条件相同时，不同的会计人员对同一客体的计量应得出相同的结果，也就是计量结果可以互为证实；③ 一致性，即计量方法的使用要保持前后期的一致性，以免使用者对会计信息产生误解。

会计计量具有提供有关经济主体数量信息的基本功能，是现代会计的发展动力之一。自 19 世纪末以来，西方财务会计在诸如成本计算、存货计价、折旧处理、损益计处、递延摊销、税金处理、盈利分配、投资计算、价格变动调整等方面的实务和理论问题，在很大程序上也是会计计量不同内容和所面临不同问题的反映。

1.7 会计与税法差异的协调处理

要 点

我国现行企业会计准则同税收法规之间存在着很多的不协调和不一

致之处。在当今市场经济环境下，会计法规和税收法规朝着各自的发展目标和方向不断地调整和改革，二者的差异在不断变化之中，这其中存在着一定的客观性和必然性。因此，通过分析会计制度与税法之间的差异来研究一套二者协作运行的方式是解决这一问题的最好方法。本节将通过以下几个方面讲解会计与税法差异的协调处理：加强会计制度与税法之间在制度层面的协调沟通；加强会计制度与税法在业务处理方面的协调沟通；加强会计与税法在信息方面的沟通以及加快构建税务会计体系，鼓励企业进行纳税筹划。

解释

◆ 加强会计制度与税法之间在制度层面的协调沟通

会计和税收法规制定和日常管理分属于财政部和国家税务总局两个不同的主管部门，在法律法规的制定和执行过程中很容易产生立法取向的不同，所以加强两个政府主管部门之间的沟通合作是会计和税法在规制上进行协作的一个重要保证。例如，可以设立由两个机构代表组成的常设协调机构，无论在法律法规出台前还是在执行过程中都加强联系，有利于减少不必要的差异损失，加强会计制度与税收法律法规的协作，可提高会计制度和税收法律法规协作的有效性。对需要做出修改的法律法规，必须十分慎重，要经过周密规划、调查和论证，等到时机成熟时再进行修改，以确保会计制度和税法的稳定性、严肃性和权威性。

◆ 加强会计制度与税法在业务处理方面的协调沟通

对会计处理比较规范的业务，会计制度与税法的协调应使税法在坚持自身原则的基础之上，与会计原则作适当的协调，以减少业务差异，降低纳税人的核算成本。例如，捐赠的处理、融资租赁的划分标准以及资产减值的处理等问题。另外，对我国会计处理还不规范、甚至存在空白点的业务类型，应规范和完善会计制度的建设，同时考虑与税法的协作问题。例如，对企业并购、资产证券化等业务的处理，应加快改革步伐，使业务处理逐步规范化。其次，企业会计制度对某些会计事项的处理规定了多种可供选择的方法，为了防止企业利用会计政策实施操纵行为，应在税法中做补充规定，要求企业在发生重大会计政策变更时，须报请主管税务机关同意或备案，否则将予以惩罚。

◆ **加强会计与税法在信息方面的沟通**

企业会计和税务机关应加强相互之间信息的沟通。首先，会计应披露必要的信息以支持税收，税务机关充分利用披露的会计信息，加强会计制度的强制性信息披露义务以提高税务机关的税收征管效率。因为披露方面的不足和缺失使税收不能及时地将信息需求反馈到会计信息系统，这无疑会加大税务部门的信息获取成本，税务信息的非公开性也使会计与税务关系的相关研究面临很大的数据障碍，进一步的探索更为艰难，会计制度和税法的协调也很难进一步深入。其次，加强会计制度和税收法规在会计界和税务界的相互宣传，组织各方面各层次的学习宣传，加深对会计制度和税法的认识，可以提高会计制度和税收法规协调的有效性。

◆ **加快构建税务会计体系，鼓励企业进行纳税筹划**

加快构建税务会计的理论体系，满足国家作为所有者或是宏观经济管理部门获取企业会计信息的重要途径，这也是实现税收法规与会计制度共同发展的产物。鼓励企业进行纳税筹划是对税收政策的积极利用，同时还是对会计制度和税收制度的高度完善。

相关知识

◆ **差异协调的必然性**

在当今经济全球一体化、市场经济环境变化快的情况下，企业会计制度和税收法规也随之产生了一定的变化，使得二者之间的差异越来越大，从而引发了以下几个方面的问题。

(1) 纳税调整项目多

在企业会计制度中规定应计入成本和费用，而税法中却不要求计入，企业在纳税申报时需要调整，这一差异被称为一次性差异。当企业会计制度与税法不同时，产生的纳税调整项目相应增加。有些纳税调整甚至会影响到企业的权益。

(2) 纳税成本增加

纳税人既要遵循新的《企业会计准则》，又要依法纳税，使得纳税人的纳税成本逐渐增大。有些差异还复杂难懂、操作烦琐，一些纳税人没能准确地理解这种差异而对其进行盲目调整，会导致违反税收法规而受到处罚，扩大了纳税成本。

(3) 引起征纳税双方争论

对很多税法没有明确规定的地方，企业采用的会计核算常常会引起征税、纳税双方的争议，也很难仲裁。

可见，从企业发展的现状及这种差异造成的种种问题来看，加强会计法规与税法间的相互协调势在必行。

实战训练

一、单项选择题

1. 下列不属于税收特征的是（　　）。

A. 强制性　　B. 无偿性

C. 固定性　　D. 稳定性

2. 下列不属于流转税的是（　　）。

A. 增值税　　B. 营业税

C. 消费税　　D. 印花税

3. 下列税种中属于价外税的是（　　）。

A. 增值税　　B. 营业税

C. 消费税　　D. 资源税

4. 增值税属于（　　）。

A. 中央税　　B. 所得税

C. 地方税　　D. 中央与地方税共享税

5. 下列关于纳税人的叙述不正确的是（　　）。

A. 纳税人是由税法直接规定的

B. 当存在税负转嫁时，纳税人和负税人就不一致

C. 扣缴义务人是纳税人的一种特殊的形式

D. 纳税人可以是法人，也可以是自然人

6. 税务会计的核算对象是（　　）。

A. 企业以货币计量的经济事项

B. 税务机关组织征收的征收、减免、欠缴、入库等税收资金运动的全过程

C. 因纳税而引起的税款的形成、计算、缴纳、补退等经济活动的资金运动

D. 国家预算资金运动过程

二、多项选择题

1. 按课税对象的性质不同，可以将全部税种划分为（　　）。

A. 流转税　　B. 资源税

C. 所得税　　D. 财产税

2. 按税收的征收权限和收入支配权限，可以将税收划分为(　　)。

A. 中央税　　B. 中央与地方共享税

C. 地方税　　D. 分成税

3. 下列税种中，属于税务机关负责征收的是(　　)。

A. 增值税　　B. 关税

C. 企业所得税　　D. 土地增值税

4. 下列关于税务会计与财务会计区别的论述，正确的有(　　)。

A. 服务主体不同　　B. 核算目的不同

C. 核算范围不同　　D. 核算依据不同

5. 下列关于税务会计与税收会计区别的论述，正确的有(　　)。

A. 核算主体不同　　B. 核算内容不同

C. 核算对象不同　　D. 核算依据不同

三、判断题

1. 税务会计是独立于财务会计之外，与财务会计并列的一门专业会计。(　　)

2. 税务会计具有直接受制于税收法律规定的显著特点，这是税务会计区别于其他专业会计的一个重要标志。(　　)

3. 税务会计是税收和财务会计产生并发展到一定阶段的产物。(　　)

4. 英美模式比法德模式更能够发挥财务会计、税务会计的应用作用。(　　)

5. 我国的税务会计模式属于法德模式。(　　)

四、问答题

1. 计算企业所得税应纳税所得额时不得扣除的项目有哪些？

2. 简述增值税小规模纳税人的含义及其认定标准。

3. 消费税的纳税范围是什么？

第2章

收入财税处理差异及调整

2.1 会计与企业所得税法对收入含义界定的差异

要 点

收入是指企业在日常活动中形成的、会导致所有者权益增加的、与所有者投入资本无关的经济利益的总流入。按照企业从事日常活动的性质,可将收入分为销售商品收入、提供劳务收入和让渡资产使用权收入等。会计上的收入体现企业的经营成果,税收上的收入则是税收的税基或税源。收入含义的差异是收入在税法和会计上不同的一个主要表现,本节将对会计准则关于收入的定义;税法关于收入的定义以及二者之间的差异予以具体分析。

解 释

◆ 会计准则关于收入的定义

收入是指企业在日常活动中形成的、会导致所有者权益增加的、与所有者投入资本无关的经济利益的总流入,适用于除“采取权益法进行会计处理的长期股权投资、非货币性资产交换、建造合同、租赁、原保险合同、再保险合同等形成的收入”以外的所有收入,分为商品销售收入、提供劳务收入和让渡资产使用权收入。

◆ 税法关于收入的定义

税法中的收入包括收入总额、不征税收入和免税收入等。

收入总额是指企业以货币形式和非货币形式从各种来源取得的收入,包括：销售货物收入,提供劳务收入,转让财产收入,股息、红利等权益性投资收益,利息收入,租金收入,特许权使用费收入,接受捐赠收入和其他收入。

不征税收入,一般是指财政拨款、依法收取并纳入财政管理的行政事业性收费、政府性基金以及国务院规定的其他不征税收入。

免税收入，包括：国债利息收入，符合条件的居民企业之间的股息、红利收入，在中国境内设立机构、场所的非居民企业从居民企业取得与该机构、场所有实际联系的股息、红利收入，符合条件的非营利公益组织的收入。

依据新税法规定，企业以货币形式取得的收入包括现金、存款、应收账款、应收票据以及债务的豁免等；企业以非货币形式取得的收入包括存货、固定资产、投资性房地产、无形资产、股权投资、劳务等资产以及其他权益；企业以非货币形式取得的收入按公允价值确定收入额。

◆ 差异分析

企业所得税应税所得不适合“日常活动”标准，应税所得不仅限于连续性经营所得，临时性、偶然性所得也属于应税所得。

1. 收入的内涵不同

会计上的收入属于狭义收入，即营业收入；企业所得税收入的含义则是广义收入，包括：生产经营收入、财产转让收入、利息收入、租赁收入、特许权使用费收入、股息收入和其他收入。其中，其他收入又包括：固定资产盘盈收入，罚款收入，因债权人缘故确实无法支付的应付款项、物资及现金的溢余收入，教育费附加返还款，包装物押金及其他收入（如债务重组收益、补贴收入）等。

2. 销售的含义不同

会计上的销售通常是指对外销售，即对外销售商品、提供劳务，《企业会计准则》要求企业将非货币性资产用于职工福利时，应确认会计收入，因为企业作为一个法人主体和会计主体，以非货币性资产交换了相关利益人——员工所提供的劳务，形成了经济利益的流入。税收上除了包括直接对外销售，还包括会计上未作销售处理的事项，如非货币性资产捐赠、以非货币性资产用于交际应酬等。

3. 收入的确认原则不同

企业会计制度遵循三个原则，即“实质重于形式”、“谨慎性”和“权责发生制”，侧重于收入实质性的实现，而不是按照法律形式确认收入的实现。税收虽也强调“实质重于形式”，但更侧重于税收的公平性和刚性。国税函[2008]875号文件下发之后，从总体上减少了会计收入同计税收入确认时间方面的差异，但税收政策仍不将与销售商品、提供劳务等形成的经济利益流入能否实现作为确认计税收入的依据。确定计税收入时奉行“实现原则”，即与应税收入相关的经济活动必须完成，并能最终确定所实现的收入或利得。会计核算中按公允价值计量的某些资产的浮盈、浮亏应作纳税调整。

4. 收入的计量方法不同

若一项交易活动发生之后，企业取得的是非货币性资产利益等，会计核算中可能按账面价值为基础且不确认收入。计税时则要求按照公允价值确认应税收入。即使都采用公允价值计量，会计准则中所使用的公允价值是要求资产和负债在公平交易中，熟悉情况的交易双方自愿进行资产交换或债务清偿的现时价值。《企业所得税法实施条例》所称公允价值，是指按照市场价格确定的价值。由此影响了诸如分期收款销售的会计收入与当期计税收入的不同。

实例详解

【例 2-1】 2010 年 1 月，A 企业用 10 万元购入 1 000 张国债，票面利率 4%，期限为 5 年，每年取得国债利息 4 000 元，存入银行。

【分析】

(1) A 企业的会计处理：

借：银行存款　　4 000

　　贷：投资收益　　4 000

(2) A 企业的税务处理：

在每年企业所得税汇算清缴时，将 4000 元国债利息收入作纳税调减处理，填入附表五“税收优惠明细表”和附表三“纳税调整项目明细表”中。

【例 2-2】 2010 年 1 月，A 企业取得对居民企业 B 公司长期股权投资(2008 年 1 月投资)的现金股利 15 万元，存入银行。

【分析】

(1) A 公司的会计处理：

借：银行存款　　150 000

　　贷：投资收益　　150 000

(2) A 公司的税务处理：

在 2010 企业所得税汇算清缴时，将 15 万元现金股利收入作纳税调减处理，填入附表五“税收优惠明细表”和附表三“纳税调整项目明细表”。

2.2 一般商品销售收入的财税处理差异及调整

要 点

商品销售收入在会计处理和税务处理方面的差异与商品销售方式有很大关系，不同的销售方式在会计和税务上的处理是不同的。从总体上来说，商品销售包括一般销售和特殊销售，本节将主要针对一般商品销售收入，阐述商品销售收入的确认，商品销售收入的计量以及商品销售收入的处理差异及调整。

解 释

◆ **商品销售收入的确认**

1. 会计准则对商品销售收入的界定

(1) 收入确认的原则

遵循客观性、实质重于形式、权责发生制和谨慎性，注重销售商品收入实质性的实现，而不仅仅只是收入法律上的实现。

(2) 收入确认的条件

企业已把商品所有权上的主要风险和报酬转移给购货方，构成确认销售商品收入的重要条件。判断企业是否已将商品所有权上的主要风险和报酬转移给购货方，应关注交易的实质，并结合所有权凭证的转移进行判断。

(3) 收入确认的范围

收入确认的范围是对销售商品收入等提出了明确的确认标准。

(4) 收入确认的时间

只有符合会计上确认销售商品收入的条件，才能确认销售商品收入。

(5) 收入确认的选择方式

允许企业在会计准则许可范围内选择自身的会计政策和会计方法，允许会计人员对收入的确认做出职业上的判断。

2. 税法对商品销售收入的界定

(1) 收入确认的原则

对税款的征收应遵循法律性原则和确保收入的原则，注重界定和准确计算应纳税额的计税依据。

(2) 收入确认的条件

对应税销售额确认的基本条件是根据经济交易完成的法律要件是否具备,是否取得交换价值,强调的是发出商品、同时收讫价款或索取价款的凭据。

(3) 收入确认的范围

企业在发出商品的同时收取价款,或在取得索取价款的凭据时,确认收入的实现。税法确认的增值税销售额的范围要比会计确认销售商品收入的范围大,增值税暂行条例确认的应税收入不仅包含会计上的销售商品收入,还包含会计上不做销售商品收入的价外费用及视同销售。

(4) 收入确认的时间

对增值税不同的结算方式规定了具体的纳税义务发生的时间,即便会计上没有确认收入,税法上同样可能发生纳税义务,且还要作为增值税销售额计税。

(5) 收入确认的选择方式

在确认增值税销售额时,要求纳税人必须严格遵守税法的有关规定,会计处理方法和国家有关税收规定有抵触的,按照国家有关税收的规定计算纳税。税务会计的处理方法一经确定,不得随意变动。

◆ 商品销售收入的计量

1. 会计准则对商品销售收入计量的界定

(1) 账户设置

账户设置主要通过主营业务收入和其他业务收入账户进行会计处理。

(2) 公允价值计量

引入公允价值作为计量收入的标准,特别是延期收款方式,按合同或协议价款的现值确认其公允价值,作为销售商品收入金额。

(3) 商业折扣

商业折扣是按照实际收取的价款确认销售收入。

(4) 现金折扣

现金折扣若采用净价法,则可按照扣除折扣的净额确认收入。

(5) 视同销售

视同销售不作为销售业务进行会计处理,不确认会计收入。

2. 税法对商品销售收入计量的界定

(1) 账户设置

账户设置不仅包含主营业务收入和其他业务收入,还包含会计不做收入处理的价外费用和视同销售收入。

(2) 公允价值计量

很少使用公允价值的概念,更多地采用历史成本的计量标准,但赋予了税务机关在特定情况下按合理标准调整应税收入的权利。

(3) 商业折扣

如果销售额和抵扣额在同一张发票上分别注明,可按折扣后的余额作为计税依据;如果将抵扣额另开发票,不论其在会计上如何处理,不得从销售额中减除抵扣额。

(4) 现金折扣

现金折扣按销售收入金额作为计税依据。

(5) 视同销售

视同销售作为应税收入计算缴纳税金的商品或劳务的转移行为,按照组成计税价格确定。

其中:

消费税组成计税价格=成本×(1+成本利润率)÷(1－消费税税率)

营业税组成计税价格=成本×(1+成本利润率)÷(1－营业税税率)

财务费用是纳税人筹集经营性资金而发生的费用,包括利息净支出、汇兑净损失、金融机构手续费以及其他非资本化支出。债权人为鼓励债务人在规定的期限内付款而向债务人提供的债务扣除属于现金折扣,销售商品涉及现金折扣的,应当按扣除现金折扣前的金额确定销售商品收入金额,现金折扣在实际发生时作为财务费用扣除。

正常的现金折扣可以在企业所得税税前扣除。但企业不能因现金折扣可在企业所得税税前扣除而用现金折扣的名义支出其他费用。税务机关不能因现金折扣可以在企业所得税税前扣除而放松对这方面的管理,要通过规范管征,做到既维护纳税人的合法权益,又保证国家税款的依法、及时和足额入库。

◆ 商品销售收入的财税处理差异及调整

商品销售收入的财税处理在时间上的规定差异比较大。会计处理从实质重于形式和谨慎性原则出发,侧重于收入的可实现性。税法从组织财政收入的角度出发,侧重于收入社会价值的实现,造成了两者对会计收入和税法收入的确认产生差异。其主要差异为以下几点。

(1) 会计准则确认收入的条件比国税函[2008]875号多了一条规定,即“相关的经济利益很可能流入企业”。在会计处理上,商品销售收入强调经济利益很可能流入企业,这是指销售商品价款收回的可能性大于不能收回的可能性，即销售商品价款收回的可能性超过了 50%。在税务处理上，收入的确认不强调这一点，其主要是为了防止人为地判断收入的流入可能性，不符合确定性原则，造成实际操作的困难，造成税基减少，逃避所得税。

（2）《企业所得税法》是法人制所得税，强调同一法人内部的资产转移不视同销售也不确认收入；对不同法人之间的资产处置，由于资产所有权发生改变，均应视同销售确认收入。故税法只强调所有权改变的转移，没有像会计处理一样强调“相关经济利益很可能流入企业”。

（3）纳税义务发生时间与会计准则中收入的确认时间有可能不同。因纳税人兼营不同税率的销售是否分开核算会对纳税产生不同影响，故应分别核算不同税率货物或应税劳务的销售额；未分别核算销售额的从高适用税率。因此，当企业已具备税法规定的收入确认条件就产生了纳税义务，不仅要缴纳流转税，还需要计算缴纳企业所得税。

实例详解

【例 2-3】 A 企业 2008 年 12 月 15 日发出商品给 B 企业市价 100 万元，成本 85 万元，合同规定发货当天付款，如果 B 企业 2008 年 12 月 15 日发生火灾，损失严重程度 A 企业不得而知，但可以判断在近半年无法收回货款，根据《企业会计准则第 14 号——收入》第四条规定可暂不确认收入。

【分析】 会计分录如下：

借：发出商品　　850 000

　　贷：库存商品　　850 000

税务处理：在申报 2008 年度企业所得税申报表时，根据《国家税务总局关于确认企业所得税收入若干问题的通知》（国税函[2008]875 号）第一条，在附表一第 16 行“其他视同销售收入”100 万元；附表二第 14 行“其他视同销售成本”列支 85 万元，通过主表计算后自动调增 15 万元企业应纳税所得额。也可在附表三“未按权责发生制原则确认的收入”15 万元企业应纳税所得额。

增值税要在 2008 年 12 月份确认销项税额：《中华人民共和国增值税暂行条例实施细则》第三十三条条例第十九条第（一）项规定的销售货物或者应税劳务的纳税义务发生时间，按销售结算方式的不同，具体为采取直接收款方式销售货物，无论货物是否发出，均为收到销售额或取得索取销售额的凭据，并将提货单交给买方的当天。

【例 2-4】 2008 年年底，A 公司与 B 公司签订了一项总金额为 1 200 万元的房屋建造固定造价合同。工程于 2009 年 1 月初开工，合同约定于 2010 年 10 月份完工，预计工程总成本为 1 000 万元。截至 2009 年 12 月 31 日，该项目已经发生的成本为 600 万元，预计完成该合同还将发生成本 400 万元，已开票结算工程价款 480 万元，实际收到 400 万元。若不考虑城建税和教育费附加，所得税税率为 25%，没有其他纳税调整项目，预计未来有足够的应纳税所得额可抵扣暂时性差异。假设，2009 年 12 月 31 日，A 公司得知 B 公司的生产经营发生严重困难，以后的款项可能无法收回。

【分析】 2009 年度，因本建造合同的结果不能可靠估计，故 A 公司会计处理为：

(1) 登记实际发生的合同成本

借：工程施工——合同成本	6 000 000	
贷：原材料、应付职工薪酬等		6 000 000

(2) 登记已结算的工程价款

借：应收账款	4 800 000	
贷：工程结算		4 800 000

(3) 登记实际收到的合同价款

借：银行存款	4 000 000	
贷：应收账款		4 000 000

(4) 确认和计量当年的收入和费用

借：主营业务成本	6 000 000	
贷：主营业务收入		4 000 000
工程施工——合同毛利		2 000 000

由于 A 公司于 2009 年开出了 480 万元的结算票据，故营业税的计税依据为 480 万元。在企业所得税方面，因会计核算中没有确定完工进度计量会计收入，故 A 公司应当根据税法的相关规定，按主管税务机关的要求进行税务处理，按完工进度确认收入和成本。若采用累计实际发生的合同成本占合同预计总成本的比例，则该项工程的完工进度为：600÷1 000＝60%，应确认收入：1 200×60%＝720(万元)。

根据《企业会计准则第 18 号——所得税》的规定，应确认递延所得税资产：(计税收入－会计收入)×25%＝(720－400)×25%＝80(万元)。

【例 2-5】 某企业采取分期收款的方式销售一台价值 1200 万元的设备，分 3 年收款。分别于第一年收款 500 万元、第二年收款 350 万元、第三年收款 350 万元，该设备公允价值为 1 000 万元。

【分析】

在会计处理上，在发出设备时确认销售收入 1 000 万元，同时将 200 万元作为以后 3 年的融资收益，按照实际利率法计算冲减各年财务费用。

在税收处理上，不确认销售收入 1 000 万元和融资收益 200 万元，而是将 1 200 万元分别于随后 3 年收款时确认各年销售收入 500 万元、350 万元和 350 万元。销售方企业对此差异应于年度所得税汇算清缴时按税法规定进行纳税调整。

2.3 特殊情形下商品销售收入的财税处理差异及调整

要 点

企业的特殊销售行为，是指企业在生产经营过程中，直接用产品或商品换取某种权益，或代替货币支付某种支出而发生的非货币性销售行为。本节主要介绍商品销售折扣和折扣销售的财税处理差异及调整；商品售后回购的财税处理差异及调整；商品捆绑销售的财税处理差异及调整；商品分期收款销售的财税处理差异；商品视同销售的财税处理差异及调整。

解 释

◆ 商品销售折扣和折扣销售的财税处理差异及调整

1. 销售折扣和折扣销售的会计处理

折扣销售是指商业折扣，而销售折扣是指现金折扣。折扣销售是企业为了促进商品销售，而在商品标价上给予的价格扣除；销售折扣是指债权人为了鼓励债务人在规定期限内付款而向债务人提供的债务扣除。折扣销售时应按照扣除商业折扣后的金额来确定销售商品收入金额；销售折扣采用总价法入账，用发生的现金折扣冲减当期财务费用。

2. 销售折扣和折扣销售的税务处理

(1) 增值税方面

《关于印发〈增值税若干具体问题的规定〉的通知》(国税发[1993]154号)第二条第(二)项规定，纳税人采取折扣方式销售货物，如果销售额和折扣额在同一张发票上分别注明的，可按折扣后的销售额征收增值税。《关于折扣额抵减增值税应税销售额问题通知》(国税函[2010]56 号)规定，纳税人采取折扣方式销售货物，销售额和折扣额在同一张发票上分别注明，是指销售额和折扣额在同一张发票上的"金额"栏分别注明的，可按折扣后的销售额征收增值税。未在同一张发票"金额"栏注明折扣额，而仅在发票的"备注"栏注明折扣额的，折扣额不得从销售额中减除。

（2）营业税方面

《营业税暂行条例实施细则》第十五条规定，纳税人发生应税行为，如果将价款与折扣额在同一张发票上注明的，以折扣后的价款为营业额；如果将折扣额另开发票的，不论其在财务上如何处理，均不得从营业额中扣除。

（3）企业所得税方面

《关于企业销售折扣在计征所得税时如何处理问题的批复》（国税函[1997]472号）规定，纳税人销售货物给购货方的销售折扣，如果销售额和折扣额在同一张销售发票上注明的，可按折扣后的销售额计算征收所得税；如果将折扣额另开发票，则不得从销售额中减除折扣额。纳税人销售货物给购货方的回扣，其支出不得在所得税前列支。《关于确认企业所得税收入若干问题的通知》（国税函[2008]875号）规定，企业为促进商品销售而在商品价格上给予的价格扣除属于商业折扣，商品销售涉及商业折扣的，应当按照扣除商业折扣后的金额确定销售商品收入金额。债权人为鼓励债务人在规定的期限内付款而向债务人提供的债务扣除属于现金折扣，销售商品涉及现金折扣的，应当按扣除现金折扣前的金额确定销售商品收入金额，现金折扣在实际发生时作为财务费用扣除。

因此，对于商业折扣和现金折扣，若销售方能提供以下资料，才允许在税前扣除：

① 注明了折扣标准、折扣率的销售合同或协议；

② 价款与折扣额必须在同一张发票上注明，且在同一张发票"金额"栏注明折扣额；

③ 有银行支付凭证，确保销售方在账面上反映销售收入总价。

◆ 商品售后回购的财税处理差异及调整

售后回购是指销售商品的同时，销售方同意日后再将同样或类似的商品购回的销售方式。在这种销售方式下，销售方应根据合同或协议条款判断销售商品是否满足收入确认条件。通常情况下，售后回购交易属于融资交易，商品所有权上的主要风险和报酬没有转移，收到的款项应确认为负债；回购价格大于原售价的差额，企业应在回购期间按期计提利息，计入财务费用。有确凿证据表明售后回购交易满足销售商品收入确认条件的，销售的商品按售价确认收入，回购的商品作为购买商品处理。

在会计处理上，对于售后回购，业务如判断为融资行为，则遵循实质重于形式原则。而在税法上，更侧重于以交易的法律形式作为判断标准，将售后回购视同销售和采购两个环节进行处理。

售后回购一般是不确认收入的，但若有确凿证据表明售后回购交易满足销售商品收入确认条件，则可以认为该项交易并不是实际上的筹资行为，在税法和会计上，全作为销售和购进两个环节来处理，会计上需对售后回购确认收入和结转成本。

采用售后回购方式销售商品的，按照实际收到的款项借记“银行存款”，贷记“其他应付款”。回购价格大于原价格的，差额在回购期间按期计提利息，借记“财务费用”，贷记“其他应收款”。若有确凿证据表明售后回购交易满足销售商品收入确认条件，则销售的商品按售价确认收入，回购的商品作为购进商品处理。

◆ 商品捆绑销售的财税处理差异及调整

捆绑销售实际上是商家商品的一种促销形式，与商家采取的其他销售形式有联系，也有区别。区别在于捆绑销售是一种附带特定条件的实物折扣的销售商品行为，其特定的条件是客户必须对捆绑的商品一并购买，不可拆分；如果一定要购买其中的一个或部分商品，则不再享受对捆绑销售所确定的优惠幅度。折扣是指捆绑销售的价格小于按照各种商品正常价格分别对外销售的价格总和的部分。企业具体确定折扣额的方法可能有很多种，如可按捆绑销售的各种商品分别对外销售的价格总和进行折扣，或是按其中一种或部分商品价格的一定比例进行折扣，或是放弃其中一种或部分商品的售价。

1. 捆绑销售的会计处理

《企业会计准则第 14 号——收入》对商业折扣的定义和会计处理为：“商业折扣，是指企业为促进商品销售而在商品标价上给予的价格扣除。销售商品涉及商业折扣的，应当按照扣除商业折扣后的金额确定销售商品收入金额。”即卖方从商品的标价上直接扣减一定数额或比例；买卖双方都以扣除商业折扣后的实际售价确认销售收入或购入成本，无须另做账务处理。

2. 捆绑销售的税务处理

(1) 增值税

《关于印发〈增值税若干具体问题的规定〉的通知》(国税发[1993]154号)规定，纳税人采取折扣方式销售货物，如果销售额和折扣额在同一张发票上分别注明的，可按折扣后的销售额征收增值税；如果将折扣额另开发票，不论其在财务上如何处理，均不得从销售额中减除折扣额。《增值税暂行条例实施细则》第四条规定，单位或个体经营者将自产、委托加工或购买的货物无偿赠送他人的行为，属于视同销售货物。

(2) 企业所得税

《关于企业销售折扣在计征所得税时如何处理问题的批复》(国税函[1997]472号)规定，纳税人销售货物给购货方的销售折扣，如果销售额和折扣额在同一张销售发票上注明的，可按折扣后的销售额计算征收所得税；如果将折扣额另开发票，则不得从销售额中减除折扣额。

从税务处理的角度上看，捆绑销售实际上是企业为促销采取的一种折扣销售方式。因此，只要企业实施的捆绑销售行为能将销售额和折扣额在同一张发票上分别注明，就可按照折扣后的销售净额计算缴纳流转税和企业所得税。而企业如果将折扣另开发票，则无论财务上如何处理，均不得从销售额中减除折扣额缴纳流转税和企业所得税。

如果采取放弃其中一种或部分商品的售价，只收取部分商品价款的方式进行捆绑销售的营销定价，而企业又在销售发票中只注明了部分商品的售价，不涉及其他商品的售价和折扣等内容，这实质上已变成“买一赠一”的促销形式。《关于确认企业所得税收入若干问题的通知》(国税函[2008]875号)规定，企业以买一赠一等方式组合销售本企业商品的，不属于捐赠，应将总的销售金额按各项商品的公允价值的比例来分摊确认各项的销售收入。

◆ 商品分期收款销售的财税处理差异

商品分期收款销售是指商品已经交付，但货款分期收回的一种销售形式。

1. 分期收款销售的会计处理

企业按照从购货方已收或应收的合同或协议价款中确定销售商品收入金额。合同或协议价款的收取采用递延方式，具有融资性质的按照应收的合同或协议价款的公允价值来确定销售商品的收入金额。应收的合同或协议价款与公允价值间的差额，在合同与协议期间内采用实际利率法进行摊销，并计入当期损益。

2. 分期收款销售的税务处理

销售实现时，按照已收取的款项或合同约定的应收款项确定销售商品收入金额。

◆ 商品视同销售的财税处理差异及调整

1. 视同销售行为

视同销售是指纳税人在处理某项资产时，按新准则规定不做销售处理，而按照税法有关规定时应计算缴纳税款的行为。

(1) 根据《企业所得税法实施条例》规定，从 2008 年 1 月 1 日起，企业将自己生产的产品用于管理部门、在建工程、非生产性机构，在所得税处理时不作为视同销售处理。

(2) 除《企业所得税法实施条例》第二十五条规定的视同销售情形外，企业发生非货币性资产交换也应视同销售货物处理。企业的债务重组涉及资产的，由于收入额和支付额用资产替代，其资产均应按照视同销售处理，并以资产的公允价值和支付的相关税费为计税基础。

(3) 企业整体资产转让，原则上应在交易发生时将其分解成按公允价值销售全部资产和进行投资两项经济业务进行所得税处理，并按规定计算确认资产转让所得或损失。企业整体资产置换原则上应在交易发生时将其分解为按公允价值销售全部资产和按公允价值购买另一方全部资产的经济业务进行所得税处理，并按规定计算确认资产转让所得或损失。

2. 视同销售行为的各税种计税规定和计税价格

(1) 增值税的视同销售行为

《增值税暂行条例实施细则》规定，单位和个体经营者的视同销售行为包括以下八种行为：

① 将货物交付其他单位或者个人代销；

② 销售代销货物；

③ 设有两个以上机构并实行统一核算的纳税人，将货物从一个机构移送其他机构用于销售，但相关机构设在同一县(市)的除外；

④ 将自产或者委托加工的货物用于非增值税应税项目；

⑤ 将自产、委托加工的货物用于集体福利或者个人消费；

⑥ 将自产、委托加工或者购进的货物作为投资，提供给其他单位或者个体工商户；

⑦ 将自产、委托加工或者购进的货物分配给股东或者投资者；

⑧ 将自产、委托加工或者购进的货物无偿赠送其他单位或者个人。

视同销售货物行为而无销售额者，按照下列顺序确定其销售额：

① 按纳税人当月同类货物的平均销售价格确定；

② 按纳税人最近时期同类货物的平均销售价格确定；

③ 按组成计税价格确定，组成计税价格的公式为：

组成计税价格＝成本×(1＋成本利润率)

(2) 消费税的视同销售行为

《消费税暂行条例》规定，视同销售行为包括以下三种：

① 纳税人用于换取生产资料和消费资料，投资入股和抵偿债务等方面的应税消费品，应计算缴纳消费税；

② 纳税人自产自用的应税消费品，用于其他方面（用于生产非应税消费品和在建工程、管理部门、非生产机构提供劳务以及用于馈赠、赞助、集资、广告、样品、职工福利、奖励等方面的应税消费品）的，于移送使用时纳税；

③ 委托加工应税消费品，由受托方在向委托方交货时代收代缴税款。

视同销售行为的计税价格包括以下三种：

① 用于换取生产、消费资料，投资、抵债，应当以纳税人同类应税消费品的最高销售价格作为计税依据；

② 自产自用，应按纳税人生产的同类消费品的销售价格计税；无同类消费品的销售价格的，按组成计税价格计税：

组成计税价格＝（成本＋利润）÷（1－消费税税率）

③ 委托加工的应税消费品，按照受托方的同类消费品的销售价格计算纳税；无同类消费品销售价格的，按照组成计税价格计算纳税：

组成计税价格＝（材料成本＋加工费）÷（1－消费税税率）

（3）营业税的视同销售行为

《营业税暂行条例》规定，视同销售行为包括以下三种：

① 单位或者个人将不动产或者土地使用权无偿赠送其他单位或者个人；

② 单位或者个人自己新建（以下简称自建）建筑物后销售，其所发生的自建行为；

③ 财政部、国家税务总局规定的其他情形。

视同销售行为的计税价格：

自建行为或单位无偿赠送不动产等视同销售的营业额，比照当月或近期提供的同类应税劳务或是销售的同类不动产的平均价格确定，或是按计税价格确定。

（4）企业所得税的视同销售行为

《企业所得税法》规定，视同销售行为包括：

企业发生非货币性资产交换，以及将货物、财产、劳务用于捐赠、偿债、赞助、集资、广告、样品、职工福利或者利润分配等用途的，应当视同销售货物、转让财产或者提供劳务，但国务院财政、税务主管部门另有规定的除外。

视同销售行为的计税价格：

企业以非货币形式取得的收入，应当按照公允价值确定收入额。公允价值是指按照市场确定的价值。视同对外销售产品的销售价格，应参照同期同类产品的市场销售价格；没有参照价格的，应按成本加合理利润的方法组成计税价格。

实例详解

【例 2-6】 某商场迎新年推出促销措施，顾客购买 1 台 2 500 元冰箱，赠送 1 台 300 元微波炉。冰箱和微波炉的成本分别是 2 000 元和 180 元。企业的常规处理方式为：收顾客现金 2 500 元，并向其开具 2 500 元的发票；开 1 台微波炉的出库单，免费赠送微波炉给顾客。企业会计上确认销售收入 2 500 元。在这种情况下，按《增值税暂行条例实施细则》第四条及国税函[1997]472 号的规定，应按照其对外售价 300 元的微波炉确认销售收入，并计算增值税。

【分析】 如果该商场改变一下处理方式，将实物折扣转化为价格折扣进行出售，结果就会有很大的不同。企业可考虑将赠送的微波炉价格体现在商业折扣上，即企业在开具发票时，开具冰箱 1 台，金额 2 500 元；开具微波炉 1 台，金额 300 元；然后在同一张发票上体现 300 元的折扣。按照《增值税若干具体问题的规定》(国税发[1993]154 号)以及《关于企业销售折扣在计征所得税时如何处理问题的批复》(国税函发[1997]472 号)的规定，企业可按照折扣后的金额 2500 元申报缴纳流转税和所得税，节省了纳税支出。

【例 2-7】 A 公司于 2010 年 3 月 1 日向 B 公司销售商品，价格为 800 万元，增值税 136 万元，成本为 650 万元。A 公司于 2010 年 7 月 30 日以 850 万元购回。

【分析】

(1) 销售时，会计处理如下：

借：银行存款	9 360 000	
贷：库存商品		6 500 000
应交税费——应交增值税(销项税额)		1 360 000
其他应付款		1 500 000

(2) 每月(3～6 月)月末计提利息时，会计处理如下：

借：财务费用	100 000	
贷：其他应付款		100 000

(3) 回购时，做如下会计处理：

借：库存商品　　8 500 000

　应交税费——应交增值税(进项税额)　　1 445 000

　　贷：银行存款　　9 945 000

借：其他应付款　　1 900 000

　财务费用　　100 000

　　贷：库存商品　　2 000 000

售后回购业务，在会计处理时按照“实质重于形式”的要求，视同融资做会计处理，但在税收上不承认这种融资，而是视为销售和采购两项经济业务。销售方的销售实现时，要按照规定开具发票并收取价款，由于A公司销项税额小于进项税额，差额部分留待以后用销项税抵扣。

【例 2-8】 2008 年 1 月 1 日，A 公司采用分期收款方式向 B 公司销售一套大型设备，合同约定的销售价格为 96 万元，分 3 次于每年 12 月 31 日等额收取。该大型设备成本为 69 万元。在现销方式下，该大型设备的销售价格为 80 万元。假设甲公司收取最后一笔货款时开出增值税专用发票，同时收取增值税税额 16.32 万元，不考虑增值税纳税时限等因素的影响。该公司每年的会计利润都是 100 万元，无其他税收调整项目，所得税税率为 25%。

【分析】 甲公司应当确认的销售收入金额为 80 万元；计算出现值为 80 万元、年金为 32 万元、期数为 3 年的折现率为 9.70%。

本期摊销的融资收益=(“长期应收款”科目期初余额-“未确认融资收益”科目期初余额)×折现率

从企业账务处理来看，分期收款销售的会计处理分为以下三个步骤。

(1) 2008 年 1 月 1 日销售实现

借：长期应收款　　960 000

　　贷：主营业务收入　　800 000

　　未实现融资收益　　160 000

(2) 2008 年 1 月 1 日结转成本

借：主营业务成本　　690 000

　　贷：库存商品　　690 000

(3) 各年末收取货款的会计分录如表 2-1 所示。

表 2-1 各年末收取货款的会计分录 （单位：元）

分 录	2008 年年末	2009 年年末	2010 年年末
借：银行存款	320 000	320 000	483 200
贷：长期应收款	320 000	320 000	320 000
贷：应交税费——应交增值税（销项税额）	—	—	163 200
借：未实现融资收益	77 600	54 087.2	28 312.8
贷：财务费用	77 600	54 087.2	28 312.8

【例 2-9】 A 公司是增值税一般纳税人，是一家主要生产家用电器的公司。2010 年 3 月 1 日将新研制的一款手机作为福利发给本公司职工。此次发出手机 200 台，每台生产成本为 1 000 元。

【分析】

（1）增值税的会计处理

该手机的组成计税价格＝1 000×（1＋10%）＝1 100（元）

按增值税法规定确认该手机的销售收入额＝1 100×200＝220 000（元）

销项税额＝220 000×17%＝37 400（元）

借：应付职工薪酬——职工福利 257 400

　　贷：主营业务收入——手机 220 000

　　　　应交税费——应交增值税（销项税额） 37 400

同时结转成本：

借：主营业务成本——手机 200 000

　　贷：库存商品——手机 200 000

（2）所得税的会计处理

此经济事项产生的应纳税所得额＝220 000－200 000＝20 000（元）

此经济事项当期应缴纳的所得税＝20 000×25%＝5 000（元）

借：所得税费用 5 000

　　贷：应交税费——应交所得税 5 000

2.4 提供劳务收入的财税处理差异及调整

要 点

劳务是无形的商品，是指为他人提供服务的行为，包括体力和脑力劳动，提供劳务收入所涉及的行业也较为广泛，既包括工业，也包括第三产业等。新准则规定提供劳务收入的确认应当符合四个条件，缺一不可；税法也对提供劳务收入的确认条件做了规定，本节主要介绍提供劳务收入的概念；提供劳务收入的会计处理以及提供劳务收入的税务处理。

解 释

◆ 提供劳务收入的概念

会计准则没有对提供劳务收入进行定义。《企业所得税法实施条例》第十五条规定，《企业所得税法》第六条第（二）项所称提供劳务收入，是指企业从事建筑安装、修理修配、交通运输、仓储租赁、金融保险、邮电通信、咨询经纪、文化体育、科学研究、技术服务、教育培训、餐饮住宿、中介代理、卫生保健、社区服务、旅游、娱乐、加工以及其他劳务服务活动取得的收入。

◆ 提供劳务收入的会计处理

1. 提供劳务交易结果能够可靠估计的提供劳务收入

（1）收入时间确认原则

在会计处理上，企业在资产负债表日提供劳务交易的结果是能够可靠估计的，应采用完工百分比法确认提供劳务收入。完工百分比法是指按提供劳务交易的完工进度确认收入与费用的方法。

提供劳务交易的结果能够可靠估计，是指同时满足以下条件：

① 收入的金额能够可靠地计量；

② 相关的经济利益很可能流入企业；

③ 交易的完工进度能够可靠地确定；

④ 交易中已发生和将发生的成本能够可靠地计量。

企业确定提供劳务交易的完工进度，可以选用下列方法：

① 已完工作的测量；

② 已经提供的劳务占应提供劳务总量的比例；

③ 已经发生的成本占估计总成本的比例。

（2）收入金额确认的原则

在会计处理上，企业应按照从接受劳务方已收或应收的合同或协议价款确定提供劳务收入总额，除已收或应收的合同或协议价款不公允的之外。企业应在资产负债表日按提供劳务收入总额乘以完工进度扣除以前会计期间累计已确认提供劳务收入后的金额，确认当期提供劳务收入；同时按照提供劳务估计总成本乘以完工进度扣除以前会计期间累计已确认劳务成本后的金额，结转当期劳务成本。

2. 提供劳务交易结果不能够可靠估计的提供劳务收入

在会计处理上，企业在资产负债表日提供劳务交易结果不能够可靠估计的，应分别以下列情况处理。

(1) 已经发生的劳务成本预计能够得到补偿的，按已经发生的劳务成本金额确认提供劳务收入，并按照相同金额结转劳务成本。

(2) 已经发生的劳务成本预计不能够得到补偿的，应将已经发生的劳务成本计入当期损益，不确认提供劳务收入。

3. 同时销售商品和提供劳务取得的收入

在会计处理上，企业同其他企业签订的合同或协议包括销售商品和提供劳务时，销售商品部分和提供劳务部分能区分且能单独计量的，应将销售商品部分作为销售商品处理，将提供劳务部分作为提供劳务处理。销售商品部分和提供劳务部分不能区分，或虽能区分但不能单独计量的，应将销售商品部分和提供劳务部分全部作为销售商品处理。

◆ 提供劳务收入的税务处理

1. 提供劳务交易结果能够可靠估计的提供劳务收入

在税务处理上，根据《企业所得税法实施条例》第二十三条第(二)项规定，企业受托加工制造大型机械设备、船舶、飞机，以及从事建筑、安装、装配工程业务或者提供其他劳务等，持续时间超过12个月的，按照纳税年度内完工进度或者完成的工作量确认收入的实现。

2. 收入金额确认的原则

在税务处理上，企业应按照从接受劳务方已收或应收的合同或协议价款确定提供劳务收入总额，但若已收或应收的合同或协议价款不公允，则要按照公允价值进行纳税调整。

3. 提供劳务交易结果不能够可靠估计的提供劳务收入

在税务处理上，税法不认同企业提供劳务交易结果不能够可靠估计的情况时，应对根据会计人员职业判断进行会计处理的结果按照不同的情况进行纳税调整。

(1) 对会计人员判断已经发生的劳务成本预计能够得到补偿的，企业应按照从接受劳务方已收或应收的合同或协议价款确定提供劳务收入总额；不得按照已经发生的劳务成本金额确认提供劳务收入，并按相同金额结转劳务成本。

(2) 对会计人员判断已经发生的劳务成本预计不能够得到补偿的，企业也应按照从接受劳务方已收或应收的合同或协议价款确定提供劳务收入总额，应等到已经发生的劳务成本确定不能够得到补偿之后，经主管税务机关核准，才能作为损失扣除；不可先不确认提供劳务收入。

4. 同时销售商品和提供劳务取得的收入

在企业所得税处理上，由于销售商品和提供劳务取得的收入应纳税所得额的计算是相同的，企业如何进行会计处理对企业所得税的影响不大，可基于流转税处理的结果进行所得税处理。

相关知识

◆ 提供劳务收入确认条件的具体应用

下列提供劳务满足收入确认条件的，通常应按规定确认收入。

(1) 安装费，在资产负债表日根据安装的完工进度确认收入。安装工作是商品销售附带条件的，安装费在确认商品销售实现时确认收入。

(2) 宣传媒介的收费，在相关的广告或商业行为开始出现于公众面前时确认收入。广告的制作费，在资产负债表日根据制作广告的完工进度确认收入。

(3) 为特定客户开发软件的收费，在资产负债表日根据开发的完工进度确认收入。

(4) 包括在商品售价内可区分的服务费，在提供服务的期间内分期确认收入。

(5) 艺术表演、招待宴会和其他特殊活动的收费，在相关活动发生时确认收入。收费涉及几项活动的，预收的款项应合理分配给每项活动，分别确认收入。

(6) 申请入会费和会员费只允许取得会籍，所有其他服务或商品都要另行收费的，在款项收回不存在重大不确定性时确认收入。申请入会费和会员费能使会员在会员期内得到各种服务或商品，或者以低于非会员的价格销售商品或提供服务的，在整个受益期内分期确认收入。

(7) 属于提供设备和其他有形资产的特许权费，在交付资产或转移资产所有权时确认收入；属于提供初始及后续服务的特许权费，在提供服务时确认收入。

(8) 长期为客户提供重复的劳务收取的劳务费，在相关劳务活动发生时确认收入。

2.5 让渡资产使用收入的财税处理差异

要点

让渡资产使用权而发生的收入包括利息收入和使用费收入两项。本节主要从利息收入和使用费收入两方面介绍让渡资产使用收入的财税处理差异。

解释

◆ **利息收入**

利息收入按照让渡现金使用权的时间和实际利率计算确定。

◆ **使用费收入**

使用费收入按照有关合同或协议规定的收费时间和方法计算确定。不同使用费收入的收费方法和时间也各不相同。如果合同规定使用费收入一次性支付，且无须提供后续服务的，则在会计上一次性确认为收入；若需要提供后续服务的，在合同规定的有效期内分期确认收入。若合同规定使用费分期支付的，按照合同规定的收款时间和金额或合同规定的收款方式计算金额，分期确认收入。

实例详解

【例 2-10】 A 企业于 2009 年 3 月 1 日将店铺房租赁给 B 企业使用，合同约定，每年的 3 月 1 日收取下年度 12 个月的租赁费 20 万元。

【分析】

(1) 2009 年的会计处理

借：银行存款	200 000	
贷：其他业务收入		150 000
预收账款		50 000

(2) 2009 年的税务处理

根据《企业所得税法实施条例》第十九条，税法应当确认 20 万元缴纳企业所得税。纳税调增 5 万元。

(3) 2009 年的申报

附表一第 5 行填报 15 万元，结转到主表第 1 行填报 15 万元营业收入。附表三第 5 行“未按权责发生制原则确认的收入”第 3 列填报 5 万元，结转到主表第 14 行纳税调增 5 万元。

(4) 2010 年的会计处理

借：预收账款 50 000

贷：其他业务收入 50 000

(5) 2010 年的税务处理

纳税调减 2010 年度应纳税所得额 5 万元。

(6) 2010 年的申报

附表一第 5 行填报 5 万元，结转到主表第 1 行填报 5 万元营业收入。附表三第 5 行“未按权责发生制原则确认的收入”第 4 列填报 5 万元，结转到主表第 15 行纳税调减 5 万元。

2.6 政府补助的财税处理差异及调整

要 点

本节主要介绍政府补助基本概念的财税差异；政府补助主要形式的财税差异；政府补助确认的财税处理差异及调整以及政府补助计量的财税处理差异及调整。

解 释

◆ 政府补助基本概念的财税差异

《企业会计准则第 16 号——政府补助》规定，政府补助是指企业从政府无偿取得货币性资产或非货币性资产，但不包括政府作为企业所有者投入的资本。政府包括各级政府及其所属的机构，国际类似组织也在此范围之内。政府补助分为与资产相关的政府补助和与收益相关的政府补助。与资产相关的政府补助是指企业取得的、用于购建或以其他方式形成长期资产的政府补助。与收益相关的政府补助是指除与资产相关的政府补助之外的政府补助。政府补助具有以下两个特征。

1. 政府补助是无偿的、有条件的

政府向企业提供补助具有无偿性的特点，政府并不会因此享有企业的所有权，企业未来也无须以提供服务、转让资产等方式偿还。政府补助通常都附有一定条件，主要包括以下两个。

(1) 政策条件

企业只有在符合政府补助政策的规定后才有申请政府补助的资格。符合政策规定的,不一定都能够取得政府补助;不符合政策规定或是不具备申请政府补助资格的,不能取得政府补助。

(2) 使用条件

企业已获批准取得政府补助的,要按照政府规定的用途使用。

2. 政府资本性投入不属于政府补助

政府以投资者的身份向企业投入资本,则享有企业相应的所有权,企业有义务向投资者分配利润,此时,政府与企业之间是投资者和被投资者的关系。政府拨入的投资补助等专项款,国家相关文件规定作为"资本公积"处理,属于资本性投入的性质。政府的资本性投入无论采取何种形式,均不属于政府补助。

《企业所得税法》中没有政府补助概念,但第六条规定,企业以货币形式和非货币形式从各种来源取得的收入,为收入总额。第七条规定,收入总额中的财政拨款为不征税收入。《企业所得税法实施条例》第二十二条规定,收入总额包括补贴收入等。第二十六条规定,《企业所得税法》第七条第(一)项所称财政拨款,是指各级人民政府对纳入预算管理的事业单位、社会团体等组织拨付的财政资金,但国务院和国务院财政、税务主管部门另有规定的除外。所以,收入总额包括政府补助,即包括企业从政府那无偿取得的货币性资产或非货币性资产,但不包括政府作为企业所有者投入的资本。由此说明,政府补助在税法中的对应概念是收入总额中的补贴收入。在执行税法方面,政府包括各级政府及其所属机构,但类似的国际组织通常不在此范围之内。

◆ 政府补助主要形式的财税差异

政府补助表现为政府向企业转移资产,常为货币性资产,也有可能是非货币性资产。政府补助主要有以下四个形式。

1. 财政拨款

在会计处理上,财政拨款都是政府无偿拨付给企业的资金,常在拨款时明确规定了资金的用途。例如,财政部门拨付给企业用于购建固定资产或进行技术改造的专项资金;鼓励企业安置职工就业而给予的奖励款项;拨付企业的粮食定额补贴;拨付企业开展研发活动的研发经费等,都属于财政拨款。

在税务处理上,财政拨款指各级人民政府对纳入预算管理的事业单位、社会团体等组织拨付的财政资金,但国务院及国务院财政、税务主管部门另有规定的除外。由此可见，税法上规定的"财政拨款"只是政府对纳入预算管理的事业单位、社会团体等组织拨付的财政资金，不包含企业取得的财政资金，因为企业的资金通常是不会"纳入预算管理"的；对于企业无偿取得的财政资金，在税务处理上按照《企业所得税法实施条例》第二十二条规定，应当计入收入总额中其他收入的"补贴收入"。

2. 财政贴息

在会计处理上，财政贴息是政府为支持特定领域或区域发展，根据国家宏观经济形势和政策目标，对承贷企业的银行贷款利息给予的补贴。

在税务处理上，应区分财政贴息的不同方式进行处理：

(1) 财政将贴息资金直接拨付给受益企业的，财政贴息收入作为补贴收入处理，利息支出按规定在税前扣除；

(2) 财政将贴息资金拨付给贷款银行的，则由贷款银行以政策性优惠利率向企业提供贷款，受益企业按实际发生的利率计算和确认利息费用。

3. 税收返还

在会计处理上，税收返还是政府根据国家有关规定采取先征后返(退)、即征即退等方法向企业返还的税款，属于以税收优惠形式给予的一种政府补助，但增值税出口退税不属于政府补助。除税收返还之外，税收优惠还包括直接减征、免征、增加计税抵扣额及抵免部分税额等形式。这类税收优惠并没有直接向企业无偿提供资产，故不作为《企业会计准则》规范的政府补助。

在税务处理上，企业按照国务院财政、税务主管部门有关文件规定，实际收到的有专门用途的先征后返(退)、即征即退等方法向企业返还的所得税税款，按照《企业会计准则》规定计入取得当期的利润总额，暂不计入取得当期的应纳税所得额；没有国务院财政、税务主管部门有关文件明确规定免税的税收返还，除了企业取得的出口退税(增值税进项)之外，都应作为应税收入征收企业所得税。

出口货物退返增值税进项税额不作为应税收入，因为根据相关税收法规的规定，对增值税出口货物实行零税率，也就是对出口环节的增值部分免征增值税，同时退还出口货物前道环节的进项税额。由于增值税是价外税，出口货物前道环节的进项税额是抵扣项目，体现为企业垫付资金的性质，增值税出口退税实际上是政府归还企业事先垫付的资金，会计处理上不属于政府补助，税务处理上不计入应纳税所得额。

4. 无偿划拨非货币性资产

在会计处理上，企业取得无偿划拨非货币性资产(如行政划拨土地使用权、天然起源的天然林等)，都属于政府补助。在税务处理上，企业取得无偿划拨非货币性资产，除了国务院财政、税务主管部门另有规定外，都应计入收入总额。

对企业实际收到的财政补贴和税收返还等，按现行会计准则的规定属于政府补助范畴，被排除在税法规定的“财政拨款”之外，会计核算中计入企业的“营业外收入”科目，除了企业取得的出口退税(增值税进项)之外，常作为应税收入征收企业所得税。主要有以下几个方面的考虑。

(1) 企业从政府取得的补贴收入符合收入总额的立法精神

企业取得的财政补贴形式多种多样，既有减免的流转税，又有给予企业从事特定事项的财政补贴。不论企业取得何种形式的财政补贴，都会导致企业净资产增加和经济利益流入，符合收入总额的立法精神。

(2) 为了规范财政补贴收入和加强减免税的管理

1994 年分税制财政体制改革实行之后，中央集中管理税权，各地不得自行或擅自减免税。地方政府为了促进地区经济发展，不得不采取各种财政补贴等各种变相“减免税”形式给予企业优惠，进行招商引资，造成了财政补贴收入的不规范，全国统一的公平税负的环境被破坏，严重侵蚀了中央税权。为此，对企业从政府取得的财政补贴收入征税，有利于加强财政补贴收入和减免税的规范管理。

◆ 政府补助确认的财税处理差异及调整

《企业会计准则第 16 号——政府补助》规定，政府补助同时满足下列条件的，才能予以确认：

(1) 企业能够满足政府补助所附条件；

(2) 企业能够收到政府补助。

在税务处理上，一般来说应在实际收到政府补助时计入收入总额，即应按照收付实现制确认收入的实现，因为企业实际收到款项时才有纳税能力。在企业能收到政府补助，但尚未收到政府补助时，税收上还不应确认收入的实现，因为此时企业不具备纳税能力。政府补助应区分与资产相关的政府补助和与收益相关的政府补助进行处理。

1. 与资产相关的政府补助

与资产相关的政府补助是指企业取得的、用于购建或以其他方式形成长期资产的政府补助。

在会计处理上，与资产相关的政府补助，应当确认为递延收益，并在相关资产使用寿命内平均分配，计入当期损益。但是，按照名义金额计量的政府补助，直接计入当期损益。相关资产在使用寿命结束前被出售、转让、报废或发生毁损的，应将尚未分配的递延收益余额一次性转入资产处置当期的损益(营业外收入)。

在税务处理上，与资产相关的政府补助，除国务院财政、税务主管部门另有规定外，均应在实际取得时计入收入总额。当会计上将收到的政府补助确认为递延收益，在当期计算应纳税所得额时进行纳税调增处理；从相关资产达到预定可使用状态时起，在相关资产使用寿命内平均分配，分次计入以后各期的损益(营业外收入)的，在当期计算应纳税所得额时进行纳税调减处理；相关资产在使用寿命结束前被出售、转让、报废或发生毁损，将尚未分配的递延收益余额一次性转入资产处置当期的损益(营业外收入)的，在当期计算应纳税所得额时进行纳税调减处理。

2. 与收益相关的政府补助

与收益相关的政府补助是指除与资产相关的政府补助之外的政府补助。

在会计处理上，与收益相关的政府补助，应当分别以下列情况处理：

(1) 用于补偿企业以后期间的相关费用或损失的，取得时确认为递延收益，在确认相关费用的期间计入当期损益(营业外收入)；

(2) 用于补偿企业已发生的相关费用或损失的，取得时直接计入当期损益(营业外收入)。

在税务处理上，与收益相关的政府补助，除国务院财政、税务主管部门另有规定外，都应在实际取得时计入收入总额。当会计上将与收益相关的政府补助，用于补偿企业以后期间的相关费用或损失，取得时确认为递延收益，在当期计算应纳税所得额时，进行纳税调增处理；当确认相关费用的期间计入当期损益(营业外收入)后，在当期计算应纳税所得额时，进行纳税调减处理。当会计上将与收益相关的政府补助，用于补偿企业已发生的相关费用或损失，取得时直接计入当期损益(营业外收入)的，在当期计算应纳税所得额时，也应计入收入总额。

3. 返还政府补助

在会计处理下，已确认的政府补助需要返还的，应当作为会计估计变更，分别以下列情况处理：

(1) 存在相关递延收益的，冲减相关递延收益账面余额，超出部分计入当期损益。

(2) 不存在相关递延收益的，计入当期损益。

在税务处理上，已计入收入总额的补贴收入需要返还的，无论是否存在相关递延收益，在当期计算应纳税所得额时，都可以按照实际返还额进行纳税调减处理。

◆ 政府补助计量的财税处理差异及调整

在会计处理上,政府补助为货币性资产的,应当按照收到或应收的金额计量。政府补助为非货币性资产的,应当按照公允价值计量;公允价值不能可靠取得的,按照名义金额计量。

在税务处理上,《企业所得税法》第六条规定,企业以货币形式和非货币形式从各种来源取得的收入,为收入总额。《企业所得税法实施条例》第十三条规定,《企业所得税法》第六条所称企业以非货币形式取得的收入,应当按照公允价值确定收入额。前款所称公允价值,是指按照市场价格确定的价值。税法没有名义金额计量的规定。

1. 货币性资产形式的政府补助

在会计处理上,根据《企业会计准则》规定,企业取得的各种政府补助为货币性资产的(如通过银行转账等方式拨付的补助),通常按照实际收到的金额计量;存在确凿证据表明该项补助是按固定的定额标准拨付的(如按照实际销量或储备量与单位补贴定额计算的补助等),可以按照应收的金额计量。

在税务处理上,根据《企业所得税法实施条例》第十二条第一款规定,《企业所得税法》第六条所称企业取得收入的货币形式,包括现金、存款、应收账款、应收票据、准备持有至到期的债券投资以及债务的豁免等。企业取得货币形式的补贴收入基本认同会计金额计量。

2. 非货币性资产形式的政府补助

在会计处理上,根据《企业会计准则》规定,政府补助为非货币性资产的,应当按照公允价值计量;公允价值不能可靠取得的,按照名义金额计量。政府补助为非货币性资产的(如该资产附带有关文件、协议、发票、报关单等凭证注明的价值同公允价值差异不大的),应以有关凭证中注明的价值作为公允价值;若没有注明价值或注明价值和公允价值差异比较大、但有活跃市场的,应根据有确凿证据表明的同类或类似资产市场价格作为公允价值;若没有注明价值、且没有活跃市场、无法可靠取得公允价值的,应按照名义金额计量,名义金额为 1 元。

在税务处理上,根据《企业所得税法实施条例》第十二条第二款规定,《企业所得税法》第六条所称企业取得收入的非货币形式,包括固定资产、生物资产、无形资产、股权投资、存货、不准备持有至到期的债券投资、劳务以及有关权益等。《企业所得税法实施条例》第十三条规定,《企业所得税法》第六条所称企业以非货币形式取得的收入,应当按照公允价值确定收入额。前款所称公允价值，是指按照市场价格确定的价值。企业取得非货币形式的补贴收入基本认同会计公允价值计量。

实例详解

【例 2-11】 A 公司 2008 年 12 月申请某国家级研发补贴。申请报告书中的有关内容如下：本公司于 2008 年 1 月启动车用冲电电池开发项目，预计总投资 400 万元、为期 3 年，已投入资金 100 万元。项目还需新增投资 300 万元，计划自筹资金 150 万元、申请财政拨款 150 万元。2009 年 1 月 1 日，主管部门批准了 A 公司的申请，签订的补贴协议规定：批准 A 公司补贴申请，共补贴款项 150 万元，分两次拨付。合同签订日拨付 75 万元，结项验收支付 75 万元（如果不能通过验收，则不支付第二笔款项）。

【分析】

(1) 2009 年 1 月 1 日，实际收到拨款 75 万元

借：银行存款	750 000	
贷：递延收益		750 000

(2) 自 2009 年 12 月 31 日、2010 年 12 月 31 日分别作

借：递延收益	375 000	
贷：营业外收入		375 000

税务处理：

A 公司取得的财政拨款应于实际收到的年度确认所得，即 2009 年调增所得 37.5 万元，2010 年调减所得 37.5 万元。

填列：

2009 年在附表 1 第 24 行"政府补助收入"中列 37.5 万，同时填入主表 11 行，同时，在附表 3"纳税调整项目明细表"11 行"确认为递延收益的政府补助"中第一列：账载金额（是计入利润总额的金额）填 37.5 万，第二列：税收金额填 75 万，第三列：调增金额填 37.5 万，最后结转填入主表 14 行：纳税调整增加额。并考虑递延所得税资产的确认和转回。

借：递延所得税资产	93 750	
贷：所得税费用		93 750

2010 年在附表 1 第 24 行"政府补助收入"中列 37.5 万，同时填入主表 11 行，同时，在附表 3"纳税调整项目明细表"11 行"确认为递延收益的政府补助"中第一列：账载金额（是计入利润总额的金额）填 37.5 万，第二列：税收金额填 0 万，第四列：调减金额填 37.5 万，最后结转填入主表

14行：纳税调整减少额。

（3）2011年项目完工，假设通过验收，于5月1日实际收到拨付75万元时，

借：银行存款　　750 000

　　贷：营业外收入　　750 000

税务处理：2010年确认所得75万元，与会计处理一致，不做纳税调整。

2.7 建造合同的财税处理差异及调整

要　点

新会计准则与新税法在建造合同业务处理上存在多方面的差异，主要表现在建造合同的概念、合同收入、合同成本、合同收入与费用的确认等方面，本节主要从这四个方面阐述建造合同的财税处理差异及调整情况，并对分包工程的财税处理差异及调整进行介绍。

解　释

◆ 建造合同概念的财税差异

《企业会计准则》规定，建造合同是指为建造一项或数项在设计、技术、功能、最终用途等方面密切相关的资产而订立的合同。建造合同分为固定造价合同和成本加成合同。固定造价合同是指按照固定的合同价或固定单价确定工程价款的建造合同。成本加成合同是指以合同约定或其他方式议定的成本为基础，加上该成本的一定比例或定额费用确定工程价款的建造合同。

《企业所得税法》没有单独的关于建造合同的规定，但建造合同收入应涵盖在第六条第（一）、（二）项规定的销售货物收入和提供劳务收入中。提供劳务收入是指企业从事建筑安装、修理修配等劳务活动取得的收入。企业的合同收入、合同成本以及合同收入与合同费用的确认等方面，会计处理与税务处理存在一定差异。

◆ 建造合同收入的财税处理差异

在会计处理上，合同收入包括合同规定的初始收入及因合同变更、索赔、奖励等形成的收入。

1. 合同变更

合同变更是指客户为改变合同规定的作业内容而提出的调整。合同变更条款同时满足下列条件的,才能构成合同收入。

(1) 客户能够认可因变更而增加的收入。

(2) 该收入能够可靠地计量。

2. 索赔款

索赔款是指因客户或第三方的原因造成的,向客户或第三方收取的、用以补偿不包括在合同造价成本中的款项。

索赔款同时满足下列条件的,才能构成合同收入。

(1) 根据谈判情况,预计对方能够同意该项索赔。

(2) 对方同意接受的金额能够可靠地计量。

3. 奖励款

奖励款是指工程达到或超过规定的标准,客户同意支付的额外款项。

奖励款同时满足下列条件的,才能构成合同收入。

(1) 根据合同目前完成情况,足以判断工程进度和工程质量能够达到或超过规定的标准。

(2) 奖励金额能够可靠地计量。

在税务处理上,企业以货币形式和非货币形式从各种来源取得的建造合同收入都应计入收入总额,包括建造合同价款和价外费用。建造合同收入中因合同变更、索赔、奖励等形成的收入,均属于应税收入。

◆ 建造合同成本的财税处理差异

在会计处理上,合同成本应当包括从合同签订开始至合同完成为止所发生的、与执行合同有关的直接费用和间接费用。

合同的直接费用应当包括以下几个方面:

(1) 耗用的材料费用;

(2) 耗用的人工费用;

(3) 耗用的机械使用费;

(4) 其他直接费用,指其他可以直接计入合同成本的费用。

间接费用是企业下属的施工单位或生产单位为组织和管理施工生产活动所发生的费用。直接费用在发生时直接计入合同成本,间接费用在资产负债表日按照系统、合理的方法分摊计入合同成本。合同完成后处置残余物资取得的收益等与合同有关的零星收益,冲减合同成本。合同成本不包括应当计入当期损益的管理费用、销售费用和财务费用。因订立合同而发生的有关费用,应当直接计入当期损益。

在税务处理上,《企业所得税法》第八条规定,企业实际发生的与取得收入有关的、合理的支出,包括成本、费用、税金、损失和其他支出,准予在计算应纳税所得额时扣除,但至少有以下差异。

(1) 合同完成后处置残余物资取得的收益等与合同有关的收益一般不能冲减合同成本,应计入收入总额。

(2) 已在会计处理上计入合同成本,税法规定不允许扣除或有限额扣除的成本项目,应做纳税调整。

◆ 建造合同收入与合同费用确认的财税差异

1. 结果能够可靠估计的建造合同

在会计处理上,在资产负债表日,建造合同的结果能够可靠估计的,应当根据完工百分比法确认合同收入和合同费用。完工百分比法是指根据合同完工进度确认收入与费用的方法。

(1) 固定造价合同的结果能够可靠估计,是指同时满足下列条件:

① 合同总收入能够可靠地计量;

② 实际发生的合同成本能够清楚地区分和可靠地计量;

③ 合同完工进度和为完成合同尚需发生的成本能够可靠地确定。

(2) 成本加成合同的结果能够可靠估计,是指同时满足下列条件:

① 与合同相关的经济利益很可能流入企业;

② 实际发生的合同成本能够清楚地区分和可靠地计量。

(3) 企业确定合同完工进度可以选用下列方法:

① 累计实际发生的合同成本占合同预计总成本的比例;

② 已经完成的合同工作量占合同预计总工作量的比例;

③ 实际测定的完工进度。

(4) 采用累计实际发生的合同成本占合同预计总成本的比例确定合同完工进度的,累计实际发生的合同成本不包括下列内容:

① 施工中尚未安装或使用的材料成本等与合同未来活动相关的合同成本;

② 在分包工程的工作量完成之前预付给分包单位的款项。

(5) 企业在资产负债表日,应当按照合同总收入乘以完工进度扣除以前会计期间累计已确认收入后的金额,确认为当期合同收入;同时,按照合同预计总成本乘以完工进度扣除以前会计期间累计已确认费用后的金额,确认为当期合同费用。

(6) 当期完成的建造合同,应当按照实际合同总收入扣除以前会计期间累计已确认收入后的金额,确认为当期合同收入;同时,按照累计实际发生的合同成本扣除以前会计期间累计已确认费用后的金额，确认为当期合同费用。

在税务处理上，根据《企业所得税法实施条例》第二十三条第（二）项规定，企业受托加工制造大型机械设备、船舶、飞机，以及从事建筑、安装、装配工程业务或者提供其他劳务等，持续时间超过12个月的，按照纳税年度内完工进度或者完成的工作量确认收入的实现。

2. 结果不能够可靠估计的建造合同

在会计处理上，建造合同的结果不能可靠估计的，应当分别以下列情况处理：

（1）合同成本能够收回的，合同收入根据能够收回的实际合同成本予以确认，合同成本在其发生的当期确认为合同费用；

（2）合同成本不可能收回的，在发生时确认为合同费用，不确认为合同收入；

（3）使建造合同的结果不能可靠估计的不确定因素不复存在的，应当按照《企业会计准则》的规定确认与建造合同有关的收入和费用。

在税务处理上，税法不认同建造合同的结果不能可靠估计的处理，应区别情况进行纳税调整。

（1）合同成本能够收回的，合同收入应当根据合同规定的建造合同收入，计入收入总额；合同收入不能根据能够收回的实际合同成本予以确认，但合同成本在发生的当期在计算应纳税所得额时扣除。

（2）合同成本不可能收回的不能直接不确认合同收入，应当根据合同规定先确认建造合同收入计入收入总额，等经法律程序认定合同成本不能收回，经主管税务机关核准后，方可作为损失扣除。

3. 合同预计损失的处理

在会计处理上，合同预计总成本超过合同总收入的，则形成合同预计损失，应当将预计损失确认为当期费用；合同完工时将已提取的损失准备冲减合同费用。

在税务处理上，根据《企业所得税法》第八条规定，合同预计总成本超过合同总收入形成合同预计损失不属于实际发生的损失，在计算应纳税所得额时不得扣除；企业提取的损失准备属于《企业所得税法》第十条第（七）项规定的未经核定的准备金支出，在计算应纳税所得额时不得扣除，不允许将预计损失确认为当期费用，应按照税法规定进行纳税调整。

◆ 分包工程的财税处理差异及调整

建设部《房屋建筑和市政基础设施工程施工分包管理办法》中所称施工分包工程，是指建筑业企业将其所承包的房屋建筑和市政基础设施工程中的专业工程或者劳务作业发包给其他建筑企业完成的活动。房屋建筑和市政基础设施工程分包分为专业工程分包和劳务作业分包。

在分包工程所涉及的涉税会计方面，税法有严格的规定。根据2009年1月1日开始实施的《营业税暂行条例》第五条第三款规定，纳税人将建筑工程分包给其他单位的，以其取得的全部价款和价外费用扣除其支付给其他单位的分包款后的余额为营业额。

在具体会计处理过程中，企业在收入确认方面产生了两种处理方式：一是将分包收入纳入本公司（即总承包人）的收入，支付的分包工程款视为本公司的施工成本；另一种是将分包工程视为与本公司无关，通过往来进行会计处理，收入与支出都不通过本公司进行会计处理。

《企业会计准则第15号——建造合同》规定，企业在资产负债表日，建造合同的结果能够可靠估计的，应当根据完工百分比法确认合同收入和费用。而总承包企业如果按照合同百分比法确认合同收入，则需符合固定造价合同的结果可靠估计的四个条件及成本加成合同的两个条件，故总承包企业以全部总承包额作为自己的收入不违反会计制度，在合同成本中规定，根据分包工程进度支付的分包过程进度款构成累计发生的合同成本，但在分包工程的工作量前预付给分包企业的款项，因其支出没有形成相应的工作量，不得计入累计实际发生的合同成本。

每个企业的管理体制、组织形式和会计处理体系不尽相同，具体怎样操作，收入怎样处理，由总承包企业（人）和分包企业（人）的关系而定，二者的关系主要有以下三种：

(1) 分包企业（人）为总承包企业（人）的分公司、项目工程部、班组；

(2) 分包企业（人）为独立法人，即有限责任公司或股份有限责任公司；

(3) 分包企业（人）为个人。

第一种分包人是总承包人的内部机构，总承包人应将分包收入纳入自己的会计处理体系，总承包企业可以根据自己的具体情况而定，决定其收入的会计处理形式，会计制度中建造合同的准则针对的是这类企业。

第二种由于分包企业是独立法人，总承包企业若将分包收入纳入自己的收入，显然是不合理的，故应减除分包过程作为自己的收入。

第三种实际上是以“包工头”带队的劳务形式。

2007年9月1日起实施的《建筑企业资质管理规定》，将建筑企业资质分为三个序列，即施工总承包、专业承包、劳务分包。

实例详解

【例 2-12】 2008年年初，A公司签订了一项总金额为5 000万元的建造合同，为B公司建造一栋办公楼。工程已于2008年3月开工，预计将在2009年7月完工，预计工程总成本为4 000万元。截至2008年12月31日，该项目已经发生的成本为2 500万元，预计完成合同还将发生成本1 500万元，已结算工程价款2 000万元，实际收到1 500万元。2008年12月31日，A公司得知B公司2008年出现了巨额亏损，生产经营发生严重困难，以后的款项可能无法收回。若不考虑城建税和教育费附加，会计分录以汇总数反映，所得税税率为25%，无其他纳税调整项目，预计未来有足够的应纳税所得额予以抵扣相关的可抵扣暂时性差异。

【分析】

A公司的税务处理：根据税法规定，A公司应按完工进度确认工程收入和成本。2008年，该项工程的完工进度为62.5%（25 000 000÷40 000 000×100%），应确认收入3125万元（50 000 000×62.5%）、成本2 500万元（40 000 000×62.5%）。

另外，A公司取得的建造收入应按“建筑业”税目缴纳营业税。2008年11月10日，新修订《营业税暂行条例》第十二条规定，营业税纳税义务发生时间为纳税人提供应税劳务、转让无形资产或者销售不动产并收讫营业收入款项或者取得索取营业收入款项凭据的当天；国务院财政、税务主管部门另有规定的，从其规定。营业税的计税依据应为建造合同双方结算的工程价款2 000万元，应缴营业税60万元（20 000 000×3%）。2008年，税务上确认建造合同所得5 650 000元（31 250 000－25 000 000－600 000）。

A公司的会计处理：根据会计准则规定，2008年12月31日，因B公司当年经营发生严重困难，A公司今后很难收到工程价款，经济利益很难流入企业，属于建造合同结果不能可靠估计的情况，故不能按照完工百分比法确认合同收入。这时，A公司只能将已经发生的成本中能够得到补偿的部分1 500万元确认为收入，同时将发生的合同成本2 500万元确认为当期费用。

（1）实际发生合同成本时：

借：工程施工	25 000 000	
贷：应付职工薪酬（原材料等）		25 000 000

(2) 结算工程价款时:

借:应收账款　　20 000 000

　　贷:工程结算　　20 000 000

(3) 收到工程价款时:

借:银行存款　　15 000 000

　　贷:应收账款　　15 000 000

(4) 确认建造合同的收入、费用时:

借:主营业务成本　　25 000 000

　　贷:主营业务收入　　10 000 000

　　　　工程施工——毛利　　15 000 000

(5) 计提应交营业税时:

借:营业税金及附加　　600 000

　　贷:应交税费——应交营业税　　600 000

2008 年,会计上确认建造合同的收益为－1 060 万元。

(6) 差异分析:

2008 年,对于此项建造合同,会计上确认收益为－1 060 万元,税务上确认所得 565 万元,会计处理比税务处理少计所得 1 625 万元。因此,A 公司在申报 2008 年企业所得税时,应调增应纳税所得额 1 625 万元。这时,根据《企业会计准则第 18 号——所得税》的规定,应当确认递延所得税资产 4 062 500 元。

借:递延所得税资产　　4 062 500

　　贷:应交税费——应交所得税　　4 062 500

【例 2-13】 A 公司承包了一项公路工程,总承包额为 1 000 万元,假设成本为 600 万元,将其中的路基工程又以 100 万元的价格分包给了 B 公司。

【分析】

1. A 公司的会计处理

(1) 与建设方结算工程款时的会计处理如下:

借:应收账款　　10 000 000

　　贷:工程结算　　9 000 000

　　　　应付账款——B 公司　　1 000 000

(2) 收到款项时的会计处理如下:

借:银行存款　　10 000 000

　　贷:应收账款　　10 000 000

(3) 确认收入和成本时的会计处理如下：

借：主营业务成本 6 000 000

　　工程施工——合同毛利 4 000 000

　　贷：主营业务收入 10 000 000

(4) 计提本单位税金及附加时的会计处理如下：

借：营业税金及附加 297 000

　　贷：应交税费——营业税 270 000

　　　　　　　　——应交城市维护建设税 18 900

　　　　　　　　——应交教育费附加 8 100

(5) 代扣税金转交后，B公司开来发票100万元，支付B公司分包款时的会计处理如下：

借：应付账款——B公司 1 000 000

　　贷：银行存款 1 000 000

2. B公司的会计处理

(1) 计提税金及附加时的会计处理如下：

借：营业税金及附加 33 000

　　贷：应交税费——营业税 30 000

　　　　　　　　——应交城市维护建设税 2 100

　　　　　　　　——应交教育费附加 900

(2) 开具发票100万元，确认收入时的会计处理如下：

借：应收账款 1 000 000

　　贷：工程结算 1 000 000

(3) 收到分包款，用扣缴税款完税凭证作税金缴纳凭证时的会计处理如下：

借：银行存款 967 000

　　应交税费——营业税 30 000

　　　　　　——应交城市维护建设税 2 100

　　　　　　——应交教育费附加 900

　　贷：应收账款 1 000 000

实战训练

一、单项选择题

1. 某小规模纳税人2010年7月份销售货物，取得收入42 000元；转让使用过的柜台，取得收入3 500元；当月购进货物金额为28 000元。则当月该纳税人应缴纳的增值税为(　　)元。

A. 766.99　　B. 1 291.26

C. 1 024.37　　D. 1 519.16

2. 某一般纳税人企业2009年12月份取得产品销售收入80万元，当月认证通过的进项税为6万元；因管理不善造成上个月购入的原材料发生霉变，已经不能使用，已知这部分原材料成本为2万元；则该纳税人12月份应缴纳的增值税为(　　)元。

A. 79 400　　B. 93 544

C. 81 000　　D. 96 944

3. 某企业销售商品5 000件，每件售价100元(不含增值税)，增值税税率为17%；企业为购货方提供的商业折扣为10%，提供的现金折扣条件为2/10、1/20、n/30，并代垫运杂费500元。该企业在这项交易中应确认的收入金额为(　　)元。

A. 526 500　　B. 500 000

C. 450 000　　D. 450 500

4. 某企业在2008年10月8日销售商品100件，增值税专用发票上注明的价款为10 000元，增值税额为1 700元。企业为了及早收回货款而在合同中规定的现金折扣条件为：2/10，1/20，n/30。假定计算现金折扣时不考虑增值税。如买方在2008年10月24日付清货款，该企业实际收款金额应为(　　)元。

A. 11 466　　B. 11 500

C. 11 583　　D. 11 600

5. A企业2009年8月10日收到B公司因质量问题而退回的商品10件，每件商品成本为100元。该批商品是A公司2009年5月13日出售给B公司，每件商品售价为230元，适用的增值税税率为17%，货款尚未收到，A公司尚未确认销售商品收入。因B公司提出的退货要求符合销售合同约定，A公司同意退货。A公司应在验收退货入库时做的会计处理为(　　)。

A. 借：库存商品　　1 000
　　贷：主营业务成本　　1 000

B. 借：主营业务收入　　2 691
　　贷：应收账款　　2 691

C. 借：库存商品　　1 000

贷：发出商品 1 000

D. 借：应交税费——应交增值税(销项税额) 391

贷：应收账款 391

二、多项选择题

1. 下列各项中，属于《企业所得税法》规定的免税收入的有( )。

A. 财政拨款

B. 国债利息收入

C. 符合条件的非营利组织的收入

D. 符合条件的居民企业之间的股息、红利等权益性投资收益

2. 根据企业所得税的规定，以下对于所得来源地确定的表述中，正确的有( )。

A. 销售货物所得，按照交易活动发生地确定

B. 提供劳务所得，按照提供劳务的企业或者机构、场所所在地确定

C. 权益性投资资产转让所得按投资企业所在地确定

D. 特许权使用费所得，按照负担、支付所得的企业或机构、场所所在地或个人的住所地确定

3. 根据增值税有关规定，下列行为中属于增值税视同销售行为的有( )。

A. 销售代销货物

B. 将外购的货物用于在建工程

C. 将自制的货物无偿赠送他人

D. 将自制的货物用于集体福利

4. 下列各事项中，计税基础等于账面价值的有( )。

A. 支付的各项赞助费

B. 购买国债确认的利息收入

C. 支付的违反税收规定的罚款

D. 支付的滞纳金

5. 下列各项中，应按"服务业"科目及适用税率计算缴纳营业税的有( )。

A. 在旅游景点经营索道取得收入

B. 交通部门有偿转让高速公路收费权取得收入

C. 图书馆从事图书和资料的借阅业务取得收入

D. 将货物在装卸现场之间进行装卸和搬运取得收入

三、判断题

1. 按照增值税税法有关规定，符合规定条件的销售折让和销售折扣可以从销售额中减除。(　　)

2. 企业已经确认销售商品收入发生销售折让时，应冲减当月的销售商品收入，不应该冲减销售商品的成本和相应的增值税销项税额。(　　)

3. 增值税进项税额是销项税额的抵扣项目，是不会影响销售收入的。(　　)

4. A公司将一批商品销售给B公司，按合同规定A公司仍保留通常与所有权相联系的继续管理权和对已售出的商品实施控制。因而，A公司不能确认收入。(　　)

5. 企业为客户提供的现金折扣应在实际发生时冲减当期收入。(　　)

四、问答题

1. 企业所得税纳税人的收入总额包括哪些主要内容？

2. 某建筑公司中标一项建筑承包工程，工程承包额为8 000万元，该建筑公司将工程中的装饰工程分包给某装饰公司，分包价款为2 000万元，又将工程中的设备安装工程分包给另一设备安装公司，分包价款为1 500万元。已知建筑业营业税税率为3%。请计算该建筑公司承包此项工程应缴纳的营业税税额。

3. 某企业2009年全年取得收入总额为3000万元，取得租金收入50万元；销售成本、销售费用共计2800万元；“营业外支出”中列支35万元，其中，通过希望工程基金委员会向某灾区捐款10万元，直接向某困难地区捐赠5万元，非广告性赞助20万元。怎样计算该企业全年应缴纳的企业所得税？

4. 远航公司为增值税一般纳税人，适用的增值税税率为17%。2009年1月1日，远航公司采用分期收款方式向立信公司销售一台A设备，该设备的售价为10 500万元，合同约定发出A设备当日收取价款2 285万元(其中包括分期收款销售应收的全部增值税)，余款分4次从2009年起于每年的12月31日等额收取。A设备的成本为7000万元，设备已于当日发出，并开出增值税专用发票，收取的2285万元已存入银行，该商品现销方式下的公允价值为9162.75万元。远航公司采用实际利率法摊销未实现融资收益，实际年利率为6%。怎样编制远航公司2009年、2010年、2011年、2012年4年的相关账务处理。

第3章

存货财税处理差异及调整

3.1 存货初始计量的财税处理差异及调整

要 点

存货是指企业在日常活动中持有以备出售的产成品或商品、处在生产过程中的在产品、在生产过程或提供劳务过程中耗用的材料和物料等。《企业会计准则第1号——存货》着重解决存货的确认和计量问题;《企业所得税法》着重解决存货的计税基础、扣除、纳税调整及损失的税务处理问题。本节主要介绍存货初始计量的财税处理差异及调整情况,具体包括:购入存货的初始计量,自制存货的初始计量;投资者投入存货的初始计量以及以债务重组方式取得存货的初始计量。

解 释

◆ 购入存货的初始计量

《企业会计准则第1号——存货》规定,存货的采购成本,包括购买价款、进口关税和其他税费、运输费、装卸费、保险费以及其他可归属于存货采购成本的费用,不包括仓储费用,即在生产过程中为达到下一个生产阶段所必需的费用。且对商品流通企业采购成本的确认不再有特殊规定。

《企业所得税法实施条例》第七十二条规定,《企业所得税法》第十五条所称存货,是指企业持有以备出售的产品或者商品、处在生产过程中的在产品、在生产或者提供劳务过程中耗用的材料和物料等。

存货按照以下方法确定成本:

(1) 通过支付现金方式取得的存货,以购买价款和支付的相关税费为成本;

(2) 通过支付现金以外的方式取得的存货,以该存货的公允价值和支付的相关税费为成本;

(3) 生产性生物资产收获的农产品,以产出或者采收过程中发生的材料费、人工费和分摊的间接费用等必要支出为成本。

◆ 自制存货的初始计量

新准则与税法在自制存货的成本确认方面基本一致。

新准则规定，存货成本包括采购成本、加工成本和其他成本。存货的加工成本，包括直接人工以及按照一定方法分配的制造费用。

制造费用是指企业为生产产品和提供劳务而发生的各项间接费用。企业应当根据制造费用的性质，合理地选择制造费用的分配方法。

在同一生产过程中，同时生产两种或两种以上的产品，并且每种产品的加工成本不能直接区分的，其加工成本应当按照合理的方法在各种产品之间进行分配。

存货的其他成本是指除采购成本、加工成本以外的，使存货达到目前场所和状态所发生的其他支出。

新准则明确规定，存货发生的借款费用符合资本化条件的，可以根据借款费用准则的规定予以资本化，计入存货成本。

《企业所得税暂行条例实施细则》第二十一条规定，纳税人建造、购置固定资产，开发、购置无形资产，以及筹办期间发生的利息支出以外的利息支出，允许税前扣除，不需要计入相关资产的计税成本。因此，企业借款用于固定资产的购置、建造，在该项资产投入使用前发生的利息，应当计入固定资产的原价。

◆ 投资者投入存货的初始计量

新准则规定，投资者投入存货的成本，应当按照投资合同或协议约定的价值(公允价值)确定，但合同或协议约定价值不公允的除外。

税法规定，投资者作为资本金或者合作条件投入的存货，按照评估确认或者合同、协议约定的金额计价。

税法与新准则规定上的差异为：税法与新准则在成本的确定上是一致的。但当会计上合同或协议约定的价值不公允时，税法同新准则在存货成本的确认上就存在了差异，即暂时性差异。

由于税法在执行过程中常遵循“就高不就低”的原则，那么投资者投资的存货在会计处理时，存货入账价值低于公允价值，则应以公允价值作为计税成本；否则就以存货的入账价值作为计税成本。

◆ 以债务重组方式取得存货的初始计量

对企业以收回应收债权取得的存货，《企业会计准则第 12 号——债务重组》规定，以非现金资产清偿债务的，债权人应当对受让的非现金资产按其公允价值入账，重组债权的账面余额与受让的非现金资产的公允价值之间的差额，债权人已对债权计提减值准备的，应当先将该差额冲减减值准备，减值准备不足以冲减的部分，计入当期损益。

因此，我们可以认为新准则对以债务重组方式收回的存货，以存货的公允价值减去增值税进项税作为会计上存货入账价值的依据。

税法规定，对于以债务重组方式取得的存货，纳税人以存货的公允价值减去增值税进项税作为会计上存货入账价值的依据。所以，对于债权人来说，新准则与税法对存货的成本的确定基本一致。

相关知识

◆ 存货的用途

存货依据企业的性质、经营范围并结合其用途，一般可分为：制造业存货、商品流通企业存货和其他行业存货。

(1) 制造业存货：原材料、委托加工材料、包装物、低值易耗品、在产品及自制半成品、产成品。

(2) 商品流通企业存货：商品、材料物资、低值易耗品、包装物等。

(3) 其他行业(一般是指服务业)存货：各种少量物料用品、办公用品、家具用品等。

影响存货入账价值的因素：购货价格、购货费用、税金、制造费用。

存货发出的计价方法主要有：先进先出法、加权平均法、移动平均法、个别计价法、毛利率法等。

实例详解

【例 3-1】 A 公司是一般纳税人，采用计划成本法进行会计处理。2010 年 3 月 1 日，A 公司从 B 公司购买材料，由于 A 公司资金很紧张，但考虑到 A 公司拥有良好的信誉，双方签订购销合同，购买价格为 50 万元，增值税税率为 17%，2011 年 8 月 30 日偿还材料款。2010 年 3 月 1 日，B 公司发出了材料，并按 50 万元的价格开具了增值税专用发票，而购买该材料价款的现值只有 42 万元，B 公司多支付的 8 万元实际上是因为占用 B 公司资金给予的补偿。

【分析】

2010 年 3 月 1 日，A 公司采购材料时：

借：材料采购 420 000
　应交税费——应交增值税(进项税额) 85 000
　未确认融资费用 80 000
　贷：长期应付款——B公司 585 000

按照新准则的规定，由于A公司购买材料付款超过了正常信用期，故购买材料的账面金额按照购买该材料价款的现值42万元进行计量，而税法认定的该材料的成本为50万元。故因计量方法的不同出现了差异，在材料消耗、未确认融资费用摊销时需进行纳税调整。

【例3-2】 2010年3月1日，A公司销售一批材料给B公司，含税价为7.5万元。2010年9月1日，B公司发生财务困难，无法按照合同规定偿还债务，经双方协议，A公司同意B公司用产品抵偿该应收账款。B公司该产品市价为6万元，增值税税率为17%，产品成本为5万元，假定不考虑其他税费。

【分析】

(1) A公司的会计处理如下：

借：库存商品 60 000
　应交税费——应交增值税(进项税额) 10 200
　营业外支出——债务重组损失 4 800
　贷：应收账款 75 000

(2) A公司的税务处理如下：

发生实际损失4 800元，允许公司在当年度应纳税所得额时扣除。另外，债务重组日，A公司取得的抵债物资存货的账面成本为60 000元，而税法认定的该存货的计税成本为60 000元，因此在债务重组日及将来将该存货消耗或出售时，会计与税法处理都没有差异。

3.2 存货转移的财税处理差异及调整

要点

企业生产经营活动中，除发生存货的购买、生产加工、对外销售等日常业务之外，还会发生存货的对外投资、资产交换、抵偿债务、盘亏和毁损等。存货的价值转移是指随着存货实物的转移而形成的存货资产价值的转移。新准则与税法在发出存货的计价方面有一些差异。本节主要介绍发出存货计价方面的差异；存货计价方法变更方面的差异以及低值易耗品、包装物的摊销差异。

解 释

◆ 发出存货计价方面的差异

新准则规定，企业应当采用先进先出法、加权平均法或者个别计价法确定发出存货的实际成本。对于性质和用途相似的存货，应当采用相同的成本计算方法确定发出存货的成本。对于不能替代使用的存货、为特定项目专门购入或制造的存货以及提供劳务的成本，通常采用个别计价法确定发出存货的成本。因此，新准则限制了存货计价只能采用三种方法，即先进先出法、加权平均法(包括移动加权平均法)或者个别计价法。

《企业所得税法实施条例》第七十三条规定，企业使用或者销售的存货的成本计算方法，可以在先进先出法、加权平均法、个别计价法中选用一种。计价方法一经选用，不得随意变更。

税法对发出存货的计价，规定可以自由选择采用个别计价法、先进先出法、加权平均法、移动平均法、计划成本法、毛利率法或零售价法七种方法，限制使用后进先出法。

◆ 存货计价方法变更方面的差异

《企业会计准则》没有对企业存货计价方法的变更做出具体的要求。

税法规定，纳税人的成本计算方法、间接成本分配方法、存货计价方法一经确定，不得随意改变，如确需改变的，应在下一纳税年度开始前报主管税务机关备案。否则，对应纳税所得额造成影响的，税务机关有权合理调整。

取消该审批项目后，税法规定，纳税人改变了成本计算方法、间接成本分配方法、存货计价方法的，税务机关有权要求纳税人在年度纳税申报时附报改变计算方法的情况、说明改变计算方法的原因，并附上股东大会或董事会、经理(厂长)会议等类似机构批准的文件；纳税人年度纳税申报时，未说明上述三种计算方法变更的原因、不能提供有关资料，或是虽然说明了但变更没有合理的经营和会计核算需要，以及改变计算方法前后衔接不合理、存在计算错误等，主管税务机关应对纳税人因改变计算方法而减少的应纳税所得额进行纳税调整，并补征税款。

◆ 低值易耗品、包装物的摊销差异

《企业会计准则》规定，对低值易耗品、包装物的摊销只能采用一次转销法或五五摊销法。

税法对低值易耗品未有特殊例外性规定的，可一次或分期扣除。故

新准则与税法基本一致。

实例详解

【例 3-3】 A 公司为一般纳税人，2010 年 3 月将 2 月购进的一批钢材用于企业的在建工程，已知钢材的实际成本为 218 600 元（其中含运费 18 600 元）。计算应转出的进项税额并进行相关会计处理。

【分析】

运费部分应转出的进项税额＝18 600÷(1－7%)×7%＝1 400(元)

钢材部分应转出的进项税额＝(218 600－18 600)×17%＝34 000(元)

A 公司的会计处理如下：

借：在建工程　　254 000

　贷：原材料　　218 600

　　应交税费——应交增值税（进项税额转出）　　35 400

【例 3-4】 A 公司是一般纳税人，2010 年 5 月购进一批货物，取得增值税专用发票，注明价款 20 万元，增值税税额 3.4 万元（发票当月已认证），款项以银行存款支付。2010 年 6 月将购进货物的 50%用于内部职工福利，另外 50%用于外部无偿赠送客户。

【分析】

A 公司的会计处理如下：

(1) 货物购进环节

借：库存商品　　200 000

　应交税费——应交增值税（进项税额）　　34 000

　贷：银行存款　　234 000

(2) 改变货物用途时，50%用于内部职工福利时的会计处理

应转出的进项税额＝200 000×50%×17%＝17 000(元)

借：应付职工薪酬——职工福利　　117 000

　贷：库存商品　　100 000

　应交税费——应交增值税（进项税额）　　17 000

(3) 50%用于外部无偿赠送

视同销售处理，没有同类产品售价，按组成计税价格计税。

销项税额＝100 000×(1＋10%)×17%＝18 700(元)

借：营业外支出　　128 700

　贷：主营业务收入　　110 000

应交税费——应交增值税(销项税额) 18 700

(4) 同时结转成本

借：主营业务成本 100 000

贷：库存商品 100 000

【例 3-5】 某钢材公司 2010 年 3 月将自己生产的钢材 50 吨用于在建工程，产品单位成本每吨 1 200 元，同类产品对外销售价格每吨 1 500 元，该产品增值税税率为 17%。

【分析】

钢材公司的会计处理如下：

销项税额＝1 500×50×17%＝12 750(元)

借：在建工程 72 750

贷：库存商品 60 000

应交税费——应交增值税(销项税额) 12 750

【例 3-6】 A 公司将自己生产的产品 1000 件用于对外投资。该批产品总成本为 50 万元，双方商定，该批产品按 50 万元的价值作为投资，但同期同类产品销售价格为 60 万元，增值税税率为 17%。

【分析】

A 公司的会计处理如下：

销项税额＝600 000×17%＝102 000(元)

借：长期股权投资 602 000

贷：库存商品 500 000

应交税费——应交增值税(销项税额) 102 000

3.3 存货跌价准备的财税处理差异及调整

要 点

在资产负债表日，存货应当按照成本与可变现净值孰低计量。新税法规定，存货成本的确定应遵循历史成本原则。本节主要介绍存货跌价准备的会计处理；存货跌价准备的税务处理以及二者处理的差异情况。

解 释

◆ 存货跌价准备的会计处理

在资产负债表日，存货应当按照成本与可变现净值孰低计量。存货成本高于其可变现净值的，应当计提存货跌价准备，计入当期损益。存货成本低于其可变现净值的，按其成本计量，不应不计提存货跌价准备；原已计提存货跌价准备的，需在已计提存货跌价准备金额的范围内转回。

◆ 存货跌价准备的税务处理

在计算应纳税所得额时，存货跌价准备不可扣除。只有在该项资产实际发生损失时，其损失金额才可以从应纳税所得额中扣除。企业已提取跌价、减值准备的资产，若在纳税申报时已调增应纳税所得额，因价值恢复或是转让处置有关资产而准备冲销的，允许企业做相反的纳税调整。

◆ 存货跌价准备的会计处理与税务处理的差异

新准则要求企业提取存货跌价准备，而新税法则不允许扣除存货跌价准备。当企业的存货发生转让或其他流出企业行为时，新税法允许按历史成本结转存货计税成本。对以前调增应纳税所得额的跌价准备，在转回时调减应纳税所得额或是作为其他减值准备调增应纳税所得额的抵减项目。

相关知识

◆ 存货跌价准备的概念

存货跌价准备是指在中期期末或年度终了，如由于存货遭受毁损、全部或部分陈旧过时或销售价格低于成本等原因，使存货成本不可以收回的部分，应按单个存货项目的成本高于其可变现净值的差额提取，并计入存货跌价损失。简单地说就是由于存货的可变现价值低于原成本，而对降低部分所做的一种稳健处理。

实例详解

【例 3-7】 A 企业按照“成本与可变现净值孰低法”对期末存货进行计价。假设，2008 年年末某材料的账面成本为 15 万元，由于市场价格下跌，预计可变现净值为 12 万元，因此应计提的存货跌价准备为 3 万元。应做如下处理：

【分析】

借：资产减值损失——计提的存货跌价准备　　　　30 000

　　贷：存货跌价准备　　　　　　　　　　　　　　30 000

年末计算所得税时，税法规定本期计提的存货跌价准备不得在税前扣除，故应调增应纳税所得额。会计处理为：

借：递延所得税资产　　7 500

　　贷：应交税费——应交所得税　　7 500

2009 年 5 月 1 日，该材料的账面金额为 150 000 元，由于市场价格有所上升，使得该材料的预计可变现净值为 140 000 元。由于市场价格有所上升，该材料的可变现净值有所恢复，应计提的存货跌价准备为 10 000 元(140 000－150 000)，则当期应冲减已计提的存货跌价准备 20 000 元(10 000－30 000)，因此应转回的存货跌价准备为 20 000 元。即：

借：存货跌价准备　　20 000

　　贷：资产减值损失——计提的存货跌价准备　　20 000

年末计算所得税时，税法规定以前计提的存货跌价准备计提时已调增应纳税所得额的，存货跌价准备本期转回时可调减应纳税所得额。会计处理为：

借：应交税费——应交所得税　　5 000

　　贷：递延所得税资产　　5 000

2010 年 3 月 1 日，该材料的账面金额为 150 000 元，由于市场价格进一步上升，预计可变现净值为 165 000 元，此时，该材料的可变现净值有所恢复，应冲减存货跌价准备为 15 000 元(165 000－150 000)，但对该材料已计提的存货跌价准备为 10 000 元。因此，当期应转回的存货跌价准备为 10 000 元而不是 15 000 元，即以将该材料已计提“存货跌价准备”余额冲减至零为限。由于新准则对以前计提的存货跌价准备，在存货价值恢复时允许将跌价准备转回，会计处理为：

借：存货跌价准备　　10 000

　　贷：资产减值损失——计提的存货跌价准备　　10 000

年末计算所得税时，税法规定，以前计提的存货跌价准备计提时已调增应纳税所得额的，存货跌价准备本期转回时可调减应纳税所得额。由于执行新准则对以前计提的存货跌价准备在存货价值恢复时，允许将跌价准备转回，且由于新准则与税法的差异的余额已采用资产负债表债务法，资产负债表项目原递延税款借项余额已转到所得税资产项目。故会计处理为：

借：应交税费——应交所得税　　2 500

　　贷：递延所得税资产　　2 500

对执行新准则后企业发生的存货跌价准备，在计提存货跌价准备时的差异处理同执行旧制度时的会计处理一致。由于新准则对执行新准则后的企业计提的存货跌价准备不得税前扣除，故不存在转回期间新准则与税法差异的会计处理问题。但当企业执行新准则后发生计提存货跌价准备的存货实物已流出企业时，则应按原计提准备时对递延税款的影响进行会计处理。

【例 3-8】 A 公司采用“成本与可变现净值孰低法”进行存货计价会计处理。2010 年年末冰箱商品的账面成本为 20 万元，预计可变现净值为 18 万元。

【分析】

(1) A 公司的会计处理如下

借：资产减值损失　　20 000

　　贷：存货跌价准备　　20 000

(2) 由于新税法对存货跌价准备不予承认，故在当年度应纳税所得额计算时需纳税调增 20 000 元。其会计处理如下

借：递延所得税资产　　5 000

　　贷：应交税费——应交所得税　　5 000

2011 年年末冰箱商品预计可变现净值为 190 000 元。其会计处理如下

借：存货跌价准备　　10 000

　　贷：资产减值损失　　10 000

在当年度应纳税所得额计算时要纳税调减 10 000 元。其会计处理如下

借：应交税费——应交所得税　　(10 000×25%)2 500

　　贷：递延所得税资产　　2 500

3.4 存货损失的财税处理差异及调整

要 点

新会计准则与新税法在存货损失方面也存在着差异，本节将对存货在会计处理和税务处理方面的差异及调整清理予以举例介绍。

解 释

◆ 存货损失的财税处理差异及调整

会计准则规定，存货发生的盘亏或毁损，应先作为待处理财产损溢进

行核算，同时应当把盘亏、毁损在存货取得时计入应交增值税进项税额的部分转出，不允许抵扣以后的销项税额。按企业管理权限报经批准后，再根据造成存货盘亏或毁损的原因，分别按以下情况进行处理。

(1) 属于计量收发差错和管理不善等原因造成的存货短缺，应先扣除残料价值，可以收回的保险赔偿和过失人赔偿，将净损失计入管理费用。

(2) 属于自然灾害等非常原因造成的存货毁损，应先扣除处置收入(如残料价值)、可以收回的保险赔偿和过失人赔偿，将净损失(包含进项转出部分对应损失)计入营业外支出。

《企业所得税法》第八条规定，企业实际发生的与取得收入有关的、合理的支出，包括成本、费用、税金、损失和其他支出，准予在计算应纳税所得额时扣除。《企业所得税法实施条例》第三十二条规定，《企业所得税法》第八条所称损失，是指企业在生产经营活动中发生的固定资产和存货的盘亏、毁损、报废损失、转让财产损失、呆账损失、坏账损失、自然灾害等不可抗力因素造成的损失以及其他损失。企业发生的损失，减除责任人赔偿和保险赔款后的余额，依照国务院财政、税务主管部门的规定扣除。企业已经作为损失处理的资产，在以后纳税年度又全部收回或者部分收回时，应当计入当期收入。

《增值税暂行条例》第十条规定，非正常损失的购进货物及相关的应税劳务和非正常损失的在产品、产成品所耗用的购进货物或者应税劳务的进项税额不得从销项税额中抵扣。非正常损失的购进货物，是指生产经营过程中正常损耗外的损失。

财政部、国家税务总局《关于企业资产损失税前扣除政策的通知》(财税[2009]57号)规定，对企业盘亏的存货，以该存货的成本减除责任人赔偿后的余额，作为存货盘亏损失在计算应纳税所得额时扣除。对企业毁损、报废的存货，以该存货的成本减除残值、保险赔款和责任人赔偿后的余额，作为存货毁损、报废损失在计算应纳税所得额时扣除。对企业被盗的存货，以该存货的成本减除保险赔款和责任人赔偿后的余额，作为存货被盗损失在计算应纳税所得额时扣除。企业因存货盘亏、毁损、报废、被盗等原因不得从增值税销项税额中抵扣的进项税额，可以与存货损失一起在计算应纳税所得额时扣除。企业在计算应纳税所得额时已经扣除的资产损失，在以后纳税年度全部或者部分收回时，其收回部分应当作为收入计入收回当期的应纳税所得额。

实例详解

【例 3-9】 A 公司 2010 年 8 月末在财产清查中发现，库存原材料短缺 10 000 元，经查短缺的原材料不含运费，是因仓库管理员管理不善造成的，经有关部门批准，由仓库管理员赔偿 5 000 元。该公司为增值税一般纳税人，适用增值税税率为 17%。

【分析】

借：待处理财产损溢——待处理流动资产损溢　　11 700
　　贷：原材料　　10 000
　　　　应交税费——应交增值税(进项税额转出)　　1 700
借：管理费用　　6 700
　　其他应收款　　5 000
　　贷：待处理财产损溢——待处理流动资产损溢　　11 700

【例 3-10】 A 公司 2010 年 10 月由于遭受自然灾害，损失产成品成本 50 000 元，产成品成本中外购项目金额比例为 50%。

非正常损失为产成品、在产品时，做进项税额转出的是其所耗用的购进货物或应税劳务涉及的进项税额，故转出进项税额为 4 250 元。按《企业资产损失所得税前扣除管理办法》规定，毁损的存货经批准可在所得税前扣除金额，是其账面价值扣除残值及保险赔偿或责任赔偿后的余额部分。自然灾害或意外事故造成的存货毁损，将净损失计入营业外支出。

【分析】

借：待处理财产损溢——待处理流动资产损溢　　54 250
　　贷：库存商品　　50 000
　　　　应交税费——应交增值税(进项税额转出)　　4 250
借：营业外支出　　54 250
　　贷：待处理财产损溢——待处理流动资产损溢　　54 250

实战训练

一、单项选择题

1. 下列各项支出中，不计入存货成本的是(　　)。

A. 可以抵扣的增值税进项税额　　B. 购买存货而发生的运输费
C. 入库前的挑选整理费　　D. 购买存货而交纳的消费税

2. 某企业委托外单位加工一批应税消费品的材料，材料加工完成后继续生产应税消费品。该企业对于加工单位代交的消费税，应(　　)账户。

A. 借记“原材料”

B. 借记“应交税费——应交消费税”

C. 借记“委托加工物资”

D. 贷记“应交税费——应交消费税”

3. 企业应以( )作为确定存货范围的基本原则。

A. 存放地点 B. 交货时间

C. 交货地点 D. 法定所有权

4. 某企业为一般纳税人，从外地购入原材料一批，取得的增值税专用发票上注明：材料价格为10000元，增值税为1700元，另支付运费800元，支付装卸费200元。该材料的采购成本为( )元。

A. 12700 B. 10944

C. 11000 D. 10930

5. 下列各项支出中，一般纳税企业不计入存货成本的是( )。

A. 入库前的挑选整理费

B. 购入存货时支付的增值税进项税额

C. 购买存货发生的进口关税

D. 购买存货发生的运杂费

6. 根据企业所得税法的规定，在计算应纳税所得额时，下列项目可以扣除的是( )。

A. 提取的环境保护基金用于购买机器设备

B. 企业向受灾地区直接捐赠60万元

C. 存货毁损的净损失

D. 企业为投资者支付的商业保险费

二、多项选择题

1. 委托加工材料收回后，将用于直接销售，其实际成本包括( )。

A. 发出加工材料的实际成本

B. 加工费用和往返运杂费

C. 支付的增值税

D. 受托方代收代交的消费税

2. 存货的确认是依法定产权的取得为标志的。具体来说，下列( )项目属于企业存货的范围。

A. 已经购入但尚未验收入库的存货

B. 未购入但存放在本企业的货物

C. 已经售出但尚未运离本企业的存货

D. 已经购入并验收入库的存货

3. 下列项目中,应计入材料成本的税金有(　　)。

A. 材料委托加工后用于连续生产应税消费品已交的消费税

B. 一般纳税企业购入材料的增值税

C. 收购未税矿产品代扣代缴的资源税

D. 小规模纳税企业购入原材料已缴的增值税

4. 下列项目所包含的进项税额,不得从销项税额中抵扣的是(　　)。

A. 生产过程中出现的报废产品

B. 用于返修产品修理的易损零配件

C. 生产企业用于经营管理的办公用品

D. 校办企业生产本校教具的外购材料

5. 下列有关关税处理的表述中,正确的有(　　)。

A. 对留购的租赁货物,以海关审定的留购价格作为关税完整价格

B. 对以租金方式对外支付的租赁货物,在租赁期间以一般进口货物估价办法的规定估定关税完税价格

C. 对留购的进口展览品,以海关审定的留购价格作为关税完税价格

D. 以租赁方式进口货物,承租人申请一次性缴纳税款的,经海关同意,以海关审定的租赁价格作为关税完税价格

三、判断题

1. 一般纳税企业购进生产用材料时,按照税法的有关规定,可以按支付的外地运费的一定比例计算增值税进项税额,该运费的进项税额不应计入购进材料的采购成本。(　　)

2. 某商场为一般纳税人,购进货物已取得防伪税控系统增值税专用发票,并支付货款,但货物尚未验收入库,其外购货物的进项税额准予作为当期进项税额抵扣。(　　)

3. 生产企业从其他工、商企业购进的已税消费品,用于继续生产应税消费品销售的,在计征消费税的时候,生产耗用的外购应税消费品的已纳消费税税款准予扣除。(　　)

4. 企业购入存货负担的价内税均应计入存货的成本,而负担的价外税则均不构成存货的成本。(　　)

5. 一般纳税企业购进生产用原材料时,按照税法的有关规定,可以按支付的外地运杂费的一定比例计算增值税进项税额,该进项税额应计入购进材料的采购成本中。(　　)

6. 企业采购存货时支付的增值税不得记入存货成本。(　　)

四、问答题

1. 甲企业委托乙企业加工材料一批(属于应税消费品)。甲原材料成本为50万元,支付的加工费为25万元(不含增值税),消费税税率为10%,乙材料加工完成验收入库,用于生产应税消费品,加工费用等已经支付。双方适用的增值税税率为17%。甲企业按实际成本对原材料进行日常核算。问该怎样做出有关的账务处理?

2. 某计算机公司(为一般纳税人)向长期合作的关系户赠送新开发研制的计算机5台,该批计算机的生产成本为5.8万元,规定的成本利润率为5%。计算该批计算机的计税销售额及应纳增值税税额。

3. 某企业为增值税一般纳税企业,材料按计划成本计价核算。甲材料计划单位成本为每千克10元。该企业2009年9月份有关资料如下。

(1)"原材料"账户月初借方余额20 000元,"材料成本差异"账户月初贷方余额470元,"材料采购"账户月初借方余额40 000元(上述账户核算的均为甲材料)。

(2) 9月5日,企业上月已付款的购入甲材料4 040千克如数收到,已验收入库。

(3) 9月20日,从外地A公司购入甲材料8 000千克,增值税专用发票注明的材料价款为80 000元,增值税税额13 600元;运费1 000元(运费的增值税按照7%计算和扣除),企业已用银行存款支付各种款项,材料尚未到达。

(4) 9月25日,从A公司购入的甲材料到达,验收入库时发现短缺40千克,经查明为途中定额的自然损耗。按实收数量验收入库。

(5) 9月30日,汇总本月发料凭证,本月共发出甲材料7 000千克,全部用于产品生产。

根据上述业务编制相关的会计分录,并计算本月发生的增值税进项税额、本月材料成本差异率、本月发出材料应负担的成本差异。

第4章

固定资产财税处理差异及调整

4.1 固定资产初始计量的财税处理差异及调整

要 点

《企业会计准则第 4 号——固定资产》规定，固定资产是指同时具有下列特征的有形资产：为生产商品、提供劳务、出租或经营管理而持有的，使用寿命超过一个会计年度。《企业所得税法实施条例》第五十七条规定，《企业所得税法》第十一条所称固定资产，是指企业为生产产品、提供劳务、出租或者经营管理而持有的、使用时间超过 12 个月的非货币性资产，包括房屋、建筑物、机器、机械、运输工具以及其他与生产经营活动有关的设备、器具、工具等。本节将从以下几个方面阐述固定资产初始计量的财税处理差异及调整：自行建造固定资产的初始计量；外购固定资产的初始计量；投资者投入固定资产的初始计量；企业合并取得的固定资产的初始计量；债务重组取得固定资产的初始计量；非货币性交换取得固定资产的初始计量以及融资租入固定资产的初始计量。

解 释

◆ 自行建造固定资产的初始计量

根据《企业会计准则第 4 号——固定资产》第九条的规定，自行建造固定资产的成本，由建造该项资产达到预定可使用状态前所发生的必要支出构成。《企业会计准则第 4 号——固定资产》应用指南规定，已达到预定可使用状态但尚未办理竣工决算的固定资产，按照估计价值确定其成本，并计提折旧，待办理竣工决算后，再按实际成本调整原来的暂估价值，但不需要调整原已计提的折旧额。

企业以自营方式建造的固定资产，按照建造该项资产达到预定可以使用状态所发生的必要支出，借记“在建工程”账户，贷记“银行存款”、“原材料”、“应付职工薪酬”等账户。

若明确了是要作为固定资产管理的，那么在自行建造过程中应在“在建工程”账户进行会计处理，达到预定可使用状态时再从“在建工程”账户转到“固定资产”账户，技术部门的领用只是建造完成的固定资产在使用部门间的转移，无须做会计处理。若自制设备原是为了销售后改变用途作为技术部门的固定资产，那么在生产环节发生的支出应在“生产成本”账户进行会计处理，自制完成后由“生产成本”账户转至“库存商品”账户。当决定改变用途作为技术部门的固定资产时，再由“库存商品”账户转入“固定资产”账户。

新税法实施条例第五十八条规定，自行建造的固定资产，以竣工结算前发生的支出为计税基础。

新准则和新税法都规定了自行建造的固定资产的成本由该项资产达到预计可使用状态前所必要的实际支出构成，包括买价或自建成本及相关税费等。

◆ 外购固定资产的初始计量

1. 外购固定资产的会计处理

外购固定资产的会计处理包括：购买价款、相关税费、使固定资产达到预定可使用状态前所发生的可归属于该项资产的运输费、装卸费、安装费及专业人员服务费等。以一笔款项购入多项没有单独标价的固定资产时，应按照各项固定资产公允价值比例对总成本进行分配，再分别确定各项固定资产的成本。

购买固定资产的价款超过了正常信用条件延期支付、实质上具有融资性质的固定资产的成本，以购买价款的现值为基础确定。实际支付的价款同购买价款现值之间的差额，除按照《企业会计准则第 17 号——借款费用》予以资本化的之外，在信用期间内计入当期损益。确定固定资产成本时，考虑预计弃置费用因素，按现值计算确定计入固定资产原价的金额会计处理为：借记“固定资产”等账户，按应支付的金额，贷记“长期应付款”账户，按其差额，借记“未确认融资费用”账户。采用实际利率法计算确定当期的利息费用时，借记“财务费用”账户，贷记“未确认融资费用”账户。

2. 外购固定资产的税务处理

外购固定资产的税务处理，以购买价款和支付的相关税费以及直接归属于该资产达到预定用途发生的其他支出为计税基础。

3. 外购固定资产的会计处理与税务处理的差异

新准则规定，固定资产的原价中含有预计固定资产弃置费用的现值、购买固定资产的价款超过了正常信用条件延期支付时,固定资产的成本以购买价款的现值为基础确定,实际支付的价款同购买价款的现值之间的差额,应予资本化的以外,应在信用期间内计入当期损益。新税法则规定固定资产原值中不含弃置费用,购买固定资产的价款不需要折现,购买固定资产时计入当期损益的利息不得在税前扣除。

正常情况下外购固定资产的账面价值与按税法规定确定的计税基础基本一致。但如果外购固定资产超过了正常信用条件延期或分期支付价款,则取得的固定资产账面价值同按税法规定确定的计税基础之间会存在差异。

◆ 投资者投入固定资产的初始计量

《企业会计准则》规定,投资者投入的固定资产,应当按照投资合同或协议约定的价值确定,但合同或协议约定价值不公允的除外;税法规定,通过捐赠、投资、非货币性资产交换、债务重组等方式取得的固定资产,以该资产的公允价值和支付的相关税费为计税基础。

1. 投资者投入固定资产的会计处理

投资者投入固定资产的会计处理,是按照投资合同或协议约定的价值确定,但合同或协议约定价值不公允的除外。

2. 投资者投入固定资产的税务处理

投资者投入的固定资产,根据资产折旧程度,以合同或协议约定的合理价格或参照有关的市场价格合理确定。

3. 两者之间的差异

新准则规定投资者投入固定资产只能按照投资合同或协议约定的价值确定;而税法规定,除了按照投资合同或协议约定的价值确定之外,还可按照评估确认的价值作为固定资产的计税成本;同时新准则还规定了固定资产的成本包含该项固定资产的预计弃置费用的现值,而税法不包含这部分内容。

◆ 企业合并取得的固定资产的初始计量

财政部、国家税务总局《关于企业重组业务企业所得税处理若干问题的通知》(财税[2009]59 号)规定,企业合并,当事各方应按下列规定处理。

(1) 合并企业应按公允价值确定接受被合并企业各项资产和负债的计税基础。

(2) 被合并企业及其股东都应按清算进行所得税处理。

(3) 被合并企业的亏损不得在合并企业结转弥补。

新准则需要先判断合并是同一控制下还是非同一控制下，然后再考虑采用账面价值还是公允价值。同一控制下的企业合并，合并方在企业合并中取得的资产和负债，应当按照合并日在被合并方的账面价值计量。非同一控制下的企业合并，合并中取得的被购买方除无形资产以外的其他各项资产（不仅限于被购买方原已确认的资产），其所带来的经济利益很可能流入企业且公允价值能够可靠地计量的，单独予以确认并以公允价值计量。

◈ 债务重组取得固定资产的初始计量

会计准则规定，债务人以非现金资产清偿债务的，债权人应当将重组债权的账面余额与转让的非现金资产的公允价值之间的差额，计入当期损益。债权人已对债权计提减值准备的，应当先将该差额冲减减值准备，减值准备不足以冲减的部分，计入当期损益。

税法规定，债权人以债务重组方式取得的固定资产，以该资产的公允价值和支付的相关税费为计税基础。

会计处理与税法处理之间不存在差异，但债务人处置固定资产时应视同销售处理，按所处置固定资产的公允价值减去其账面价值及应支付的相关税费后的差额，确认资产转让所得。若企业已对该项固定资产提取了减值准备，则在按上述方法计算资产转让所得的同时，还应扣除固定资产减值准备的金额。由于固定资产减值准备不能在税前扣除，其在提取期已做了纳税调增处理，故在处置该项资产时，需做纳税调减处理，否则会重复计算所得。

◈ 非货币性交换取得固定资产的初始计量

会计准则规定，如果非货币性资产交换同时满足商业实质和换入或换出固定资产的公允价值能够可靠计量两个条件时，则以公允价值和应支付的相关税费作为换入固定资产的成本，公允价值与换出资产账面价值的差额计入当期损益。不满足上述条件的，应当以换出资产的账面价值及应支付的相关税费作为换入固定资产的成本。

税法规定，通过非货币性资产交换方式所取得的固定资产，以该资产的公允价值和应支付的相关税费为计税基础。《企业所得税法》没有规定非货币性资产交换需具有商业实质，换入资产或换出资产的公允价值能可靠地计量等条件，作为是否以公允价值计量的条件；同时企业所得税不以换出资产的公允价值作为确定换入资产成本的基础，而以换入资产的公允价值和支付的相关税费作为计税基础或成本。除国务院财政、税务主管部门另有规定的外，企业发生非货币性资产交换应视同销售货物、转让财产或者提供劳务。若换出的固定资产提取了减值准备，在确认固定资产转让所得的同时，还应对会计上结转的减值准备金额做纳税调减处理。

◆ **融资租入固定资产的初始计量**

会计准则规定，融资租入的固定资产，在租赁期开始日，承租人应当将租赁开始日租赁资产公允价值与最低租赁付款额现值两者中较低者作为租入资产的入账价值，将最低租赁付款额作为长期应付款的入账价值，其差额作为未确认融资费用。承租人在租赁谈判和签订租赁合同过程中发生的，可归属于租赁项目的手续费、律师费、差旅费、印花税等初始直接费用，应当计入租入资产价值。

《企业所得税法实施条例》规定，融资租入的固定资产，以租赁合同约定的付款总额和承租人在签订租赁合同过程中发生的相关费用为计税基础；租赁合同未约定付款总额的，以该资产的公允价值和承租人在签订租赁合同过程中发生的相关费用为计税基础。

企业根据生产经营活动的需要租入固定资产支付的租赁费，按照以下方法扣除：

（1）以经营租赁方式租入固定资产发生的租赁费支出，按照租赁期限均匀扣除；

（2）以融资租赁方式租入固定资产发生的租赁费支出，按照规定构成融资租入固定资产价值的部分应当提取折旧费用，分期扣除。

可见，融资租赁固定资产的财税处理差异主要体现在：资产的计税基础、销售收入的确认及融资费用的确认方面。而《企业所得税法实施条例》第二十三条第（一）款规定，以分期收款方式销售货物的，按照合同约定的收款日期确认收入的实现。显然，税法要求应按照分期收款金额确认为销售收入金额，且不确认各期冲减财务费用的收入。

相关知识

◆ **固定资产确认的条件**

固定资产同时满足下列条件的才能予以确认：

（1）与该固定资产有关的经济利益很可能流入企业；

（2）该固定资产的成本能够可靠地计量。

固定资产的各组成部分具有不同使用寿命或者以不同方式为企业提供经济利益，适用不同折旧率或折旧方法的，应当分别将各组成部分确认为单项固定资产。

实例详解

【例4-1】 某集团购入某项含有放射性元素的仪器1 200万元，增值税为204万元，预计使用期满报废时需要发生特殊处理费用的现值为350万元。

【分析】

借：固定资产	15 500 000	
应交税费——应交增值税（进项税额）	2 040 000	
贷：银行存款		14 040 000
预计负债——预计弃置费		3 500 000

对预计使用期满报废时需要发生特殊处理费用的现值为350万元，税法不予确认，税法认定的固定资产的成本为1 200万元，故将来固定资产提取折旧时，会计与税法存在差异，需要进行纳税调整。通常，在企业实际支付弃置费用时，税法允许抵减应纳税所得。在固定资产持有期间，因确认弃置费用而多提的折旧和利息不能进行税前扣除。可见固定资产的弃置费用在会计确认当期不得抵扣，实际支付时才能抵减应纳税所得，由此产生固定资产持有期间的暂时性差异。

【例4-2】 A公司2008年9月31日购入一台机器作为固定资产使用，该机器已收到，无须安装。购货合同约定，该机器的总价款为1800万元，分3年支付，2009年9月31日支付1 000万元，2010年9月31日支付500万元，2011年9月31日支付300万元。预计使用5年，假定净残值为零，且折旧方法、折旧年限和净残值会计与税法规定均相同，A公司3年期间银行借款年利率为6%。

【分析】

（1）2008年9月31日

固定资产入账价值＝$1\,000/(1+6\%)+500/(1+6\%)^2+300/(1+6\%)^3$＝1 640.29（万元）

长期应付款入账价值＝1 800万元

未确认融资费用＝1 800－1 640.29＝159.71（万元）

借：固定资产	16 402 900	

未确认融资费用　　1 597 100

贷：长期应付款　　18 000 000

税务处理：

固定资产计税基础 1 800 万元，而固定资产账面价值为 1 640.29 万元，差异金额 159.71 万元。

由于计税基础大于账面价值，导致以后期间计税折旧大于会计折旧的金额，应分别调减各年度应纳税所得额 31.942 万元。

(2) 2009 年 9 月 31 日

借：长期应付款　　10 000 000

贷：银行存款　　10 000 000

借：财务费用　　1 087 900

贷：未确认融资费用　　1 087 900

税务处理：

由于计税基础大于账面价值，导致以后期间计税折旧大于会计折旧的金额，应当调减应纳税所得额 31.942 万元。

由于固定资产计税基础大于账面价值的金额，已通过固定资产折旧方式获得扣除，故“未确认融资费用”转入“财务费用”科目的金额不得重复扣除，调增当年度应纳税所得额 98.42 万元。

(3) 2010 年 9 月 31 日

借：长期应付款　　5 000 000

贷：银行存款　　500 000

借：财务费用　　443 200

贷：未确认融资费用　　443 200

税务处理：

由于计税基础大于会计成本，导致以后期间计税折旧大于会计折旧的金额，应调减各年度应纳税所得额 31.942 万元。

由于固定资产计税基础大于会计成本的金额，已通过固定资产折旧方式获得扣除，故“未确认融资费用”转入“财务费用”科目的金额不得重复扣除，调增当年度应纳税所得额 44.32 万元。

(4) 2011 年 9 月 31 日

借：长期应付款　　3 000 000

贷：银行存款　　3 000 000

借：财务费用　　169 800

贷：未确认融资费用　　169 800

税务处理：

由于计税基础大于会计成本，导致以后期间计税折旧大于会计折旧的金额，应当调减各年度应纳税所得额 31.942 万元。

“未确认融资费用”转入“财务费用”科目的金额不得重复扣除，调增当年度应纳税所得额 16.98 万元。

应纳税所得税额调整：

五年内计提折旧调减应纳税所得额＝31.942×5＝159.71(万元)。

【例 4-3】 2010 年 3 月 1 日，A 公司从 B 公司购入一批货物，应付账款 1 200 万元，货款偿还期限为 3 个月。2010 年 8 月 1 日，A 公司发生财务困难，无法偿还到期债务，经与 B 公司协商进行债务重组。双方同意：以 A 公司生产的一批货车用做 B 公司的生产经营，该批货车的成本为 600 万元，公允价值(计税价)为 1 000 万元。假设 B 公司未计提坏账准备，A 公司向 B 公司开具了专用发票，价款 1 000 万元，增值税 170 万元。

【分析】

债权人 B 公司的会计处理如下：

借：固定资产	10 000 000	
应交税费——应交增值税(进项税额)	1 700 000	
营业外支出——债务重组损失	300 000	
贷：应收账款		12 000 000

【例 4-4】 2010 年 6 月 1 日，A 公司以自己生产的成品换入 B 公司的一台设备。自产商品的成本 5 000 万元，计税价 6 500 万元，并取得增值税专用发票注明的价款 6 500 万元，增值税 1105 万元。

【分析】

(1) A 公司的会计处理如下：

借：固定资产	65 000 000	
应交税费——应交增值税(进项税额)	11 050 000	
贷：主营业务收入		65 000 000
应交税费——应交增值税(销项税额)		11 050 000

(2) 结转成本时应做会计处理如下：

借：主营业务成本	50 000 000	
贷：库存商品		50 000 000

4.2 固定资产后续计量的财税处理差异及调整

要 点

固定资产后续计量主要包括固定资产折旧、后续支出和资产减值。本节主要介绍固定资产折旧范围的财税处理差异；固定资产折旧年限的财税处理差异；固定资产折旧方法的财税处理差异；固定资产后续支出的财税处理差异及调整；固定资产减值准备的财税处理差异及调整以及固定资产处置的财税处理差异及调整。

解 释

◆ 固定资产折旧范围的财税处理差异

在会计处理上，企业应当对所有固定资产计提折旧，但是，已提足折旧仍继续使用的固定资产等除外。企业应当根据固定资产的性质和使用情况，合理确定固定资产的使用寿命和预计净残值。固定资产的使用寿命、预计净残值一经确定，不得随意变更。

企业确定固定资产使用寿命，应当考虑下列因素：

(1) 预计生产能力或实物产量；

(2) 预计有形损耗和无形损耗；

(3) 法律或者类似规定对资产使用的限制。

在税务处理上，《企业所得税法》不允许所有固定资产都计提折旧。《企业所得税法》第十一条规定，下列固定资产不得计算折旧扣除：

(1) 房屋、建筑物以外未投入使用的固定资产；

(2) 以经营租赁方式租入的固定资产；

(3) 以融资租赁方式租出的固定资产；

(4) 已足额提取折旧仍继续使用的固定资产；

(5) 与经营活动无关的固定资产；

(6) 单独估价作为固定资产入账的土地；

(7) 其他不得计算折旧的固定资产。

企业应当根据固定资产的性质和使用情况，合理确定固定资产的预计净残值。固定资产预计净残值一经确定，不得变更。

◆ 固定资产折旧年限的财税处理差异

在会计处理上，固定资产应当按月计提折旧，当月增加的固定资产当月不计提折旧，从下月起计提折旧；当月减少的固定资产当月仍计提折旧，从下月起不计提折旧。固定资产提足折旧后，无论能否继续使用，均不再计提折旧；提前报废的固定资产也不再补提折旧。提足折旧是指已提足该项固定资产的应计折旧额。应计折旧额是指应当计提折旧的固定资产的原价扣除其预计净残值后的金额。已计提减值准备的固定资产，还应当扣除已计提的固定资产减值准备累计金额。已达到预定可使用状态但还没办理竣工决算的固定资产，应按照估计价值确定其成本，并计提折旧；待办理竣工决算后，按照实际成本调整原来的暂估价值，但不需调整原已计提的折旧额。

在税务处理上，根据《企业所得税法实施条例》第五十九条规定，企业应当自固定资产投入使用月份的次月起计算折旧；停止使用的固定资产，应当自停止使用月份的次月起停止计算折旧。另外，会计上已达到预定可使用状态但尚未办理竣工决算的固定资产，按照估计价值确定其成本并计提折旧的，应进行纳税调整，因其不符合税法的确定性原则，不应按照估计价值计算折旧税前扣除；待办理竣工决算后，再按实际成本确定其计税基础，计提折旧在税前扣除。

《中华人民共和国企业所得税法实施条例》第六十条规定：除国务院财政、税务主管部门另有规定外，固定资产计算折旧的最低年限如下：

(1) 房屋、建筑物，为 20 年；

(2) 飞机、火车、轮船、机器、机械和其他生产设备，为 10 年；

(3) 与生产经营活动有关的器具、工具、家具等，为 5 年；

(4) 飞机、火车、轮船以外的运输工具，为 4 年；

(5) 电子设备，为 3 年。

◆ 固定资产折旧方法的财税处理差异

会计准则规定，固定资产折旧方法可以选用平均年限法、工作量法、年数总和法、双倍余额递减法等。税法对固定资产的折旧方法进行了严格的限制。税法规定，固定资产折旧费用的计算采用直线折旧法。直线法包括平均年限法和工作量法。

《企业所得税法》第三十二条规定，企业的固定资产由于技术进步等原因，确需加速折旧的，可以缩短折旧年限或者采取加速折旧的方法。《企业所得税法实施条例》第九十八条规定，《企业所得税法》第三十二条

所称可以采取缩短折旧年限或者采取加速折旧的方法的固定资产,包括:

(1) 由于技术进步,产品更新换代较快的固定资产;

(2) 常年处于强震动、高腐蚀状态的固定资产。

采取缩短折旧年限方法的,最低折旧年限不得低于《企业所得税法实施条例》第六十条规定折旧年限的60%;采取加速折旧方法的,可以采取双倍余额递减法或者年数总和法。

如果企业提取折旧的方法与税法的规定不一致,新的申报表能很好地解决固定资产的税务管理问题,新申报表要求企业必须填列固定资产的会计成本和计税成本,还要求企业必须填列会计折旧和税法允许扣除的折旧金额。

◆ 固定资产后续支出的财税处理差异及调整

在会计处理上,固定资产的后续支出,是指固定资产在使用过程中发生的更新改造支出、修理费用等。与固定资产有关的后续支出,符合《企业会计准则》规定确认条件的,应当计入固定资产成本;不符合《企业会计准则》规定确认条件的固定资产修理费用等,应当在发生时计入当期损益。

在税务处理上,根据《企业所得税法》第十三条规定,企业发生的下列支出,作为长期待摊费用,按照规定摊销的,准予扣除:

(1) 已足额提取折旧的固定资产的改建支出;

(2) 租入固定资产的改建支出;

(3) 固定资产的大修理支出;

(4) 其他应当作为长期待摊费用的支出。

根据《企业所得税法实施条例》第六十八条规定,《企业所得税法》第十三条第(一)项和第(二)项所称固定资产的改建支出,是指改变房屋或者建筑物结构、延长使用年限等发生的支出。《企业所得税法》第十三条第(一)项规定的支出,按照固定资产预计尚可使用年限分期摊销;第(二)项规定的支出,按照合同约定的剩余租赁期限分期摊销。改建的固定资产延长使用年限的,除《企业所得税法》第十三条第(一)项和第(二)项规定外,应当适当延长折旧年限。

根据《企业所得税法实施条例》第六十九条规定,《企业所得税法》第十三条第(三)项所称固定资产的大修理支出,是指同时符合下列条件的支出:

(1) 修理支出达到取得固定资产时的计税基础50%以上;

(2) 修理后固定资产的使用年限延长2年以上。

《企业所得税法》第十三条第(三)项规定的支出，按照固定资产尚可使用年限分期摊销。

根据《企业所得税法实施条例》第七十条规定，《企业所得税法》第十三条第(四)项所称其他应当作为长期待摊费用的支出，自支出发生月份的次月起，分期摊销，摊销年限不得低于3年。

◆ 固定资产减值准备的财税处理差异及调整

按照新准则，企业应当在会计期末判断固定资产是否存在可能发生减值的迹象。存在下列迹象的，表明固定资产可能发生了减值：

(1) 资产的市价当期大幅度下跌，其跌幅明显高于因时间的推移或者正常使用而预计的下跌；

(2) 企业经营所处的经济、技术或法律等环境以及资产所处的市场在当期或将在近期发生重大变化，从而对企业产生不利的影响；

(3) 市场利率或者其他市场投资回报率在当期已经提高，从而影响企业计算资产预计未来现金流量现值的折现率，导致资产可收回金额大幅度降低；

(4) 有证据表明资产已经陈旧过时或其实体已经损坏；

(5) 资产已经或者将被闲置、终止使用或者计划提前处置；

(6) 企业内部报告的证据表明资产的经济绩效已经低于或者将低于预期，如资产所创造的净现金流量或者实现的营业利润(或者损失)远远低于预计金额等；

(7) 其他表明资产可能已经发生减值的迹象。

资产存在减值迹象的，应当估计其可收回金额。可收回金额根据资产的公允价值减去处置费用后的净额与资产预计未来现金流量的现值两者之间较高者确定。

《企业所得税法》第十条规定，在计算应纳税所得额时，未经核定的准备金支出不得扣除。《企业所得税法实施条例》第五十五条规定，《企业所得税法》第十条第(七)项所称未经核定的准备金支出，是指不符合国务院财政、税务主管部门规定的各项资产减值准备、风险准备等准备金支出。

根据《企业所得税法》规定，企业实际发生的与取得收入有关的、合理的支出，包括成本、费用、税金、损失和其他支出，准予在计算应纳税所得额时扣除。在资产可能已经发生了减值的迹象，但没有实际发生资产的损失时，税收上不认定为资产的减值，不得在计算应纳税所得额时扣除；只有资产实际发生损失时，符合税法规定条件的，方允许在计算应纳税所得额时扣除。

（1）固定资产减值的会计处理

企业在会计期末判断固定资产是否存在可能发生减值的迹象。资产存在减值迹象的，应当估计其可收回金额。可收回金额由资产的公允价值减去处置费用后的净额与资产预计未来现金流量的现值两者之间的较高者确定。资产未来现金流量的现值，应当按照资产在持续使用过程中和最终处置时所产生的预计未来现金流量，选择恰当的折现率对其进行折现后的金额加以确定。预计资产未来现金流量的现值，综合考虑资产的预计未来现金流量、使用寿命和折现率等因素。

（2）固定资产减值的税务处理

企业计提的固定资产减值准备不得在税前扣除，但当计提减值准备的固定资产被处置时，已计提的固定资产减值准备已在计提期间调增应纳税所得额的，处置时需调减应纳税所得额。

（3）固定资产减值的会计处理与税务处理的差异

新准则规定，固定资产的减值准备可抵减会计利润；新税法规定，企业计提的固定资产减值准备不得在税前扣除。

产生差异的原因是：计提固定资产减值准备的期间和允许在计算应纳税所得额时扣除的资产损失的期间不一样，作为可抵扣暂时性差异处理，在计算当期应纳税所得额时，企业在按照会计制度及相关准则规定计算的当期利润总额的基础之上，加上按照新税法规定的不允许从当期应纳税所得额中扣除的，但又按会计制度及相关准则规定的计入计提当期损益的固定资产减值准备的金额，调整为当期应纳税所得额。

◆ 固定资产处置的财税处理差异及调整

在会计处理上，固定资产满足下列条件之一的，应当予以终止确认：

（1）该固定资产处于处置状态；

（2）该固定资产预期通过使用或处置不能产生经济利益。

企业持有待售的固定资产，应当对其预计净残值进行调整。企业出售、转让、报废固定资产或发生固定资产毁损，应当将处置收入扣除账面价值和相关税费后的金额计入当期损益。

固定资产的账面价值，是指固定资产成本扣减累计折旧和累计减值准备后的金额。固定资产盘亏造成的损失，应当计入当期损益。企业根据《企业会计准则》规定，将发生的固定资产后续支出计入固定资产成本的，应当终止确认被替换部分的账面价值。

在税务处理上，企业出售、转让固定资产，应按《企业所得税法》第六条规定确认为转让财产收入，并按照第十六条规定，在计算应纳税所得额时，扣除该项资产的净值和转让费用。根据《企业所得税法实施条例》第七十四条规定，《企业所得税法》第十六条所称资产的净值和第十九条所称财产净值，是指有关资产、财产的计税基础减除已经按照规定扣除的折旧、折耗、摊销、准备金等后的余额。企业固定资产对外投资、债务重组、分配股利和捐赠等，均要视同销售。

企业所得税处理的固定资产损失，包括企业房屋建筑物、机器设备、运输设备、工具器具等发生盘亏、淘汰、毁损、报废、丢失、被盗等造成的净损失。

对盘亏的固定资产，其账面净值扣除责任人赔偿后的余额部分，依据下列证据确认损失：

(1) 固定资产盘点表；

(2) 盘亏情况说明，单项或批量金额较大的固定资产盘亏，企业应逐项做出专项说明，由中介机构进行职业推断和客观评判后出具经济鉴证证明；

(3) 企业内部有关责任认定和内部核准文件等。

对报废、毁损的固定资产，其账面净值扣除残值、保险赔偿和责任人赔偿后的余额部分，依据下列证据认定损失：

(1) 企业内部有关部门出具的鉴定证明；

(2) 单项或批量金额较大的固定资产报废、毁损，企业应逐项做出专项说明，并委托有技术鉴定资格的机构进行鉴定，出具鉴定说明；

(3) 不可抗力原因(自然灾害、意外事故、战争等)造成固定资产毁损、报废的，应当有相关职能部门出具的鉴定报告，如消防部门出具受灾证明，公安部门出具的事故现场处理报告、车辆报损证明，房管部门的房屋拆除证明，锅炉、电梯等安检部门的检验报告等；

(4) 企业固定资产报废、毁损情况说明及内部核批文件；

(5) 涉及保险索赔的，应当有保险公司理赔情况说明。

对被盗的固定资产，其账面净值扣除保险理赔以及责任赔偿后的余额部分，依据下列证据认定损失：

(1) 向公安机关的报案记录，公安机关立案、破案和结案的证明材料；

(2) 涉及责任人的责任认定及赔偿情况说明；

(3) 涉及保险索赔的，应当有保险公司理赔情况说明。

企业固定资产当有确凿证据表明已形成财产损失，应扣除变价收入、可收回金额以及责任和保险赔款后，再确认发生的财产损失。可收回金额可以由中介机构评估确定。

相关知识

◆ 固定资产后续支出的分类

固定资产后续支出可以分为资本化后续支出和费用化后续支出。

(1) 资本化后续支出是指为了改扩建或改良现有固定资产使其获利能力增强(如延长使用寿命、提高生产能力等)而发生的支出，计入固定资产账面价值。

(2) 费用化后续支出是指为了维护现有固定资产正常使用(不延长使用寿命、不提高生产能力等)而发生的支出，直接计入当期费用。

实例详解

【例 4-5】 A 企业于 2009 年建造一固定资产，合同价款 150 万元，2009 年 10 月完工投入使用。投入使用时，只取得符合规定的发票 80 万元。

【分析】

按照文件规定，A 企业可以于 2009 年 11 月按合同金额 150 万元计提折旧税前扣除，但必须在 12 个月内及时取得全部发票重新确定准确的计税依据。若不能及时取得，则只能按照已经取得的 80 万元发票金额计提折旧，并调整以前月份计提的折旧。若及时取得发票为 150 万元，则应重新按 150 万元追溯调整以前月份计提的折旧。

【例 4-6】 假设 2003 年 5 月 31 日，A 公司投入使用一条生产线，原价 120 000 元，估计净残值 5 000 元，预计使用 10 年。2009 年 5 月 31 日，公司决定对现有生产线进行扩建，以提高其生产能力。2009 年 6 月 1 日至 2009 年 8 月 31 日，经 3 个月的改扩建，完成了对这条生产线的改扩建工程，共发生支出 30 000 元，全部以银行存款支付。改扩建后，预计其使用年限延长了 2 年，估计净残值不变。该固定资产采用直线法计提折旧。为了简化计算，整个过程不考虑其他税费。

【分析】

(1) 2009 年 5 月 31 日固定资产转入改扩建时：

2003 年 6 月 1 日至 2009 年 5 月 31 日，公司每年提取的折旧金额分别为：

固定资产折旧＝(120 000－5 000)÷10＝11 500(元)

累计折旧金额＝11 500×6＝69 000(元)

将固定资产的净值转入“在建工程”时的会计处理为：

借：在建工程　　51 000

　　累计折旧　　69 000

　　贷：固定资产　　120 000

(2) 2009年6月1日至8月31日，固定资产后续支出发生时的会计处理为：

借：在建工程　　30 000

　　贷：银行存款　　30 000

(3) 2009年8月31日，生产线达到预定可使用状态时的会计处理为：

借：固定资产　　81 000

　　贷：在建工程　　81 000

(4) 2010年9月1日起，每年应计提的固定资产折旧为12 666元，2010年计提的固定资产折旧为9 500元。

计提固定资产折旧的会计处理为：

借：制造费用　　9 500

　　贷：累计折旧　　9 500

按新税法的规定，A公司的处理如下：2009年8月31日，计算的改扩建后的固定资产原价为150 000元。2003年6月1日至2009年5月31日累计提取折旧金额69 000元。2009年9月1日起，每年计提的固定资产折旧为12 666元。2008年计提的固定资产折旧为9 500元。

【例4-7】 A公司2008年12月购入一项固定资产，成本价5 000万元，预计使用10年，预计净残值为零。该企业按直线法计提折旧。2009年起，企业利润总额均为1 200万元，2011年年末该固定资产可收回金额为2 600万元。不考虑其他纳税调整事项。

【分析】

2011年，固定资产已提折旧＝500×3＝1 500(万元)

计税基础＝5 000－1 500＝3 500(万元)

固定资产减值＝3 500－2 600＝900(万元)

计提固定资产减值准备的会计处理如下：

借：资产减值损失　　9 000 000

　　贷：固定资产减值准备　　9 000 000

进行所得税会计处理时，该公司计提的固定资产减值准备不得在应纳税所得额中扣除，将其作为可抵扣暂时性差异在当期利润总额的基础上调增应纳税所得额，应纳税所得额为2 100万元，应交所得税为525万元。2011年年末，该固定资产的账面价值为2 600万元，计税基础为3 500万元，账面价值小于计税基础，产生可抵扣暂时性差异，确认递延所得税资产225万元。会计处理如下：

借：所得税费用　　7 500 000
　　递延所得税资产　　2 250 000
　　贷：应交税费——应交所得税　　5 250 000

【例4-8】 2009年年末盘点，A公司盘亏一批运输卡车，原价200万元，已提折旧60万元，经董事会决议，由过失人赔偿100万元。

【分析】

(1) 转销盘亏资产：

借：待处理财产损溢——待处理固定资产损溢　　1 400 000
　　累计折旧　　600 000
　　贷：固定资产　　2 000 000

(2) 收到过失人的赔款：

借：银行存款　　1 000 000
　　贷：待处理财产损溢——待处理固定资产损溢　　1 000 000

(3) 结转净损失：

借：营业外支出——固定资产盘亏　　400 000
　　贷：待处理财产损溢——待处理固定资产损溢　　400 000

实战训练

一、单项选择题

1. 企业建造办公大楼领用生产用原材料时，相关的增值税应借记的会计科目是(　　)。

A. 管理费用　　B. 在建工程
C. 生产成本　　D. 其他业务支出

2. 下列各项，不应计提固定资产折旧的是(　　)。

A. 季节性停用的大型设备
B. 以融资租赁方式租入的大型设备
C. 已提足折旧仍在使用的大型设备
D. 以经营租赁方式租出的大型设备

3. 甲公司为增值税一般纳税人，采用自营方式建造一条生产线，实际领用工程物资351万元(含增值税)。另外领用本公司所生产的产品一批，账面价值为360万元，该产品适用的增值税税率为17%，计税价格为390万元；发生的在建工程人员应付职工薪酬为222.3万元，假定该生产线已达到预定可使用状态；不考虑除增值税以外的其他相关税费。该生产线的入账价值为(　　)万元。

A. 999.6　　B. 933.3

C. 972.3　　D. 1029.6

4. 某企业对账面原价为100万元，累计折旧为60万元的某一固定资产进行清理。清理时发生清理费用5万元，清理收入为80万元(按5%的营业税率缴纳营业税，其他税费略)，该固定资产清理净收入为(　　)万元。

A. 41　　B. 35

C. 45　　D. 31

5. 某企业购入一台需要安装的设备，取得的增值税发票上注明的设备买价为50000元，增值税为8500元，支付的运输费为1500元，设备安装时领用工程用材料1000元(不含税)，购进材料的增值税为170元，设备安装时支付有关人员工资2000元。该固定资产的成本为(　　)元。

A. 63170　　B. 63000

C. 60000　　D. 61170

二、多项选择题

1. 根据企业所得税法规定，应当提取折旧的固定资产有(　　)。

A. 未使用的房屋、建筑物

B. 季节性停用和修理停用的机器设备

C. 单独估价作为固定资产入账的土地

D. 以融资租赁方式租出的固定资产

2. 下列经济业务应计入固定资产价值的有(　　)。

A. 经营租入固定资产改良支出

B. 在建工程领用本企业产品应交的消费税

C. 在建工程领用原材料应交的增值税

D. 在建工程达到预定可使用状态前发生的借款汇兑差额

3. 下列关于税务会计与财务会计区别的论述，正确的有(　　)。

A. 服务主体不同　　B. 核算目的不同

C. 核算范围不同　　D. 核算依据不同

4. 按照现行规定,纳税人销售自己使用过的固定资产,凡同时具备以下(　　)条件,免征增值税。

A. 属于企业固定资产目录所列货物

B. 企业按固定资产管理,并确已使用过的货物

C. 销售价格不超过其原值的货物

D. 不包括游艇、摩托车和应征消费税的汽车

5. 一般纳税企业交的增值税,在"应交税金"不征收增值税账户下设置(　　)两个明细账进行核算。

A. 应交增值税　　　　B. 已交增值税

C. 未交增值税　　　　D. 多交增值税

三、判断题

1. 企业在购入固定资产时,专用发票上列示的增值税可以从企业的销项税中抵扣。(　　)

2. 单位将固定资产无偿赠送他人,不属于销售固定资产行为,因此,不缴纳营业税。(　　)

3. 企业为取得固定资产而交纳的契税,应计入固定资产入账价值。(　　)

4. 企业对不符合固定资产初始确认条件的后续支出,应在发生时计入当期损益。(　　)

5. 固定资产折旧方法变更应作为会计政策变更进行会计处理。(　　)

6. 由于技术进步,产品更新换代较快的固定资产,《企业所得税法》允许采取缩短折旧年限或者采取加速折旧的方法计提折旧。(　　)

四、问答题

1. 某机械制造厂(一般纳税人)某月份对外销售货物,销售数量2000件单价800;另将上述同类产品100件用于本厂职工福利。同期外购材料,取得专用发票注明价款100万元,支付税款17万元,另外购固定资产,取得专用发票注明价款200万元,支付税金34万元,请计算该厂应纳增值税税额。(税率17%)

2. 某工业企业(增值税一般纳税人)主要生产销售各种型号发电机组。该企业2009年9月份发生以下经济业务。

(1) 本月发出7月份以预收货款方式销售给某机电设备销售公司的发电机组3台,每台不含税售价30 000元。另向购买方收取装卸费3 510元。

(2) 企业采取分期收款方式销售给某单位大型发电机组 1 台，开具普通发票，金额为 245 700 元。合同规定 9 月、10 月、11 月三个月每月付款 18 900 元。

(3) 委托某商场代销 10 台小型发电机组，协议规定，商场按每台含税售价 2.5 万元对外销售，并按该价格与企业结算。手续费按每台 500 元计算，在结算货款时抵扣。产品已发给商场，商场本月无销售。

(4) 为本企业专门自制发电机组一台，本月移送并开始安装。该设备账面成本为 35 000 元，无同类型产品销售价。

(5) 外购原材料一批，增值税专用发票上注明的进项税额为 6 800 元，货款已经支付，材料尚未到达。

(6) 进口原材料一批，关税完税价折合人民币 120 000 元，假设进口关税税率 50%。另从报关地运到企业，支付运费 5 000 元、建设基金 100 元，装卸费 500 元，取得运费发票。原材料已验收入库。

假设该企业上期无留抵税款，试分析上述经济业务并计算本月应纳增值税额。

第5章

无形资产财税处理差异及调整

5.1 无形资产界定与确认的财税差异

要 点

《企业会计准则第 6 号——无形资产》,是为了规范无形资产的确认、计量和相关信息的披露。无形资产是指企业拥有或者控制的没有实物形态的可辨认非货币性资产。无形资产主要包括:专利权、非专利技术、商标权、著作权、土地使用权、特许权等。本节主要介绍无形资产的确认以及无形资产界定与确认的财税差异。

解 释

◆ **无形资产的确认**

资产满足下列条件之一的,符合无形资产定义中的可辨认性标准。

(1) 能够从企业中分离或者划分出来,并能单独或者与相关合同、资产或负债一起,用于出售、转移、授予许可、租赁或者交换。

(2) 源自合同性权利或其他法定权利,无论这些权利是否可以从企业或其他权利和义务中转移或者分离。

同时满足下列条件的无形资产,才能予以确认。

(1) 符合无形资产的定义。

(2) 与该无形资产有关的经济利益很可能流入企业。

(3) 该资产的成本能够可靠地计量。

企业在判断无形资产产生的经济利益是否很可能流入时,应对无形资产在预计使用寿命内可能存在的各种经济因素做出合理估计,并且应当有明确证据支持。

企业无形项目的支出,除下列情形外,均应于发生时计入当期损益。

(1) 符合无形资产准则规定的确认条件、构成无形资产成本的部分。

(2) 非同一控制下企业合并中取得的、不能单独确认为无形资产、构成购买日确认的商誉的部分。

企业内部研究开发项目的支出，应当区分研究阶段支出与开发阶段支出，分别按《企业会计准则第 6 号——无形资产》处理。内部研究开发项目的开发阶段是指为获取并理解新的科学或技术知识而进行的独创性的有计划调查；开发是指在进行商业性生产或使用前，将研究成果或其他知识应用于某项计划或设计，以生产出新的或具有实质性改进的材料、装置、产品等。

企业内部研究开发项目研究阶段的支出，应当于发生时计入当期损益。

企业内部研究开发项目开发阶段的支出，能够同时符合以下条件时，应当确认为无形资产。

(1) 从技术上讲，完成该无形资产以使其能够使用或出售在技术上具有可行性。

(2) 具有完成该无形资产并使用或出售的意图。

(3) 无形资产产生经济利益的方式，包括能够证明运用该无形资产生产的产品存在市场或无形资产自身存在市场，无形资产将在内部使用的，应当证明其有用性。

(4) 有足够的技术、财务资源和其他资源支持，以完成该无形资产的开发，并有能力使用或出售该无形资产。

(5) 归属于该无形资产开发阶段的支出能够可靠地计量。

《企业所得税法》第十二条规定，在计算应纳税所得额时，企业按照规定计算的无形资产摊销费用，准予扣除。《企业所得税法实施条例》第六十五条规定，《企业所得税法》第十二条所称无形资产，是指企业为生产产品、提供劳务、出租或者经营管理而持有的、没有实物形态的非货币性长期资产，包括专利权、商标权、著作权、土地使用权、非专利技术、商誉等。

◆ 无形资产界定与确认的财税差异

在无形资产的界定与确认方面，《企业会计准则》与《企业所得税法》的规定主要有以下区别。

(1) 关于商誉

由于商誉的存在无法与企业自身分离，不具有可辨认性，故在会计处理上不作无形资产处理；企业自创商誉以及内部产生的品牌、报刊名等，也不能确认为无形资产。由于商誉属于没有实物形态的非货币性长期资产，故在税法中需作为无形资产处理。非同一控制下的企业合并产生的商誉，相当于税法中的外购商誉，在会计上以“商誉”单独确认，不列入无形资产。

(2) 关于土地使用权

在会计处理上，把已出租的土地使用权、持有并准备增值后转让的土地使用权，作为投资性房地产处理；在税务处理上，企业为了取得土地使用权而支付给国家或其他纳税人的土地出让价款、无偿取得的土地使用权，均作为无形资产处理。

(3) 关于计算机软件

在会计处理上，主要根据计算机软件的重要性来确定是否作为无形资产核算；在税务处理上，主要根据计算机软件是否单独计价来确定是否作为无形资产管理。一般来说，企业购买计算机应用软件，随计算机硬件一起购入的计入固定资产价值；单独购入的，作为无形资产管理。

相关知识

◆ 部分国外学者对于无形资产的解释

(1) 西德尼·戴维森的解释

1983年西德尼·戴维森在其主编的 *Handbook of Accounting* 一书中引用了于1927年出版的《会计学：它的原理与问题》中的一段话："无形资产的含义是指专利权、版权、秘密制作法和配方、商誉、专营权以及其他类似的财产。"

(2) 亨德里克森的解释

亨德里克森在1992年的新版《会计理论》一书中认为，企业的递延支出可以分为两类，其中用于购买财产的支出构成存货等实物资产的成本，用于购买服务的支出则形成无形资产。

(3) 巴鲁克·列弗的解释

巴鲁克·列弗(2001)认为，无形资产是一种对未来收益没有实物形态或非金融形态(股票或债券)的要求权。当这些要求权得到法律的保护后，就被称为知识产权，如专利权、商标权或著作权(版权)。

(4) 布莱尔和沃曼的解释

布莱尔和沃曼(2001)认为，无形资产是指企业商品生产或劳务提供中使用的非实物资产或企业控制的能够带来未来预期收益的非实物资产。

5.2　无形资产初始计量的财税处理差异及调整

要　点

无形资产初始计量在会计与税务上的差异主要体现在会计确认和会计计量上。本节主要介绍无形资产初始计量的会计处理以及无形资产初始计量的税务处理。

解　释

◆ **无形资产初始计量的会计处理**

在会计处理上，无形资产应按照成本进行初始计量。

(1) 外购无形资产的成本，包括购买价款、相关税费以及直接归属于使该项资产达到预定用途所发生的其他支出。购买无形资产的价款超过正常信用条件延期支付的，无形资产的成本为其等值现值价格。实际支付的价款与确认成本之间的差额，除按照《企业会计准则第 17 号——借款费用》应予资本化的以外，应当在信用期间内计入当期损益。

(2) 自行开发的无形资产，其成本包括自满足无形资产准则规定后至达到预定用途前所发生的支出总额，但是对于以前期间已经费用化的支出不再调整。

(3) 投资者投入无形资产的成本，应当按照投资合同或协议约定的价值确定，但合同或协议约定价值不公允的除外。

◆ **无形资产初始计量的税务处理**

在税务处理上，根据《企业所得税法实施条例》第六十六条规定，无形资产按照以下方法确定计税基础：

(1) 外购的无形资产，以购买价款和支付的相关税费以及直接归属于使该资产达到预定用途发生的其他支出为计税基础；

(2) 自行开发的无形资产，以开发过程中该资产符合资本化条件后至达到预定用途前发生的支出为计税基础；

(3) 通过捐赠、投资、非货币性资产交换、债务重组等方式取得的无形资产，以该资产的公允价值和支付的相关税费为计税基础。

实例详解

【例 5-1】 2009 年 1 月 1 日，A 公司的董事会批准研发某项新技术，该董事会认为，研发该项目具有可靠的技术和财务等资源的支持，且一旦研发成功，将会使该公司的生产成本降低。该公司在研究开发过程中发生材料费用 500 万元、人工费用 240 万元、使用其他无形资产的摊销费用 60 万元（会计摊销与税法扣除额一致）以及其他费用 200 万元，总计 1 000 万元，其中，符合资本化条件的支出为 440 万元。2009 年 12 月 31 日，该项新型技术已达到预定用途。

【分析】

(1) 发生研发支出：

借：研发支出——费用化支出	5 600 000	
——资本化支出	4 400 000	
贷：原材料		5 000 000
应付职工薪酬		2 400 000
银行存款		2 000 000
累计摊销		600 000

(2) 2009 年 12 月 31 日，该项新型技术已经达到预定用途：

借：管理费用	5 600 000	
无形资产	4 400 000	
贷：研发支出——费用化支出		5 600 000
——资本化支出		4 400 000

税务处理：本期费用化金额 560 万元，允许据实扣除，符合优惠条件的可加计扣除。无形资产的账面价值为 440 万元，而计税基础为 660 万元。此差异对所得税影响计入各年度所得税费用，而不通过“递延所得税资产”科目核算。

5.3 无形资产摊销的财税处理差异及调整

要 点

新会计准则规定，使用寿命有限的无形资产，其应摊销金额应当在使用寿命内系统合理摊销；使用寿命不确定的无形资产，不应摊销。本节将就无形资产摊销的财税处理差异及调整情况予以介绍。

解 释

◆ 无形资产摊销的财税处理差异及调整

会计准则规定,企业应当于取得无形资产时分析判断其使用寿命。无形资产的使用寿命为有限的,应当估计该使用寿命的年限或者构成使用寿命的产量等类似计量单位数量;无法预见无形资产为企业带来经济利益期限的,应当视为使用寿命不确定的无形资产,使用寿命不确定的无形资产不得摊销。使用寿命有限的无形资产,其应摊销金额应当在使用寿命内系统合理摊销。企业摊销无形资产,应当自无形资产可供使用时起,至不再作为无形资产确认时止。企业选择的无形资产摊销方法,应当反映与该项无形资产有关的经济利益的预期实现方式;无法可靠确定预期实现方式的,应当采用直线法摊销。

无形资产的摊销金额一般应当计入当期损益。某项无形资产包含的经济利益是通过所生产的产品或其他资产实现的,其摊销金额应计入相关资产的成本。无形资产的应摊销金额为其成本扣除预计残值后的金额。已计提减值准备的无形资产,还应扣除已计提的无形资产减值准备累计金额。使用寿命有限的无形资产,其残值应当视为零,但有下列情况的除外:

(1) 有第三方承诺在无形资产使用寿命结束时购买该无形资产;

(2) 可以根据活跃市场得到预计残值信息,并且该市场在无形资产使用寿命结束时很可能存在。

企业购入或以支付土地出让金的方式取得土地使用权,在尚未开发或建造自用项目之前,作为无形资产核算,并按照规定的期限分期摊销。房地产开发企业开发商品房时,应当将土地使用权的账面价值全部转入开发成本。企业因利用土地建造自用项目时,应将土地使用权的账面价值全部转入在建工程成本。

企业至少应于每年年度终了,对使用寿命有限的无形资产的使用寿命和摊销方法进行复核。无形资产的使用寿命和摊销方法与以前估计不同的,应改变摊销期限和摊销方法。企业应在每个会计期间对使用寿命不确定的无形资产的使用寿命进行复核,若有证据表明无形资产的使用寿命是有限的,则应估计其使用寿命并按准则规定处理。

《企业所得税法》第十二条规定,在计算应纳税所得额时,企业按照规定计算的无形资产摊销费用,准予扣除;下列无形资产不得计算摊销费用扣除:

(1) 自行开发的支出已在计算应纳税所得额时扣除的无形资产；

(2) 自创商誉；

(3) 与经营活动无关的无形资产；

(4) 其他不得计算摊销费用扣除的无形资产。

《企业所得税法实施条例》第六十七条规定，无形资产按照直线法计算的摊销费用，准予扣除；按照其他方法计算的摊销费用，则要进行纳税调整。无形资产的摊销方法和期限一经确定，不得随意变更。无形资产的摊销年限不得低于10年。作为投资或者受让的无形资产，有关法律规定或者合同约定了使用年限的，可以按照规定或者约定的使用年限分期摊销。外购商誉的支出，在企业整体转让或者清算时，准予扣除。

无形资产以其计税基础作为可摊销金额的，已计提减值准备的无形资产应进行纳税调整。税法不得扣除无形资产减值准备。企业接受投资或由于合并、分立等改组中接受的无形资产，只有当有关无形资产中隐含的增值或损失已在税收上确认，才能按照经评估确认的价值确定有关无形资产的计税基础；否则只能以无形资产在原企业账面的净值作为计税基础。

《企业所得税法》第三十条规定，企业的开发新技术、新产品、新工艺发生的研究开发费用，可以在计算应纳税所得额时加计扣除。《企业所得税法实施条例》第九十五条规定，《企业所得税法》第三十条第(一)项所称研究开发费用的加计扣除，是指企业为开发新技术、新产品、新工艺发生的研究开发费用，未形成无形资产计入当期损益的，在按照规定据实扣除的基础上，按照研究开发费用的50%加计扣除；形成无形资产的，按照无形资产成本的150%摊销。另外，按照《关于企业所得税若干优惠政策的通知》(财税[2008]1号)规定，企事业单位购进软件，凡符合固定资产或无形资产确认条件的，可以按照固定资产或无形资产进行核算，经主管税务机关核准，其折旧或摊销年限可适当缩短，最短可为2年。

相关知识

◆ 无形资产的内容

无形资产包括社会无形资产和自然无形资产

其中无形资产通常包括专利权、非专利技术、商标权、著作权、特许权、土地使用权等；自然无形资产包括不具实体物质形态的天然气等自然资源等。

(1) 专利权：是指国家专利主管机关依法授予发明创造专利申请人对其发明创造在法定期限内所享有的专有权利，包括发明专利权，实用新型专利权和外观设计专利权。

（2）非专利技术：也称专有技术，是指不为外界所知，在生产经营活动中应采用了的，不享有法律保护的，可以带来经济效益的各种技术和诀窍。

（3）商标权：是指专门在某类指定的商品或产品上使用特定的名称或图案的权利。

（4）著作权：制作者对其创作的文学、科学和艺术作品依法享有的某些特殊权利。

（5）特许权：又称经营特许权或专营权，指企业在某一地区经营或销售某种特定商品的权利或是一家企业接受另一家企业使用其商标、商号、技术秘密等的权利。

（6）土地使用权：指国家准许某企业在一定期间内对国有土地享有开发、利用、经营的权利。

实例详解

【例 5-2】 A 公司于 2010 年 3 月 1 日购买一批计算机硬件和软件，估计总价值 1 000 万元。预计计算机硬件使用年限为 5 年，软件受益年限为 2 年，无残值，假设税法规定的摊销年限与会计上一致。

【分析】

若软件未单独计价，则每年所得税税前扣除费用为 200 万元。若软件单独签订合同，价格为 500 万元，明确受益年限为 2 年。则第一年所得税税前扣除费用为 350 万元，第一年所得税影响为 37.5 万元，即可以依法推迟交纳所得税。

5.4　无形资产减值准备的财税处理差异及调整

要　点

无形资产减值准备是一种会计科目，即企业财务管理的一种记账科目。本节将主要介绍无形资产减值准备的财税处理差异以及已计提减值准备的无形资产处置的差异。

解　释

◆ **无形资产减值准备的财税处理差异**

会计准则要求计提的无形资产减值准备按要求计入计提当期的损

益；而税法规定，无形资产减值准备在计提当期不得在税前扣除，在所得税汇算时要调增应纳税所得额。

◆ 已计提减值准备的无形资产处置的差异

会计准则规定：企业处置已计提减值准备的各项资产，应按照会计制度及相关准则确定的处置损益计入当期损益，其计算公式如下：

处置资产计入利润总额的金额＝处置收入－［按会计规定确定的资产成本（或原价）－按会计规定计提的累计摊销（或累计摊销额）－处置资产已计提的减值准备余额］－处置过程中发生的按会计规定计入损益的相关税费（不含所得税）

税法规定，企业已提取减值、跌价或坏账准备的资产，若申报纳税时已经调增了应纳税所得额，转让处置有关资产而转回的减值准备企业可以进行纳税调整，即转回的准备部分不计入应纳税所得额，计算公式如下：

处置资产计入应纳税所得额的金额＝处置收入－［按税法规定确定的资产成本（或原价）－按税法规定计提的累计摊销（或累计摊销额）］－处置过程中发生的按税法规定可扣除的相关税费（不含所得税）

按会计制度及相关准则规定计算的在处置已计提减值准备的各项资产时计入利润总额的损益，与按照税法规定计算的应计入应纳税所得额之间的差额应按以下公式计算：

因处置已计提减值准备的各项资产产生的纳税调整金额＝处置资产计入应纳税所得额的金额－处置资产计入利润总额的金额

因处置已计提减值准备的各项资产而转回的资产减值准备，按税法规定可以纳税调整的部分，以及按会计制度和相关准则规定计提的摊销额与按照税法规定在计算应纳税所得额时允许扣除的摊销额的差额，其所得税费用的确认及其相关的纳税调整，应比照上述转回各项资产减值准备及因计提资产减值准备产生的摊销额的所得税影响的相关规定进行处理。

实例详解

【例 5-3】 假定 A 公司 2010 年 1 月购入一项专利技术，取得时成本为 3000 万元，估计使用寿命为 10 年。2010 年 12 月 31 日该技术发生减值，并提取减值准备 180 万元。该无形资产不考虑残值，采用直线法进行摊销。

【分析】

1. 2010 年的会计处理与税务处理

(1) 购入无形资产

借：无形资产 30 000 000

　　贷：银行存款 30 000 000

(2) 摊销无形资产

借：管理费用 3 000 000

　　贷：无形资产 3 000 000

(3) 提取减值准备

借：资产减值损失 1 800 000

　　贷：无形资产减值准备 1 800 000

购入无形资产时的入账价值为 3 000 万元，摊销无形资产费用 300 万元，年末无形资产账面价值为 2 520 万元，该项无形资产在 2010 年合计影响利润 480 万元，税法只允许扣除当年摊销的无形资产费用 300 万元，因此调增应纳税所得额 180 万元。

2. 2011 年的会计处理与税务处理

(1) 摊销无形资产

因 2010 年年末计提了无形资产减值准备，在无形资产剩余使用寿命 9 年内系统地分摊调整后的资产账面价值为 2 520 万元，每年应摊销 280 万元

借：管理费用 2 800 000

　　贷：无形资产 2 800 000

摊销无形资产费用 280 万元，年末无形资产账面价值为 2240 万元，该项无形资产在 2011 年影响利润 280 万元，税法不考虑计提无形资产减值准备对无形资产摊销的影响，允许按照无形资产的历史成本扣除无形资产摊销费用 300 万元，因此可调减应纳税所得额 20 万元。

(2) 提取减值准备

因无形资产减值损失确认后不得转回，如果公司一直拥有该项专利技术，则在 2012—2019 年每年应调减应纳税所得额 20 万元。即 2011—2019 年这 9 年共计调减应纳税所得额 180 万元，等于 2010 年年末计提的无形资产减值准备。

5.5 无形资产处置及报废的财税处理差异及调整

要 点

无形资产的处置和报废，主要是指无形资产对外出租、出售，或者是无法为企业带来未来经济利益时，应予转销并终止确认。本节主要介绍无形资产处置及报废的财税处理差异及调整。

解 释

◆ **无形资产处置及报废的财税处理差异及调整**

在会计处理上，企业出售无形资产，应当将取得的价款与该无形资产账面价值的差额计入当期损益。无形资产预期不能为企业带来经济利益的，应当将该无形资产的账面价值予以转销。

在税务处理上，企业出售、转让无形资产，应当按照《企业所得税法》第六条规定的转让财产收入，再按第十六条规定，在计算应纳税所得额时，可以扣除该项资产的净值和转让费用。根据《企业所得税法实施条例》第七十四条规定，《企业所得税法》第十六条所称资产的净值和第十九条所称财产净值，是指有关资产、财产的计税基础减除已经按照规定扣除的折旧、折耗、摊销、准备金等后的余额。企业无形资产的对外投资、债务重组、分配股利和捐赠等，都要视同销售。

实例详解

【例 5-4】 A 公司于 2005 年 1 月 1 日拥有的某项专利权的成本为 1 000 万元，计税基础与会计成本一致，会计与税法均按 10 年摊销。2009 年年末累计摊销金额为 500 万元，通过减值测试计提减值准备为 80 万元。该公司于 2010 年 1 月出售该专利权，取得出售收入 400 万元。营业税税率为 5%，不考虑其他税费。

【分析】

(1) A 公司的账务处理如下

借：银行存款	4 000 000
累计摊销	5 000 000
无形资产减值准备	800 000

营业外支出——处置非流动资产损失　　400 000

贷：无形资产　　10 000 000

应交税费——应交营业税　　200 000

（2）税务处理

2009 年计提减值准备应调增所得 80 万元。

2010 年处置该项无形资产时，

账面价值＝初始计量－累计摊销－无形资产减值准备

＝1 000－500－80＝420(万元)

计税基础净值＝初始计税基础－已扣除的摊销额

＝1 000－500＝500(元)

处置非流动资产损益＝转让收入－账面价值－相关税费

＝400－420－20＝－40(万元)

资产转让所得(或损失)＝转让收入－计税基础净值－相关税费

＝400－500－20＝－120(万元)

因此，应调减所得额 80 万元。

递延所得税资产：

2009 年递延所得税资产为 80×25％＝20(万元)。

2010 年递延所得税资产为 80×25％＝20(万元)。

【例 5-5】 2009 年 12 月 31 日，A 企业某项专利权摊销的账面原价 500 万元。该专利权的摊销期限为 10 年。无形资产初始计量与计税基础相同，会计与税法的摊销期相同，采用直线法进行摊销，已摊销 5 年。该专利权的残值为零，已累计计提值准备 150 万元。假定以该专利权生产的产品已没有市场，预期不能再为企业带来经济利益。

【分析】

（1）假定不考虑其他因素，甲企业的账务处理如下：

借：累计摊销　　2 500 000

无形资产减值准备　　1 500 000

营业外支出——处置非流动资产损失　　1 000 000

贷：无形资产——专利权　　5 000 000

（2）税务处理：

企业应按无形资产计税基础净值作为财产损失申报扣除。

无形资产净值＝初始计税基础－已扣除的累计摊销额＝500－250＝250(元)

会计处置损失 100 万元，还需调减 150 万元。计提减值准备时形成的可抵扣暂时性差异在处置无形资产时得到转回。

实战训练

一、单项选择题

1. 企业的各项资产，包括固定资产、生物资产、无形资产、长期待摊费用、投资资产、存货等，以(　　)为计税基础。

A. 账面净值　　B. 公允价值

C. 历史成本　　D. 重置价值

2. 甲企业于2009年1月购入一项无形资产A，入账价值为150万元，会计上采用直线法分10年进行摊销，税法规定采用年数总和法按5年进行摊销。假设该无形资产当期未计提减值准备，预计净残值均为0。2009年年末无形资产A的计税基础为(　　)万元。

A. 135　　B. 100

C. 150　　D. 120

3. 企业的开发新技术、新产品、新工艺发生的研究开发费用可以在计算应纳税所得额时加计扣除，形成无形资产的，按照无形资产成本的(　　)摊销。

A. 50%　　B. 150%

C. 100%　　D. 200%

4. 无形资产确认条件中，不包括(　　)。

A. 符合无形资产定义

B. 与资产相关的经济利益能够流入企业

C. 必须是外购获得的

D. 该无形资产的成本能够可靠计量

5. 接受投资者投入的无形资产入账价值应是(　　)。

A. 同类无形资产的价值

B. 该无形资产可能带来的未来现金流量之和

C. 投资者无形资产账面价值

D. 投资合同或协议约定的价值

二、多项选择题

1. 下列各项中企业应确认为无形资产的有(　　)。

A. 吸收投资取得的土地使用权

B. 因转让土地使用权补交的土地出让金

C. 由于技术先进掌握了生产诀窍而形成的商誉

D. 企业的研究开发过程中的研究费用

2. 下列无形资产不得计算摊销费用扣除的有(　　)。

A. 自行开发的支出已在计算应纳税所得额时扣除的无形资产

B. 自创商誉

C. 与经营活动无关的无形资产

D. 其他不得计算摊销费用扣除的无形资产

3. 在发生的下列交易或事项中,会产生应纳税暂时性差异的有(　　)。

A. 企业购入固定资产,会计采用直线法计提折旧,税法规定采用年数总和法计提折旧

B. 企业购入交易性金融资产,购入当期期末公允价值小于其初始确认金额

C. 企业购入无形资产,作为使用寿命不确定的无形资产进行核算,期末没有计提减值准备

D. 企业购入可供出售金融资产,购入当期期末公允价值大于初始确认金额

4. 有关无形资产,下列说法正确的有(　　)。

A. 无形资产的摊销年限不得超过 10 年

B. 投资合同约定了无形资产使用年限的,可以按约定的使用年限分期摊销

C. 外购商誉的支出,可以扣除

D. 无形资产是没有实物形态的非货币性资产

5. 下列关于资产的税务处理说法中,错误的是(　　)。

A. 固定资产的计价,应以原价为准,即以制造、建造过程中所发生的实际支出为原价

B. 固定资产折旧只应当采用直线法计算

C. 企业的商品、产成品、在产品、半成品和原料、材料等存货的计价,应以成本价为准

D. 作为投资或者受让的无形资产,在协议、合同中规定使用年限的,可以按照该使用年限分期摊销;没有规定使用年限的,或者自行开发的无形资产,摊销期限不得少于 5 年

三、判断题

1. 新营业税暂行条例及其实施细则规定,纳税人按照规定可扣除的有关项目,应当取得合法有效凭证。纳税人支付给境外单位或者个人的

款项，以该单位或者个人的签收单据为合法有效凭证，税务机关对签收单据有疑义的，可以要求其提供境内公证机构的确认证明。(　　)

2. 可抵扣暂时性差异在未来期间转回时会减少转回期间的应纳税所得额，减少未来期间的应交所得税；应纳税暂时性差异在未来期间转回时会增加转回期间的应纳税所得额，增加未来期间的应交所得税金额。(　　)

3. 企业内部研发形成的无形资产，在初始确认时账面价值和计税基础之间存在差异，企业应确认相应的递延所得税。(　　)

4. 甲公司于2007年初自行开发研究一项无形资产，开发阶段发生支出150万元，按规定全部可以资本化，该项无形资产于2007年11月30日达到预定用途。则2007年末该项无形资产的计税基础为0。(　　)

5. 企业转让其他无形资产的，其应纳税款以受让者为扣缴义务人。(　　)

四、问答题

1. 什么叫无形资产？它有哪些特征？

2. 税法规定不得计算摊销费用扣除的无形资产包括哪些？

3. 无形资产主要包括哪些内容？

第6章

长期股权投资财税处理差异及调整

6.1 长期股权投资初始计量的财税处理差异及调整

要 点

长期股权投资的会计处理与税务处理差异较大，本节主要介绍长期股权投资初始计量的财税处理差异及调整，其包括：企业合并形成的长期股权投资以及除企业合并形成的长期股权投资以外的其他方式取得的长期股权投资。

解 释

◆ 企业合并形成的长期股权投资

在会计处理上，同一控制下的企业合并，合并方以支付现金、转让非现金资产或承担债务方式作为合并对价的，应当在合并日按照取得被合并方所有者权益账面价值的份额作为长期股权投资的初始投资成本。长期股权投资初始投资成本与支付的现金、转让的非现金资产以及所承担债务账面价值之间的差额，应当调整资本公积；资本公积不足冲减的，调整留存收益。

合并方以发行权益性证券作为合并对价的，应当在合并日按照取得被合并方所有者权益账面价值的份额作为长期股权投资的初始投资成本。按照发行股份的面值总额作为股本，长期股权投资初始投资成本与所发行股份面值总额之间的差额，应当调整资本公积；资本公积不足冲减的，调整留存收益。

非同一控制下的企业合并，购买方在购买日应当按照《企业会计准则第 20 号——企业合并》确定的合并成本作为长期股权投资的初始投资成本。企业合并成本包括购买方付出的资产、发生或承担的负债、发行的权益性证券的公允价值及为进行企业合并发生的各项直接相关费用之和。

税务处理不区分同一控制下的企业合并和非同一控制下的企业合并

对计税基础分别规定。但是，同一控制下的企业合并属于关联方之间的业务往来，按《企业所得税法》第四十一条规定，企业与其关联方之间的业务往来，不符合独立交易原则而减少企业或者其关联方应纳税收入或者所得额的，税务机关有权按照合理方法调整。

◆ 除企业合并形成的长期股权投资以外的其他方式取得的长期股权投资

在会计处理上，以支付现金取得的长期股权投资，应当按照实际支付的购买价款作为初始投资成本。初始投资成本包括与取得长期股权投资直接相关的费用、税金及其他必要支出；以发行权益性证券取得的长期股权投资，应当按照发行权益性证券的公允价值作为初始投资成本；投资者投入的长期股权投资，应当按照投资合同或协议约定的价值作为初始投资成本，但合同或协议约定价值不公允的除外。

在税务处理上，长期股权投资按照企业发生的实际支出作为计税基础。以支付现金取得的长期股权投资，按照实际支付的购买价款作为计税基础；以发行权益性证券取得的、投资者投入的，或是接受捐赠等取得的长期股权投资，按照该投资资产的公允价值和应支付的相关税费作为计税基础。

相关知识

◆ 长期股权投资的概念

《企业会计准则第 2 号——长期股权投资》主要是为了规范初始投资成本的确定、持有期间的后续计量以及处置损益的结转等几个方面的问题。

企业的长期股权投资，主要包括以下内容：

（1）企业持有的能够对被投资单位实施控制的权益性投资，即对子公司投资；

（2）企业持有的能够与其他合营方一同对被投资单位实施共同控制的权益性投资，即对合营企业投资；

（3）企业持有的能够对被投资单位施加重大影响的权益性投资，即对联营企业投资；

（4）企业对被投资单位不具有控制、共同控制或重大影响，且在活跃市场中没有报价、公允价值不能可靠计量的权益性投资。

《企业所得税法》第十四条提出了投资资产的概念，其内涵包含长期股权投资。《企业所得税法实施条例》第七十一条规定,《企业所得税法》第十四条所称投资资产,是指企业对外进行权益性投资和债权性投资形成的资产。企业所得税主要是为了规定长期股权投资的计税基础、扣除、纳税调整及损失的税务处理问题。

实例详解

【例 6-1】 2010 年 3 月 31 日,A 公司向同一集团内的 B 公司的原股东 C 公司定向增发 1 000 万股普通股(每股面值 1 元,市价 8.65 元),取得 B 公司 100%的股权,并于当日起能对 B 公司实施控制。合并后 B 公司仍维持其独立法人资格继续经营。两公司在企业合并前采用的会计政策相同。合并日,B 公司所有者权益的总额为 4 360 万元。合并日 A 公司确认对 B 公司的长期股权投资,其成本为合并日享有 B 公司账面所有者权益的份额。

【分析】

A 公司的会计处理如下

借:长期股权投资——B 公司　　43 600 000

　　贷:股本——C 公司　　10 000 000

　　　　资本公积——股本溢价　　33 600 000

长期股权投资会计成本为 4 360 万元,而计税成本按照发行权益性证券的公允价值 8 650 万元确定。

6.2 长期股权投资后续计量的财税处理差异

要　点

长期股权投资在持有期间,其后续计量主要采用成本法和权益法,在条件变化时,计量方法可能会随着改变。本节主要介绍成本法下长期股权投资后续计量的差异;权益法下长期股权投资后续计量的差异以及长期股权投资会计处理方法转换的税务处理。

解　释

◆ **成本法下长期股权投资后续计量的差异**

在按长期股权投资准则核算的权益性投资中,应采用成本法核算的有以下两类。

(1) 投资企业能够对被投资单位实施控制的长期股权投资，被投资单位为其子公司。

(2) 投资企业对被投资单位不具有共同控制或重大影响，并且在活跃市场中没有报价、公允价值不能可靠计量的长期股权投资。

会计处理上，采用成本法核算的长期股权投资应当按照初始投资成本计价。追加或收回投资应当调整长期股权投资的成本。被投资企业在宣告分派现金股利或利润时，确认为当期投资收益。

税务处理上，投资企业确认《企业所得税法》第六条规定，股息、红利等权益性投资收益，不限于被投资企业接受投资后产生的累积净利润的分配额；所获得的利润或现金股利超过上述数额的部分不作为初始投资成本的收回，即被投资企业宣告分派的现金股利或利润，无论是投资前产生的，还是投资后产生的，从被投资方的累计净利润(包括累计未分配利润和盈余公积)中取得的任何分配支付额，不论任何形式均应确认为当期股息、红利等权益性投资收益。股息、红利等权益性投资收益应按照被投资方做出利润分配决定的日期确认收入的实现。符合条件的居民企业间的股息、红利等权益性投资收益，即居民企业直接投资于其他居民企业取得的投资收益为免税收入。在中国境内设立机构、场所的非居民企业从居民企业取得同该机构、场所有实际联系的股息、红利等权益性投资收益为免税收入，但这并不包括连续持有居民企业公开发行并上市流通的股票不足12个月取得的投资收益。企业对外投资期间，除追加或收回投资应当调整长期股权投资的计税基础外，长期股权投资的计税基础保持不变。

◆ 权益法下长期股权投资后续计量的差异

投资企业对被投资企业具有共同控制或重大影响的长期股权投资，应当按照《企业会计准则第2号——长期股权投资》第九条至第十三条规定，应当采用权益法核算。

1. 会计处理

(1) 长期股权投资的初始投资成本大于投资时应享有被投资企业可辨认净资产公允价值份额的，不调整长期股权投资的初始投资成本；长期股权投资的初始投资成本小于投资时应享有被投资企业可辨认净资产公允价值份额的，其差额应当计入当期损益，同时调整长期股权投资的成本。

(2) 投资企业取得长期股权投资后，应当按照应享有或应分担的被投资企业实现的净损益的份额，确认投资损益并调整长期股权投资的账面价值。投资企业按照被投资企业宣告分派的利润或现金股利计算应分得的部分，相应减少长期股权投资的账面价值。

(3) 投资企业确认被投资企业发生的净亏损，应当以长期股权投资的账面价值以及其他实质上构成对被投资企业净投资的长期权益减记至零为限，投资企业负有承担额外损失义务的除外。被投资企业以后实现净利润的，投资企业在其收益分享额弥补未确认的亏损分担额后，恢复确认收益分享额。

(4) 投资企业在确认应享有被投资企业净损益的份额时，应当以取得投资时被投资企业各项可辨认资产等的公允价值为基础，对被投资企业的净利润进行调整后确认。被投资企业采用的会计政策及会计期间与投资企业不一致的，应当按照投资企业的会计政策及会计期间对被投资企业的财务报表进行调整，并据以确认投资损益。

(5) 投资企业对于被投资企业除净损益以外所有者权益的其他变动，应当调整长期股权投资的账面价值并计入所有者权益。

2. 税务处理

(1) 长期股权投资的初始投资成本无论大于还是小于投资时应享有被投资企业可辨认净资产公允价值份额的，均不调整长期股权投资的计税基础。长期股权投资的初始投资成本小于投资时，应享有被投资企业可辨认净资产公允价值份额的，其差额也不应计入当期损益。会计上计入当期损益的，在计算应纳税所得额时应当进行纳税调整。

(2) 投资企业取得长期股权投资后，已经按照应享有或应分担的被投资企业实现的净损益份额确认投资损益并调整长期股权投资账面价值的，在计算应纳税所得额时需进行纳税调整。投资企业按被投资企业宣告分派的利润或现金股利计算应分得部分，不应减少长期股权投资的计税基础。

(3) 投资企业不能确认被投资企业发生的净亏损，被投资企业发生的净亏损只能由被投资企业以后年度的所得弥补。《企业所得税法》第十八条规定，企业纳税年度发生的亏损，准予向以后年度结转，用以后年度的所得弥补，但结转年限最长不得超过五年。企业对外投资期间，长期股权投资的计税基础应保持不变。投资企业确认了被投资企业发生的净损失，应当按照税法规定进行纳税调整。

(4) 投资企业从被投资企业的累计净利润(包括累计未分配利润和盈余公积)中取得的任何分配支付额在被投资企业宣告分派现金股利或

利润时，应确认为当期股息、红利等权益性投资收益。股息、红利等权益性投资收益应以被投资企业做出利润分配决定的时间来确认收入的实现。投资企业按权益法调整长期股权投资的账面价值和投资损益，应当按照税法规定进行纳税调整。《企业所得税法》第二十六条规定，符合条件的居民企业之间的股息、红利等权益性投资收益，在中国境内设立机构、场所的非居民企业从居民企业取得与该机构、场所有实际联系的股息、红利收入，为免税收入，不计入企业应纳税所得额征税。

(5) 国家税务总局《关于贯彻落实企业所得税法若干税收问题的通知》(国税函[2010]79 号)规定，企业权益性投资取得股息、红利等收入，应以被投资企业股东会或股东大会做出利润分配或转股决定的日期，确定收入的实现。被投资企业将股权(票)溢价所形成的资本公积转为股本的，不作为投资方企业的股息、红利收入，投资方企业也不得增加该项长期投资的计税基础。

(6) 根据相关税收规定，被投资企业宣告分派非货币形式，也应确认收益，进行纳税调整。

◆ 长期股权投资会计处理方法转换的税务处理

长期股权投资会计处理方法的转换主要涉及长期股权投资成本、留存收益、投资收益及营业外收入的会计处理。会计处理方法的转换，既不确认所得，又不确认损失。企业将本期计入损益的金额做纳税调整，同时调整长期股权投资的计税基础。

调整后的长期股权投资计税基础＝初始投资计税基础＋本期追加投资计税基础－本期处置股权的计税基础

其中：

本期处置股权的计税基础＝初始投资计税基础×本期处置的被投资单位股权比例÷处置前持有的被投资单位股权比例

初始投资计税基础和本期追加投资计税基础都是取得该项投资实际付出的全部代价。全部代价包括现金、非现金资产公允价、所承担债务的公允价、所发行权益性证券的公允价及支付的相关税费(不含企业所得税)；全部代价不包括被投资单位收取的已宣告但尚未发放的现金股利或利润。

调整后的长期股权投资计税基础就是以后期间处置该项股权允许在税前扣除的计税基础。

实例详解

【例 6-2】 (1) 2009 年 1 月 1 日，A 公司以 1 500 万元取得 B 公司 20%的股份，并准备长期持有，A 公司对 B 公司不具有共同控制和重大影响，且该项投资在活跃市场上没有报价、公允价值不能可靠计量。

(2) 2009 年 4 月 1 日，B 公司宣告发放 2008 年度现金股利 380 万元。

(3) 2009 年度，B 公司实现净利润 450 万元，2010 年 4 月 1 日，B 公司宣告发放 2009 年度现金股利 260 万元。

(4) 2010 年度，B 公司实现净利润 650 万元，2011 年 4 月 1 日，B 公司以盈余公积 650 万元转增股本。

(5) 2011 年 6 月 1 日，A 公司将 B 公司股权全部转让，取得 2400 万元。

【分析】

(1) A 公司取得长期股权投资

借：长期股权投资——B 公司　　15 000 000

　　贷：银行存款　　15 000 000

长期股权投资的账面价值与计税基础相等。

(2) B 公司宣告发放的这部分股利

借：应收股利——B 公司　　760 000

　　贷：投资收益　　760 000

税务处理：

A 公司应确认股权投资的持有收益(股息所得)76 万元；同时，附表 5“税收优惠明细表”第 3 行填 76 万，再填附表 3“纳税调整项目明细表”第 15 行“免税收入”调减金额填 76 万。

(3) B 公司在 2010 年分配上年股利

借：应收股利——B 公司　　520 000

　　贷：投资收益　　520 000

税务处理：

B 公司分派现金股利时，A 公司按照税法规定应当确认股息性所得 52 万元，同时，附表 5“税收优惠明细表”第 3 行填 52 万，再填附表 3“纳税调整项目明细表”第 15 行“免税收入”调减金额填 52 万。

(4) A 公司不作账务处理。

税务处理：

根据税法规定，以盈余公积转增股本，应分解为收到现金股利和追加投资两笔业务进行税务处理。

A公司应确认股息性所得130万元，即应当调增2011年度应纳税所得额130万元。A公司该项长期股权投资的账面价值仍为1500万元，计税基础为1630万元。

借：递延所得税资产　　325 000

　　贷：所得税费用　　325 000

(5) 会计：A公司应确认投资转让所得900万元

借：银行存款　　24 000 000

　　贷：长期股权投资——B公司　　15 000 000

　　　　投资收益　　9 000 000

税务处理：

该项股权投资的计税基础为1630万元，按照税法规定应确认投资转让所得770万元，因此A公司应当调减2011年度应纳税所得额130万元。

至此，A公司长期股权投资持有期间发生的暂时性差异全部转回

借：所得税费用　　325 000

　　贷：递延所得税资产　　325 000

【例6-3】 A公司于2009年12月31日购入B公司20%的股份，购买价款为1000万元，并对B公司产生重大影响。取得投资日B公司资产、负债的公允价值与其账面价值相同。

2010年，B公司全年实现净利润为3000万元。假设，B公司的所得税率为15%，A公司的所得税率为25%。

【分析】

A公司的会计处理如下：

确认投资收益＝3000×20%＝600(万元)

借：长期股权投资　　6 000 000

　　贷：投资收益　　6 000 000

6.3 长期股权投资减值准备的财税处理差异及调整

要　点

长期股权投资减值准备会计处理和税务处理也同样存在着差异，本节将主要介绍长期股权投资减值准备的会计处理；长期股权投资减值准备的税务处理以及长期股权投资减值准备的财税处理差异。

解 释

◆ 长期股权投资减值准备的会计处理

企业对长期股权投资账面价值应定期或至少每年年度终了时逐项进行检查。若因市价持续下跌或被投资单位经营状况发生变化等原因，导致长期股权投资可收回金额低于其账面价值时，应计提减值准备。

◆ 长期股权投资减值准备的税务处理

长期股权投资期末计价以成本法为计税基础，长期股权投资减值准备不允许在当期的应纳税所得额中予以扣除，形成可抵减的暂时性差异。

◆ 长期股权投资减值准备的财税处理差异

在适用的税率发生变化时，对已确认的递延所得税资产及递延所得税负债需重新计量，并将税率变动的影响数计入当期所得税费用中。在长期股权投资计提减值准备后，因税法上长期股权投资减值准备不得在当期的应纳税所得额中予以扣除，故而导致长期股权投资的账面价值小于税法上的计税基础，形成可抵减的暂时性差异。

用税法上规定的计税基础乘以所得税税率计算当期应缴纳的企业所得税；同时对暂时性差异产生的所得税影响额作为对所得税费用的调整。

实例详解

【例 6-4】 A 公司长期股权投资在 2010 年 12 月 31 日的账面价值为 5 000 万元，经减值测试可收回金额为 4 000 万元。

【分析】

A 公司的会计处理如下：

资产减值损失＝5 000－4 000＝1 000(万元)

借：资产减值损失　　10 000 000

　　贷：长期股权投资减值准备　　10 000 000

递延所得税资产＝1 000×25％＝250(万元)

借：递延所得税资产　　2 500 000

　　贷：所得税费用　　2 500 000

实战训练

一、单项选择题

1. 在企业会计实务中,下列事项不能够引起资产总额增加的是( )。

A. 分配生产工人职工薪酬

B. 转让交易性金融资产发生净收益

C. 计提未到期持有至到期投资的利息

D. 长期股权投资权益法下实际收到的现金股利

2. 税制要素中,区分税种的根本标志是( )。

A. 税率　　B. 税基

C. 税源　　D. 税目

3. 企业取得长期股权投资,实际支付的价款或对价中包含的已宣告但尚未发放的现金股利或利润,应计入( )。

A. 投资收益　　B. 应收股利

C. 财务费用　　D. 长期股权投资

4. 根据《企业会计准则——长期股权投资》,长期股权投资的初始投资成本小于投资时应享有被投资单位可辨认净资产公允价值份额的差额计入( )科目核算。

A. 长期股权投资——股权投资差额

B. 营业外收入

C. 资本公积——其他资本公积

D. 不进行处理

5. 长期股权投资采用权益法核算初始成本小于应享有被投资单位可辩认净资产公允价值份额的计入( )。

A. 投资收益　　B. 营业外收入

C. 商誉　　D. 营业外支出

二、多项选择题

1. 按长期股权投资会计准则规定,下列事项中,投资企业应采用成本法核算的有( )。

A. 投资企业能够对被投资单位实施控制的长期股权投资

B. 投资企业对被投资单位不具有共同控制或者重大影响,并且在活跃市场中没有报价、公允价值不能可靠计量的长期股权投资

C. 投资企业对被投资单位不具有共同控制或者重大影响,但在活跃市场中有报价、公允价值能够可靠计量的长期股权投资

D. 投资企业对被投资单位具有共同控制的长期股权投资

2. 下列有关资产计税基础的判定中，正确的有（　　）。

A. 某交易性金融资产，取得成本为100万元，该时点的计税基础为100万元，会计期末公允价值变为90万元，会计确认账面价值为90万元，税法规定的计税基础保持不变，仍为100万元

B. 一项按照成本法核算的长期股权投资，企业最初以1 000万元购入，购入时其初始投资成本及计税基础均为1 000万元，假设未宣告分配股利，则当期期末长期股权投资的账面价值与计税基础仍为1 000万元

C. 一项用于出租的房屋，取得成本为500万元，会计处理按照双倍余额递减法计提折旧，税法规定按直线法计提折旧，使用年限为10年，净残值为0。一年后，该投资性房地产的账面价值为400万元，其计税基础为450万元

D. 企业支付了3 000万元购入另一企业100%的股权，购买日被购买方各项可辨认净资产公允价值为2 600万元，则企业应确认的合并商誉为400万元，税法规定，该项商誉的计税基础为0

3. 长期股权投资在下列情况下通常采用权益法（　　）。

A. 投资企业对被投资企业实施控制

B. 投资企业对被投资企业不具有共同控制或重大影响，且在市场中没有报价，公允价值不能可靠计量

C. 投资企业对被投资企业具有共同控制

D. 投资企业对被投资企业具有重大影响

4. 权益法下，下列各项中，不会引起投资企业资本公积增减变动的有（　　）。

A. 被投资企业产生的资本溢价

B. 被投资企业接受现金捐赠

C. 被投资企业接受外币资本投资

D. 被投资企业处置交易性金融资产

5. 处置长期股权投资时，下列项目中，会影响投资收益的有（　　）。

A. 长期股权投资账面余额

B. 长期股权投资减值准备

C. 取得的转让价款

D. 权益法下计入所有者权益的金额

三、判断题

1. 只有企业合并才能形成长期股权投资。（　　）

2. 投资企业对被投资企业的股权投资终止采用权益法核算时，对于终止前被投资企业实现的净利润，仍按权益法进行处理；对于被投资企业发生的亏损，则采用成本法处理。(　　)

3. 同一控制下的企业合并，合并方以发行权益性证券作为合并对价的，应当按照发行股份的面值总额作为股本，长期股权投资的初始投资成本与所发行股份的面值总额之间的差额，应当调整资本公积，不足冲减的，调整留存收益。(　　)

4. 除企业合并形成的长期股权投资以外，以支付现金取得的长期股权投资所直接支付的相关费用、税金及其他必要支出，计入财务费用。(　　)

5. 在成本法下，投资企业确认的投资收益，仅限于被投资企业接受投资后产生的累计净利润的分配额，所获得的利润或现金股利超过上述数额的部分作为初始成本的收回。(　　)

四、问答题

1. 长期股权投资在什么情况下应采用成本法？

2. 甲公司于 2009 年 1 月 1 日与乙公司签订协议，以 3 600 万元购入乙公司持有的 B 企业 30%股权且对 B 公司有重要影响，另支付相关税费 50 万元。投资日 B 企业可辨认净资产账面价值 10 000 万元，公允价值 12 000 万元，其差额为一项使用期为 20 年的建筑物账面价值与公允价值之差形成。2009 年 12 月 31 日 B 企业确认实现净利润 4 000 万元，甲公司 2009 年 12 月 31 日确认该长期股权投资的账面价值为多少万元？

3. 长期股权投资有哪两种核算方法？它的适用范围是什么？

第7章

投资性房地产财税处理差异及调整

7.1 投资性房地产初始计量的差异

要 点

新会计准则规定，企业取得的投资性房地产，按照取得时的成本进行初始计量。本节主要介绍投资性房地产初始成本的计量以及投资性房地产的初始计量与计税基础。

解 释

◆ 投资性房地产初始成本的计量

在会计处理上，投资性房地产同时满足下列条件的，才能予以确认：

(1) 与该投资性房地产有关的经济利益很可能流入企业；

(2) 该投资性房地产的成本能够可靠地计量。

企业取得的投资性房地产，应当按照取得时的成本进行初始计量：

(1) 外购投资性房地产的成本，包括购买价款和可直接归属于该资产的相关税费；

(2) 自行建造投资性房地产的成本，由建造该项资产达到预定可使用状态前所发生的必要支出构成。

对在建造投资性房地产过程中发生的利息支出，根据《企业会计准则第 17 号——借款费用》的规定，若同时满足："资产支出已经发生、借款费用已经发生以及为使资产达到预定可使用或者可销售状态所必要的购建或者生产活动已经开始"三个条件时，应当将借款费用资本化，计入投资性房地产的账面价值。

在税务处理上，按照会计准则确认的投资性房地产，应区分房屋、建筑物和土地使用权分别处理。

(1) 经会计处理确认为投资性房地产的房屋、建筑物，按《企业所得税法》第十一条规定，如已足额提取折旧仍继续使用的房屋、建筑物，不再确认为固定资产，不得计算折旧扣除。以经营租赁方式出租的房屋、建筑物，可确认为固定资产并计算折旧费用扣除。

（2）经会计处理确认为投资性房地产的土地使用权，按《企业所得税法》第十二条规定，与经营活动无关的无形资产，不得计算摊销费用扣除。以经营租赁方式出租的土地使用权，可确认为无形资产并计算摊销费用扣除。企业取得的、准备增值后转让的土地使用权，目前尚未用于经营活动的，不能确认为无形资产，不得计算摊销费用扣除，该土地使用权在转让时，可以按照《企业所得税法》第十六条规定，按其计税基础扣除。

◆ 投资性房地产的初始计量与计税基础

在会计处理上，投资性房地产应当按照取得时的成本进行初始计量。

（1）外购投资性房地产的成本，包括购买价款和可直接归属于该资产的相关税费。

（2）自行建造投资性房地产的成本，由建造该项资产达到预定可使用状态前所发生的必要支出构成。

（3）以其他方式取得的投资性房地产的成本，按照相关会计准则的规定确定。

与投资性房地产有关的后续支出，满足规定投资性房地产确认条件的，应当计入投资性房地产成本；不满足规定确认条件的，应当在发生时计入当期损益。

在税务处理上，投资性房地产以历史成本为计税基础。历史成本是指企业取得该项资产时实际发生的支出。企业在持有投资性房地产期间产生资产增值或损失，除税收规定可确认损益之外，不得调整有关资产的计税基础。企业区分房屋、建筑物及土地使用权，应按照下列原则确定投资性房地产的计税基础。

1. 房屋、建筑物的计税基础

外购的房屋、建筑物，按购买价款和相关税费作为计税基础；自行建造的房屋、建筑物，按竣工结算前实际发生的支出作为计税基础；融资租入的房屋、建筑物，按租赁开始日租赁资产的公允价值与最低租赁付款额现值中孰低者，加上承租人在签订租赁合同过程中发生的相关费用，作为计税基础；通过捐赠、投资、非货币性资产交换、债务重组取得的房屋、建筑物，按该资产的公允价值和应支付的相关税费作为计税基础。

2. 土地使用权的计税基础

外购的土地使用权，按购买价款、相关税费以及直接归属于该项资产的其他支出作为计税基础；通过捐赠、投资、非货币性资产交换、债务重组取得的土地使用权，按该土地使用权的公允价值和应支付的相关税费作为计税基础。

相关知识

◆ **投资性房地产的概念**

《企业会计准则第 3 号——投资性房地产》，是为了规范投资性房地产的确认、计量和相关信息的披露。《企业会计准则》所定义的投资性房地产，是指为赚取租金或资本增值，或两者兼有而持有的房地产。投资性房地产应当能够单独计量和出售。投资性房地产包括：已出租的土地使用权、持有并准备增值后转让的土地使用权、已出租的建筑物。自用房地产（即为生产商品、提供劳务或者经营管理而持有的房地产）和作为存货的房地产，不属于投资性房地产。

在投资性房地产方面，《企业所得税法》规定同《企业会计准则》规定差异较大。《企业所得税法》没有专门对投资性房地产的概念进行规定。从税法上区分，投资性房地产可区分为房屋、建筑物和土地使用权，其中房屋、建筑物归入固定资产，在计算应纳税所得额时，按《企业所得税法》第十一条规定，计算固定资产折旧并扣除。土地使用权应归入无形资产，在计算应纳税所得额时，按《企业所得税法》第十二条的规定计算无形资产摊销费用并扣除。

实例详解

【例 7-1】 2008 年 12 月 31 日 A 公司一建筑物完工投入使用，总价值为 120 万元，A 公司将其留给自己使用，预计使用年限为 20 年，用直线法计提折旧，假设报废时无残值。使用一年后于 2010 年 1 月 1 日将该建筑物对外出租，租期为 2 年，每年收取租金 8 万元，出租当日该建筑物的公允价值为 130 万元，2010 年 12 月 31 日该建筑物的公允价值为 140 万元，2012 年 12 月 31 日该建筑物的公允价值为 150 万元，2011 年 12 月 31 日租期到期公司收回自己使用。A 公司对投资性房地产采用公允价值计量。

【分析】

(1) 2008 年 12 月 31 日年建筑物完工时的会计处理如下

借：固定资产　　1 200 000

　　贷：在建工程　　1 200 000

(2) 假设 2009 年按年计提折旧

借：管理费用 60 000

  贷：累计折旧 60 000

(3) 2010 年 1 月 1 日将该建筑物对外出租

建筑物对外出租时：

借：投资性房地产——成本 1 300 000

  累计折旧 60 000

  贷：固定资产 1 200 000

    资本公积——其他资本公积 160 000

按照税法规定，尽管企业资产发生了增值，但不涉及所得税问题。

取得租金收入时：

借：银行存款 80 000

  贷：其他业务收入 80 000

(4) 在资产负债表日对投资性房地产按照当日公允价值计量，不再对投资性房地产提取折旧或价值摊销

所以，2010 年 12 月 31 日进行对投资性房地产按照当日公允价值进行计量，同时调整当期损益。

借：投资性房地产——公允价值变动 100 000

  贷：公允价值变动损益 100 000

由于"公允价值变动损益"属于损益类账户，故会对当期损益产生影响，增加当年度利润 100 000 元，按照税法规定，不涉及应纳税所得额的计算，故当年年度需在会计利润的基础上纳税调减 100 000 元；考虑到在公允价值模式计量下公司该资产不再计提折旧；税法允许公司在本年度计算应纳税所得额时允许扣除折旧 60 000 元，需纳税调减 60 000 元，此时计税基础为 1 200 000－120 000＝1 080 000(元)。

(5) 2011 年 12 月 31 日租期到期，公司收回建筑物自己使用

借：固定资产 1 500 000

  贷：投资性房地产——成本 1 300 000

          ——公允价值变动 100 000

    公允价值变动损益 100 000

本年度发生的公允价值变动损益，需增加公司利润 100 000 元，而按税法规定不涉及应纳税所得额的计算，故需纳税调减 100 000 元；同时公司当年年度没有计提折旧，而按税法规定可扣除 60 000 元折旧，因此需纳税调减 60 000 元。

另外，收回自用固定资产的账面成本为 1 500 000 元，而税法认定的该固定资产的成本仍然为 1 200 000 元。

(6) 收回后每年计提折旧＝1 500 000÷17＝88 235.3(元)

借：管理费用　　88 235.3

　　贷：累计折旧　　88 235.3

公司在当年年度计算利润时扣除的折旧为 88 235.3 元，而在计算应纳税所得额时允许扣除的折旧只有 60 000 元，因此需纳税调增28 235.3元。

7.2　投资性房地产后续计量的财税处理差异及调整

要　点

投资性房地产的后续计量主要是指企业应该在资产负债表日对投资性房地产的期末价值进行重新计量。企业对投资性房地产的后续计量有两种模式，一种是成本模式，另一种是公允价值模式。本节主要介绍成本模式下投资性房地产的财税处理差异及调整，公允价值模式下投资性房地产的财税处理差异及调整以及投资性房地产后续支出的财税差异及调整。

解　释

◆ 成本模式下投资性房地产的财税处理差异及调整

新会计准则规定，采用成本计量模式的投资性房地产的后续计量，应当按期计提折旧或进行摊销，借记“其他业务成本”账户；贷记“投资性房地产累计折旧(摊销)”账户。投资性房地产减值测试后确定发生减值的，计提减值准备，借记“资产减值损失”账户，贷记“投资性房地产减值准备”账户。一经确认，不得转回。

税法规定，除经核定的资产减值准备之外的各类准备，一律不得税前扣除。

从上可以看出，不存在减值迹象时，采用成本计量模式的会计处理和税务处理基本一致。存在减值迹象时，采用成本计量模式的会计处理与税务处理不一致。

◆ 公允价值模式下投资性房地产的财税处理差异及调整

采用公允价值模式进行后续计量的，须将资产负债表日投资性房地产的初始计量账面价值调整为公允价值，公允价值同原账面价值之间的差额计入当期损益。在这种后续计量模式下，无须对投资性房地产计提折旧或进行无形资产的摊销。

税法规定，对于投资性房地产，在一般情况下不得调整固定资产账面价值。例如，投资性房地产以低于账面价值的公允价值计价时，其差额税法不得从应纳税所得额中扣除，有特殊规定的除外。

另外，房屋、建筑物从投入使用月份的次月起计提折旧。

在公允价值模式下，投资性房地产的会计处理为：投资性房地产采用公允价值计量，不对投资性房地产计提折旧或进行摊销，应当以资产负债表日投资性房地产的公允价值为基础调整其账面价值，公允价值与原账面价值之间的差额计入当期损益。

房地产用途未发生改变时，只允许成本模式转为公允价值模式。房地产用途发生改变时，从公允价值计量的投资性房地产转化为非投资性房地产，以转换日的公允价值作为自用等非投资性房地产的账面价值，公允价值同原账面价值的差额计入当期损益。

在公允价值模式下，投资性房地产的税务处理为：房地产用途未发生改变时，按成本计量，故该损益应调整，同时按新税法规定的方法计提折旧，对投资性房地产尚未实现的收益或损失不予确认。

自用等非投资性房地产转为公允价值计量的投资性房地产时，若公允价值小于原账面价值，差额计入损益，税法不予承认，调整纳税，按照税法规定补提折旧；若公允价值大于原账面价值，直接计入所有者权益，不计入损益，税法也无须调整，但可按照税法补提折旧纳税。

◆ 投资性房地产后续支出的财税差异及调整

与投资性房地产有关的后续支出，在满足投资性房地产的确认条件时，计入投资性房地产成本；不满足投资性房地产确认条件的，在发生时计入当期损益，即对投资性房地产的后续支出，会计处理时需划分为资本化支出和费用化支出。

1. 投资性房地产后续支出的会计处理

对于资本化的后续支出，在发生时计入投资性房地产成本，例如，企业对投资性房地产进行改扩建或装修，以延长其使用寿命。

(1) 在成本计量模式下，投资性房地产进入改扩建或装修阶段后，应将其账面价值转入“在建工程”账户，具体会计处理如下：

① 投资性房地产进入改扩建或装修阶段时，借记“在建工程”、“投资

性房地产累计折旧(摊销)”,贷记“投资性房地产”;

② 发生改扩建或装修支出时,借记“在建工程”,贷记“银行存款”;

③ 改扩建工程完工,继续用于投资性房地产时,借记“投资性房地产”,贷记“在建工程”。

(2) 采用公允价值计量模式的,具体会计处理如下:

① 投资性房地产进入改扩建或装修阶段时,借记“在建工程”,贷记“投资性房地产——成本”、“投资性房地产——公允价值变动”;

② 发生改扩建或装修支出时,借记“在建工程”,贷记“银行存款”;

③ 改扩建或装修完工时,借记“投资性房地产——成本”,贷记“在建工程”。

对于费用化的后续支出,在发生时计入当期损益,若是对投资性房地产的日常维修,则该维修支出应费用化,借记“管理费用”,贷记“银行存款”。

2. 投资性房地产后续支出的税收规定

税法对投资性房地产后续支出的税务处理方法的规定是,如果没有减值迹象,企业没有对投资性房地产计提减值准备,采用成本模式的企业不需要对后续计量进行纳税调整;如果有减值迹象,企业对投资性房地产计提了减值准备,则需要按照《企业所得税法》第八条、第十条规定,对后续计量进行纳税调整。

但对投资性房地产发生的维修费和改扩建支出的处理办法,目前税法尚无明文规定,虽然投资性房地产是用于赚取租金或增值收益的,但其本质仍然是企业的一项资产,只是为了与自用房屋和作为存货的房地产加以区别,会计上才将其单独进行会计处理,因此对于投资性房地产发生的维修费和改扩建支出比照自有固定资产进行税务处理。

相关知识

◆ 投资性房地产涉及的主要税种

1. 从税制角度归类

目前,税法上不区分投资性房地产和非投资性房地产,对投资性房地产和自用房地产按统一的原则进行征税。按课税环节的不同,房地产税收可分为房地产投资环节税收、保有环节税收、交易环节税收及所得环节税收四大类。如耕地占用税、房地产行业的营业税等属于投资环节的课税;土地增值税、契税等在交易环节征收;房产税属于保有环节的税收;所得税属于所得环节的税收。

2. 从会计角度归类

会计上需要对涉及的各项经济活动进行确认和计量，具体包括：房地产的确认和初始计量、后续计量、转换以及处置环节。故新准则使会计规范和税法两者在收益、费用资产、负债等的确认时间和范围方面的差异产生了新的变化。

◆ **投资性房地产准则对具体税种的影响**

投资性房地产准则是新准则体系中的一个全新准则，它对一些税种的影响如下。

1. 房产税

房产税的计税依据是房产余值或房产的租金收入，前者是从价计征，后者是从租计征。对从租计征的，新准则没有影响税基；对从价计征的，其计税依据是房产余值，即房产的原值减除一定比例后的剩余价值。新准则允许在后续计量时采取公允价值模式，以资产负债表日投资性房地产的公允价值为基础，来调整其账面价值。

房产税以房产余值或租金收入为计税依据，一方面，没有考虑到房产增值的部分；另一方面，从价计征的税率为1.2%，但从租计征的税率为12%。这就形成了一定的差异。

2. 土地增值税

土地增值税是对转让国有土地使用权、地上建筑物及其附着物而取得的增值收益征税。新准则要求采取公允价值模式进行后续计量时，应根据资产负债表日的公允价值调整投资性房地产的账面价值。

土地增值税属于流转税，只在房地产的转让环节征收，计征的重点在于投资性房地产是否发生了房屋产权、土地使用权的转移。按新准则的要求，会计主体要在公允价值模式下资产负债表日确认投资性房地产的价值增减变动，但产权并未发生改变，因此不需要缴纳土地增值税。

3. 企业所得税

采用公允价值模式进行后续计量时，不需对投资性房地产计提折旧或进行摊销，用资产负债表日投资性房地产的公允价值作为基础调整其账面价值，公允价值同原账面价值之间的差额计入当期损益。新税法规定，按税法规定的年限和折旧方法对房地产计提折旧或进行摊销所产生的费用，可在税前列支，计算应纳税所得额。

实例详解

【例7-2】 A公司2008年12月31日，用1800万元购入一项土地使用权，并于同日将其出租，每年获得租金 350 万元。公司采用成本计量模式，土地使用权按 20 年分摊。2012 年 12 月 31 日，该项土地使用权的账面余额为 1 200 万元，无形资产减值准备 140 万元。

【分析】

(1) 2008 年 12 月 31 日

借：投资性房地产　　18 000 000

　　贷：银行存款　　18 000 000

税务处理：确认无形资产税收计价为 1 800 万元。

(2) 每年确认租金收入，摊销投资性房地产账面价值

借：银行存款　　3 500 000

　　贷：其他业务收入　　3 500 000

借：其他业务支出　　900 000

　　贷：投资性房地产累计摊销　　900 000

(3) 2012 年计提减值准备

借：资产减值损失　　1 400 000

　　贷：投资性房地产减值准备　　1 400 000

税收：当年需纳税调增 1 400 000 元。

7.3　投资性房地产转换的财税处理差异及调整

要　点

投资性房地产转换包括将投资性房地产转换为其他资产和将其他资产转换为投资性房地产。本节主要介绍投资性房地产转换的会计处理以及投资性房地产转换的税务处理。

解　释

◆ 投资性房地产转换的会计处理

在会计处理上，企业有确凿证据表明房地产用途发生改变，满足下列条件之一的，应当将投资性房地产转换为其他资产或者将其他资产转换为投资性房地产：

(1) 投资性房地产开始自用。

(2) 作为存货的房地产，改为出租。

(3) 自用土地使用权停止自用，用于赚取租金或资本增值。

(4) 自用建筑物停止自用,改为出租。

在成本模式下,应当将房地产转换前的账面价值作为转换后的入账价值。采用公允价值模式计量的投资性房地产转换为自用房地产时,应当以其转换当日的公允价值作为自用房地产的账面价值,公允价值与原账面价值的差额计入当期损益。自用房地产或存货转换为采用公允价值模式计量的投资性房地产时,投资性房地产按照转换当日的公允价值计价。转换当日的公允价值小于原账面价值的,其差额计入当期损益;转换当日的公允价值大于原账面价值的,其差额计入所有者权益。

◆ 投资性房地产转换的税务处理

(1) 企业将原采用成本计量模式计价的、没有计提减值准备的投资性房地产转换为一般性固定资产或无形资产时,持有并准备增值后转让的土地使用权改为自用的,土地使用权可确认为无形资产,计算摊销费用扣除,其他方面基本一致。

(2) 企业将原采用成本计量模式计价的、已计提减值准备的投资性房地产转换为一般性固定资产或无形资产时,由于会计账面价值和企业所得税资产计税基础对资产的计价不一致,由此导致后续摊销额度上的差异需要逐年进行纳税调整。

(3) 企业将原采用公允价值模式计价的投资性房地产转换为一般性固定资产或无形资产时,按会计处理的公允价值与原账面价值的差额计入当期损益的部分,应进行纳税调整,其计税基础维持不变。

◆ 投资性房地产的处置

在会计处理上,当投资性房地产被处置,或者永久退出使用且预计不能从其处置中取得经济利益时,应当终止确认该项投资性房地产。企业出售、转让、报废投资性房地产或者发生投资性房地产毁损,应当将处置收入扣除其账面价值和相关税费后的金额计入当期损益。

在税务处理上,企业处置投资性房地产时,按照《企业所得税法》第六条规定,应当将出售、转让收入并入转让财产收入;同时,按照《企业所得税法》第十六条的规定,该项资产的净值和转让费用,可以在计算应纳税所得额时扣除。投资性房地产的报废、毁损,按照固定资产、无形资产的相关规定处理。

实例详解

【例 7-3】 2010 年 1 月,A 公司将原采用成本计量模式计价的一幢出租用厂房收回，作为公司的固定资产。在收回前，该厂房原值为 1 500 万元，计提折旧 400 万元。

【分析】

该厂房转换前的账面价值为 1100 万元，作为固定资产的入账价值。

借：固定资产　11 000 000

　　投资性房地产累计折旧　4 000 000

　　贷：投资性房地产　15 000 000

新税法将厂房确认为固定资产，原值为 1 500 万元，账面净值为 1 100 万元，会计上和税务上没有差异。

【例 7-4】　A 公司将一幢写字楼作为投资性房地产对外出租，写字楼的成本为 1 200 万元。转换当天，其公允价值为 1 400 万元。

【分析】

(1) 采用成本模式计量的投资性房地产的会计处理如下：

借：投资性房地产　12 000 000

　　贷：库存商品　12 000 000

(2) 采用公允价值模式计量的投资性房地产的会计处理如下：

借：投资性房地产——成本　12 000 000

　　　　　　　　——公允价值变动　2 000 000

　　贷：库存商品　12 000 000

　　　　资本公积——其他资本公积　2 000 000

税务处理：将库存商品转为固定资产，固定资产的计税成本为1 200 万元。

实战训练

一、单项选择题

1. 甲公司于 2009 年年初以 200 万元取得一项投资性房地产，采用公允价值模式计量。2009 年年末该项投资性房地产的公允价值为 300 万元。假定税法规定对于公允价值计量的投资性房地产，在持有期间的公允价值变动不计入应纳税所得额，处置时一并计算应计入应纳税所得额的金额，则该项投资性房地产在 2009 年年末的计税基础为(　　)万元。

A. 0　　　　B. 200

C. 300　　　　D. 20

2. 某居民企业 2009 年度产品销售收入 4 000 万元，发生销售折扣 200 万元，销售下脚料取得收入 600 万元，转让土地使用权取得收入 300

万元。当年发生业务招待费 18 万元，则该企业 2009 年度所得税前可以扣除的业务招待费为(　　)万元。

A. 18　　　　B. 8

C. 23　　　　D. 22

3. 某房地产开发公司转让一栋写字楼取得收入 6 000 万元。已知该公司为取得土地使用权支付 1 000 万元，发生房地产开发成本 800 万元，允许扣除的开发费用 200 万元，与转让房地产有关的税金为 60 万元。则该公司应缴纳土地增值税(　　)万元。

A. 1 010.28　　　　B. 1 427.0

C. 1 320.29　　　　D. 1 619.18

4. 某企业于 2008 年 12 月 31 日以 1200 万元购入一栋写字楼，并于当日对外出租，采用公允价值模式进行后续计量。税法对该写字楼采用直线法计提折旧，预计使用年限为 20 年，预计净残值为零。2009 年年末，该投资性房地产公允价值为 1 600 万元。该企业适用的所得税税率为 25%，假定税法规定资产公允价值的变动不计入应纳税所得额。期末该投资性房地产产生的所得税影响为(　　)万元。

A. 确认递延所得税负债 460

B. 不需确认递延所得税资产或递延所得税负债

C. 确认递延所得税负债 115

D. 确认递延所得税资产 115

5. 某企业拥有的房产账面原值共 500 万元，其中 400 万元房产用于生产经营，100 万元的房产出租，年租金收入 100 万元。扣除率为 30%，企业全年应缴房产税是(　　)万元。

A. 2.4　　　　B. 4.2

C. 3.36　　　　D. 15.36

二、多项选择题

1. A 公司于 2006 年 12 月 31 日取得一栋写字楼并对外经营出租，取得时的入账金额为 2 000 万元，采用成本模式计量，采用直线法按 20 年计提折旧，预计无残值，税法折旧与会计一致；2008 年 1 月 1 日，A 公司持有的投资性房地产满足采用公允价值模式条件，2008 年 1 月 1 日的公允价值为 2 100 万元，2008 年年末公允价值为 1 980 万元，假设适用的所得税税率为 25%，则下列说法正确的有(　　)。

A. 2008 年年初应确认递延所得税资产 50 万元

B. 2008 年年初应确认递延所得税负债 50 万元

C. 2008 年年末应转回递延所得税负债 5 万元

D. 2008 年年末应转回递延所得税负债 50 万元，同时确认递延所得税资产 30 万元

2. 转让国有土地使用权，地上建筑及其附着物并取得收入的（ ），都是土地增值税的纳税义务人。

A. 学校　　B. 税务机关

C. 外籍个人　　D. 国有企业

3. 下列各项中，不属于土地增值税征税范围的有（ ）。

A. 以房地产抵债而尚未发生房地产权属转让的

B. 以房地产抵押贷款而房地产尚在抵押期间的

C. 被兼并企业的房地产在企业兼并中转让到兼并方的

D. 以出地、出资双方合作建房，建成后又转让给其中一方的

4. 在计算土地增值税应纳税额时，纳税人可以从应税收入中扣除的项目有（ ）。

A. 以协议方式取得土地使用权支付的土地出让金

B. 以转让方式取得土地使用权支付的地价款

C. 取得土地使用权支付的相关费用

D. 房地产开发成本

5. 下列房地产转让行为中，不需征收土地增值税的有（ ）。

A. 赠予社会公益事业的房地产

B. 个人之间互换自有居住用房地产

C. 抵押期满权属转让给债权人的房地产

D. 兼并企业从被兼并企业得到的房地产

三、判断题

1. 税法是引起税收法律关系的前提条件，但税法本身并不能产生具体的税收法律关系。税收法律关系的产生、变更和消灭必须有能够引起税收法律关系产生、变更或消灭的客观情况，也就是说税收法律关系由税收法律事实来决定。（ ）

2. 已出租的建筑物、已出租的土地使用权以及持有并准备增值后转让的土地使用权均属于投资性房地产。（ ）

3. 甲公司于 2009 年年初以 200 万元取得一项投资性房地产，采用公允价值模式计量。2009 年年末该项投资性房地产的公允价值为 300 万元。假定税法规定对于公允价值计量的投资性房地产，在持有期间的公允价值变动不计入应纳税所得额，处置时一并计算应计入应纳税所得

额的金额，则该项投资性房地产在 2009 年年末的计税基础为 200 万元。(　　)

四、问答题

1. 投资性房地产的定义是什么？

2. 投资性房地产涉及的税种有哪些，各税种的定义是什么？

3. 会计处理中的投资性房地产需要同时满足哪些条件时，才能予以确认？

第8章

非货币性资产交换财税处理差异及调整

8.1 非货币性资产交换财税处理的总体差异

要 点

《企业会计准则第 7 号——非货币性资产交换》与税法制定的目的、依据的原则不同，导致对非货币性资产交换业务处理方法上存在着较大的差异。本节主要介绍非货币性资产交换财税处理的总体差异。

解 释

◆ **非货币性资产交换财税处理的总体差异**

非货币性资产交换是指交易双方主要以存货、固定资产、无形资产和长期股权投资等非货币性资产进行的交换。该交换不涉及或只涉及少量的货币性资产(即补价)。货币性资产是指企业持有的货币资金和将以固定或可确定的金额收取的资产，包括现金、银行存款、应收账款和应收票据以及准备持有至到期的债券投资等。非货币性资产是指货币性资产以外的资产。

认定涉及少量货币性资产的交换为非货币性资产交换，通常以补价占整个资产交换金额的比例低于 25%作为参考。支付的货币性资产占换入资产公允价值(或占换出资产公允价值与支付的货币性资产之和)的比例，或者收到的货币性资产占换出资产公允价值(或占换入资产公允价值和收到的货币性资产之和)的比例低于 25%的，视为非货币性资产交换，适用非货币性资产交换准则；高于 25%的(含 25%)，视为以货币性资产取得非货币性资产，适用其他相关会计准则。

从总体上看，非货币性资产交换会计和税务上的差异可从以下几方面来分析。

(1) 非货币性资产交换业务可按资产的公允价值或账面价值视不同条件分别进行计量，确认交易损益。若非货币性资产交换业务以公允价值作为换入资产计价基础，新准则的处理与新税法的规定基本一致，均以公允价值计算应缴纳的流转税，并根据公允价值与账面价值之差计入当期损益，通常不涉及所得税纳税调整。

以公允价值计量的非货币性资产交换时，非货币性资产交换应当同时满足下列条件：

① 该项交换具有商业实质；

② 换入或换出资产的公允价值能够可靠地计量。

以账面价值计量的非货币性资产交换的会计处理无法同时满足以上两个条件。

以公允价值计量的非货币性资产交换或以账面价值计量的非货币性资产交换时，在税务处理上，都是交易双方将非货币性资产交换分解成出售或转让其持有的非货币性资产、购置新的非货币性资产两项经济业务进行处理。非货币性交换中的“出售”和“购置”两项经济业务也应当按照公允价值进行税务处理。

非货币性资产交换的会计处理与税务处理的差异为：税法对非货币性资产交换业务的资产计价没有设定判别条件，无须考虑是否存在商业实质因素，只要发生销售或视同销售行为，就应确认收益，并计算流转税和所得税，且购入资产按确定的公允价值计量。

企业发生非货币性资产交换，以及将货物、财产、劳务用于捐赠、偿债、赞助、集资、广告、样品、职工福利或者利润分配等用途的，应当视同销售货物、转让财产或者提供劳务，但国务院财政、税务主管部门另有规定的除外。

非货币性资产交换中，视同销售业务的会计处理是一种结转关系，既不存在销售行为，也不符合销售成立的标志；企业不会因为把自己生产的产品用在上述方面而增加现金流量，也不会增加企业的营业利润。故在会计上不做销售处理，而应按照成本转账。自产自用的产品在移送使用时，将该产品的成本按照用途转入相应账户，如在建工程、管理费用、销售费用等。

非货币性资产交换中视同销售业务的税务处理视同对外销售，产品的销售价格按同类产品的市场价格确定；没有参照价格的，应当按照成本加合理利润的方法计算组成计税价格，并据以计算应缴纳的各种税费。企业按规定缴纳的各种税费，也构成因使用该自产产品而发生支出的一部分。

会计处理与税务处理的差异在于：若交换具有商业实质，且换入资产或换出资产的公允价值能可靠地计量，那么，两者的处理一致，都是以公允价值和应支付的相关税费作为换入资产的成本。公允价值与换出资产账面价值的差额确认为当期损益或所得。若交换未同时符合以上两个条件的，会计上不确认损益，以换出资产的账面价值及应支付的相关税费作为换入资产的成本，新税法将非货币性交易的双方均需作视同销售处理，按换出资产的公允价值减去换出资产的账面价值与应支付相关税费后的差额确认为资产转让所得，计算缴纳流转税和所得税。

实例详解

【例 8-1】 2010 年 1 月 1 日，A 公司以一批货车换入 B 公司的一批管理用设备，该批货车的账面原值为 600 万元，公允价值为 500 万元，已提折旧 300 万元，B 公司的管理用设备的公允价值为 400 万元，账面原值为 480 万元，已提折旧 50 万元。双方协议，B 公司支付 A 公司补价 100 万元，A 公司未对货车计提减值准备，B 公司管理用设备已提减值准备 15 万元，A 公司支付的运杂费为 7 万元。设该交易具有商业实质，公允价值能够可靠地计量。

【分析】

该交易中收到的补价占换出资产公允价值的比例＝100÷500×100%＝20%，该比例小于 25%，属非货币性资产交换。

(1) A 公司的会计处理：

换入管理用设备的入账价值＝500－100＋7＝407(万元)

借：固定资产——管理用设备	4 070 000	
银行存款	930 000	
累计折旧	3 000 000	
贷：固定资产——货车		6 000 000
营业外收入——非货币性资产交换收益		2 000 000

(2) B 公司的会计处理：

换入货车的入账价值＝400＋100＝500(万元)

借：固定资产——货车	5 000 000	
累计折旧	500 000	
固定资产减值准备	150 000	
营业外支出——非货币性资产交换损失	150 000	
贷：固定资产——管理用设备		4 800 000
银行存款		1 000 000

在会计损益方面，A 公司的确认收益为 200 万元，B 公司的确认损失为 15 万元。

在应税所得方面，A 公司的确认资产转让所得为 200 万元，无须调整；B 公司的确认资产转让损失为 30 万元，调减应税所得为 15 万元。

8.2 非货币性资产交换财税处理的具体差异

要 点

非货币性资产交换，是指交易双方主要以存货、固定资产、无形资产和长期股权投资等非货币性资产进行的交换，该交换不涉及或只涉及少量的货币性资产(即补价)。认定涉及少量货币性资产的交换为非货币性资产交换，通常以补价占整个资产交换金额的比例低于 25%作为参考。本节针对非货币性资产交换财税处理的具体差异，主要从以下几方面予以介绍：以公允价值计量的非货币性资产交换；以换出资产账面价值计量的非货币性资产交换；涉及多项的非货币性资产交换。

解 释

◆ 以公允价值计量的非货币性资产交换

在会计处理上，采用公允价值计量的情况下，无论是否涉及补价，只要换出资产的公允价值和其账面价值不一样，就一定会涉及损益的确认，因为非货币性资产交换损益，通常是指换出资产公允价值同换出资产账面价值的差额，通过非货币性资产交换予以实现。

非货币性资产交换的会计处理，根据换出资产类别的不同有所区别：换出资产为存货的，应视同销售处理，根据《企业会计准则第 14 号——收入》，按公允价值确认销售收入，同时结转销售成本，相当于按公允价值确认的收入与按账面价值结转的成本之间的差额，即换出资产公允价值与换出资产账面价值的差额，在利润表中作营业利润的构成部分予以列示。换出资产为固定资产或无形资产的，换出资产公允价值与换出资产账面价值之间的差额计入营业外收入或营业外支出；换出资产为长期股权投资、可供出售金融资产的，换出资产公允价值与换出资产账面价值之间的差额计入投资收益。换入资产与换出资产涉及有关税费的，如换出存货视同销售计算的销项税额、换入资产作为存货应确认的可抵扣增值税进项税额，及换出固定资产、无形资产视同转让应交纳的营业税等，应按照相关税收规定计算确定。

企业在按照公允价值和应支付的相关税费作为换入资产成本的情况下,发生补价的,应当分别以下列情况处理。

(1) 支付补价的,换入资产成本与换出资产账面价值加支付的补价、应支付的相关税费之和的差额,应当计入当期损益。

(2) 收到补价的,换入资产成本加收到的补价之和与换出资产账面价值加应支付的相关税费之和的差额,应当计入当期损益。

在涉及补价的情况下,对支付补价方而言,作为补价的货币性资产构成换入资产放弃对价的一部分,对收到补价方而言,作为补价的货币性资产构成换入资产的一部分。

在税务处理上,根据《企业所得税法实施条例》第二十五条规定,企业发生非货币性资产交换,应视同销售货物、转让财产。换出资产为存货的,应当视同销售货物处理,按公允价值确认销售货物收入,计入收入总额。同时结转销售成本,按公允价值确认的收入和按账面价值结转的成本和相关税费间的差额,计入应纳税所得额。换出资产为固定资产、无形资产、生物资产、长期股权投资、可供出售金融资产的,应视同转让财产处理,按公允价值确认转让财产收入,计入收入总额。同时结转转让成本,按公允价值确认的收入与按账面价值结转的成本与相关税费之间的差额,计入应纳税所得额。换入资产和换出资产涉及有关税费的,如换出存货视同销售计算的销项税额、换入资产作为存货应确认的可抵扣增值税进项税额,及换出固定资产、无形资产视同转让应交纳的营业税等,应按照相关税收规定计算确定。

企业在按照公允价值和应支付的相关税费作为换入资产的计税基础、成本的情况下,发生补价的,应当分别以下列情况处理:支付补价的,换入资产成本与换出资产账面价值加支付的补价、应支付的相关税费之和的差额,应当计入当期应纳税所得额;收到补价的,换入资产成本加收到的补价之和与换出资产账面价值加应支付的相关税费之和的差额,应当计入当期应纳税所得额。

◆ 以换出资产账面价值计量的非货币性资产交换

在会计处理上,对于交换不具有商业实质,或是换入资产或换出资产的公允价值不能够可靠地计量的非货币性资产交换,应以换出资产的账面价值与应支付的相关税费作为换入资产的成本,不确认损益。企业在按照换出资产的账面价值和应支付的相关税费作为换入资产成本的情况下,发生补价的,应当分别以下列情况处理。

（1）支付补价的，应当以换出资产的账面价值，加上支付的补价和应支付的相关税费，作为换入资产的成本，不确认损益。

（2）收到补价的，应当以换出资产的账面价值，减去收到的补价并加上应支付的相关税费，作为换入资产的成本，不确认损益。

在税务处理上，非货币性资产交换通常要求在交易发生时确认有关资产的转让所得或损失，相关资产应按照交易价格重新确定计税基础。在特殊情况下，也有允许交易各方暂不确认有关资产转让就所得或损失的情况。如符合规定条件的企业整体资产交换可特殊处理。企业整体资产交换，是指一家企业在规定期限内，以其经营活动的全部或几乎全部资产与另一家企业的经营活动的全部或几乎全部资产进行整体交换，资产交换双方企业均不解散。

企业整体资产交换，原则上应在交易发生时将其分解为按公允价值销售全部资产及按公允价值购买另一方全部资产的经济业务进行所得税处理，并按照规定计算确认资产转让所得或损失。若在整体资产交换交易中，作为资产交换交易补价的货币性资产占换入总资产公允价值不高于一定比例，经税务机关审核确认后，资产交换双方企业可暂不确认资产转让的所得或损失。在这种情况下，交易双方换入资产的成本应当以换出资产原账面净值确定计税基础。具体方法是：按换入各项资产的公允价值占换入全部资产公允价值总额的比例对换出资产的原账面净值总额进行分配，以确定各项换入资产的计税基础。企业整体资产交换交易中支付补价的，应当以换出资产原账面净值与支付的补价之和来确定换入资产的计税基础。企业整体资产交换交易中收到补价的，应当以换出资产的账面净值扣除补价，作为换入资产的计税基础。

◆ 涉及多项的非货币性资产交换

在会计处理上，涉及多项非货币性资产交换的情况一般包括企业以一项非货币性资产同时换入另一企业的多项非货币性资产，或同时以多项非货币性资产换入另一企业的一项非货币性资产，或以多项非货币性资产同时换入多项非货币性资产，也可能涉及补价。在涉及多项非货币性资产的交换中，企业无法将换出的某一资产和换入的某一特定资产相对应。与单项非货币性资产间的交换一样，涉及多项非货币性资产交换的计量，企业也应首先判断是否符合《企业会计准则第 7 号——非货币性资产交换》以公允价值计量的两个条件，再分情况确定各项换入资产的成本。

涉及多项非货币性资产交换一般可以分为以下几种情况。

(1) 资产交换具有商业实质，且换出资产和换入资产公允价值均能够可靠计量。此时，换入资产的总成本应当以换出资产的公允价值总额为基础确定，除非有确凿证据表明换入资产的公允价值总额更加可靠。各项换入资产的成本，应按照各项换入资产的公允价值占换入资产公允价值总额的比例对换入资产总成本进行分配，确定各项换入资产的成本。

(2) 资产交换具有商业实质，且换入资产的公允价值能够可靠计量，换出资产的公允价值不能可靠计量。此时，换入资产的总成本，应当以换入资产的公允价值总额为基础确定；各项换入资产的成本，应当以各项换入资产的公允价值占换入资产公允价值总额的比例对换入资产总成本进行分配，确定各项换入资产的成本。

(3) 资产交换具有商业实质且换出资产的公允价值能够可靠计量，换入资产的公允价值不能可靠计量。此时，换入资产的总成本，应当以换出资产的公允价值总额为基础确定；各项换入资产的成本，应当以各项换入资产的原账面价值占换入资产原账面价值总额的比例，对以换出资产公允价值总额确定的换入资产总成本进行分配，从而确定各项换入资产的成本。

(4) 资产交换不具有商业实质，或换入资产和换出资产的公允价值均不能够可靠计量。在这种情况下，换入资产的总成本应当以换出资产原账面价值总额为基础确定；各项换入资产的成本，应当以各项换入资产的原账面价值占换入资产原账面价值总额的比例，对以换出资产账面价值总额为基础确定的换入资产总成本进行分配，从而确定各项换入资产的成本。

在税务处理上，对上述(1)、(2)、(3)种情况，换入资产总成本均按照公允价值计量。根据《企业所得税法实施条例》第二十五条规定，企业发生非货币性资产交换，应当视同销售货物、转让财产。换出资产为存货的，应视同销售货物处理，按公允价值确认销售货物收入，计入收入总额；同时结转销售成本，按公允价值确认的收入与按账面价值结转的成本和相关税费之间的差额，计入应纳税所得额。换出资产为固定资产、无形资产、生物资产、长期股权投资、可供出售金融资产的，应视同转让财产处理，按公允价值确认转让财产收入计入收入总额；同时结转转让成本，按公允价值确认的收入与按账面价值结转的成本和相关税费之间的差额，计入应纳税所得额。

第(4)种情况属于不符合会计处理公允价值计量的条件，换入资产总成本按照换出资产账面价值总额确定，各单项换入资产成本按各单项换入资产原账面价值占换入资产原账面价值总额的比例确定,《企业所得税法》对以换出资产账面价值计量的非货币性资产交换的处理原则同以公允价值计量的非货币性资产交换的税务处理原则一致。

相关知识

◆ 以公允价值计量的非货币性资产交换的确认原则

在会计处理上,非货币性资产交换同时满足下列条件的,应当以公允价值和应支付的相关税费作为换入资产的成本,公允价值与换出资产账面价值的差额计入当期损益。

(1) 该项交换具有商业实质。

(2) 换入资产或换出资产的公允价值能够可靠地计量。换入资产和换出资产公允价值均能够可靠计量的,应当以换出资产的公允价值作为确定换入资产成本的基础,除非有确凿证据表明换入资产的公允价值更加可靠。

满足下列条件之一的非货币性资产交换具有商业实质。

(1) 换入资产的未来现金流量在风险、时间和金额方面与换出资产显著不同。

(2) 换入资产与换出资产的预计未来现金流量现值不同,且其差额与换入资产和换出资产的公允价值相比是重大的。

在确定非货币性资产交换是否具有商业实质时,企业应当关注交易各方之间是否存在关联方关系。关联方关系的存在可能导致发生的非货币性资产交换不具有商业实质。

在税务处理上,根据《企业所得税法实施条例》第五十八条第(五)项规定,通过非货币性资产交换方式取得的固定资产,以该资产的公允价值和支付的相关税费为计税基础。

《企业所得税法实施条例》第六十二条第(二)项规定,通过非货币性资产交换方式取得的生产性生物资产,以该资产的公允价值和支付的相关税费为计税基础;第六十六条第(三)项规定,通过非货币性资产交换方式取得的无形资产,以该资产的公允价值和支付的相关税费为计税基础;第七十一条第(二)项规定,通过支付现金以外的方式取得的投资资产,以该资产的公允价值和支付的相关税费为成本;第七十二条第(二)项规定,通过支付现金以外的方式取得的存货,以该存货的公允价值和支付的相关税费为成本。

企业所得税法没有要求非货币性资产交换需要具有商业实质，也没有要求换入资产或换出资产的公允价值能可靠地计量；同时，企业所得税不是以换出资产的公允价值为确定换入资产成本的基础，而应以换入资产的公允价值和支付的相关税费为计税基础或成本。

关于关联方业务往来和交换是否具有商业实质，根据《企业所得税法》第四十一条规定，企业与其关联方之间的业务往来，不符合独立交易原则而减少企业或者其关联方应纳税收入或者所得额的，税务机关有权按照合理方法调整。《企业所得税法》第四十七条规定，企业实施其他不具有合理商业目的的安排而减少其应纳税收入或者所得额的，税务机关有权按照合理方法调整。根据《企业所得税法实施条例》第一百二十条规定，《企业所得税法》第四十七条所称不具有合理商业目的，是指以减少、免除或者推迟缴纳税款为主要目的。

可见，企业所得税处理对关联方业务往来和交换是否要进行纳税调整，主要看其是否会减少企业或其关联方应纳税收入或所得额，或以减少、免除或推迟缴纳税款为主要目的进行税收筹划与避税。

实例详解

【例 8-2】 甲公司以其生产经营的设备与乙公司作为固定资产的货运汽车交换。甲公司换出设备的账面原价 120 万元，已计提折旧为 20 万元，公允价值为 110 万元。为此项交换，甲公司以银行存款支付了设备清理费用 1 万元；乙公司换出货运汽车原价 140 万元，已计提折旧为 30 万元，公允价值为 110 万元。假设甲公司换入的货运汽车作为固定资产管理。甲公司未对换出的设备计提减值准备。

【分析】 符合以公允价值计价时：

(1) 将固定资产转入固定资产清理

借：固定资产清理	1 000 000	
累计折旧	200 000	
贷：固定资产		1 200 000

(2) 支付清理费用

借：固定资产清理	10 000	
贷：银行存款		10 000

(3) 换入的货运汽车入账时(入账价值＝1 100 000＋10 000＝1 110 000)

借：固定资产	111 000	

贷：固定资产清理 1 010 000

营业外收入 100 000

符合以账面价值计价时：会计处理与原准则相同。

实战训练

一、单项选择题

1. 下列项目的进项税额可从销项税额中抵扣的有（　　）。

A. 用于生产免税产品的原材料

B. 因管理不善发生霉烂变质等损失的外购材料

C. 办公用品

D. 未按规定取得并保存增值税扣税凭证的外购低值易耗品

2. 在税制构成要素中，（　　）是计算应纳税额的尺度，体现课税的深度。

A. 纳税人　　B. 税率

C. 征税对象　　D. 计税依据

3. 以非货币形式取得的收入应当按照（　　）确定的价值。

A. 市场价格　　B. 换出资产价值

C. 交易价格　　D. 实际价格

4. 企业发生非货币性资产交换，以及将货物、财产、劳务用于以下哪种行为不属于视同销售的行为是（　　）。

A. 在建工程　　B. 赞助

C. 捐赠　　D. 广告

5. 纳税人取得的收入为非货币性资产或者权益的，其收入应当参照（　　）计算或估定。

A. 当时的市场价格　　B. 公允价格

C. 同类产品的价格　　D. 核定价格

二、多项选择题

1. 非货币形式取得，包括（　　）。

A. 固定资产　　B. 生物资产

C. 无形资产　　D. 劳务及相关权益

2. 企业发生非货币性资产交换，以及将货物、财产、劳务用于（　　），应当视同销售货物、提供劳务。

A. 捐赠　　B. 偿债

C. 赞助　　D. 在建工程

3. 在计算企业所得税时，下列选项中，不属于企业通过非货币性资产交换取得的无形资产计税基础的是(　　)。

A. 评估确认的价值

B. 法律认定

C. 以该资产的公允价值和支付的相关税费

D. 换出企业开发过程中该资产符合资本化条件后至使用前的实际支出

4. 下列交易中，属于非货币性资产交换的有(　　)。

A. 以公允价值 100 万元的原材料换取一项专利权

B. 以公允价值 500 万元的长期股权投资换取一批原材料

C. 以公允价值 200 万元的 A 设备换取 B 设备，同时收到补价 12 万元

D. 以公允价值 300 万元的商品换取房屋一栋，另支付补价 60 万元

5. 下列有关存货会计处理的表述中，正确的有(　　)。

A. 因自然灾害造成的存货净损失，计入营业外支出

B. 随商品出售单独计价的包装物成本，计入其他业务成本

C. 一般纳税人进口原材料缴纳的增值税，计入相关原材料的成本

D. 结转商品销售成本时，将相关存货跌价准备调整主营业务成本

三、判断题

1. 在不具有商业实质的非货币性资产交换中，收到补价方，应当按照换出资产的账面价值减去收到的补价加上应支付的相关税费，作为换入资产的入账价值，不确认损益。(　　)

2. 可供出售的金融资产属于货币性资产。(　　)

3. 以长期股权投资换入无形资产属于非货币性资产交换的范围。(　　)

4. 在换入资产按公允价值计量的情况下，换出资产为固定资产、无形资产的，其换出资产公允价值和换出资产账面价值的差额，可计入营业外收入。(　　)

5. 因非货币性资产交换换出存货而同时结转的已计提存货跌价准备，不冲减当期资产减值损失。(　　)

6. 多项非货币性资产交换具有商业实质，且换入资产的公允价值能够可靠计量的，应当按照换入各项资产的公允价值占换入资产公允价值总额的比例，对换入资产的成本总额进行分配，确定各项换入资产的成本。(　　)

四、问答题

1. 什么是非货币性资产交换？

2. 要使非货币性资产交换具有商业实质，则需要满足的条件有哪些？

3. 若企业在按照公允价值和应支付的相关税费作为换入资产成本时发生补价，处理的方法和步骤是什么？

4. 在会计处理上，涉及多项非货币性资产交换的情况包含的内容有哪些？

第9章

债务重组业务财税处理差异及调整

9.1 以现金清偿债务的财税处理差异及调整

要 点

以现金清偿债务，相对于用非现金资产清偿债务来说，业务处理相对比较简单，涉及的税务处理也比较简单，除债权人的应收账款计提坏账准备外，很少存在其他财税差异。本节主要介绍债务人的会计处理与税务处理及债权人的会计处理与税务处理。

解 释

◆ 债务人的会计处理与税务处理

债务人的会计处理以低于债务账面价值的现金清偿某项债务时，将重组债务的账面价值与支付的现金之间的差额计入当期收益（如计入“营业外收入”账户）。重组债务的账面价值，一般为债务的面值或本金、原值；如有利息的，还应加上应计未付利息，如长期借款等。

债务人的税务处理，将重组债务的计税成本同支付现金金额间的差额确认为债务重组收益，计入当期应纳税所得额。

◆ 债权人的会计处理与税务处理

债权人的会计处理以低于债务账面价值的现金清偿某项债务时，将重组债权的账面价值与收到的现金之间的差额，确认为当期损失。

债权人已对债权计提减值准备的，应先将该差额冲减减值准备，减值准备不足以冲减的部分计入营业外支出。冲减后减值准备仍有余额的，应转回并抵减当期资产减值损失。未对债权计提减值准备的，可直接将该差额确认为债务重组损失。

债权人的税务处理，将重组债权的计税成本同收到现金之间的差额确认为当期损失，冲减应纳税所得额。

从以上分析可以看出，债务人的会计处理和税法处理没有差异，不需要进行纳税调整；债权人的会计处理和税法处理对债务重组损失的计量存在的差异主要在于：债权人发生的债务重组损失只有符合税法规定的坏账确认条件，并报税务机关批准后方可扣除，计入当期损失，否则，不得冲减应纳税所得额。

相关知识

◆ **债务重组的概念**

债务重组是指在债务人发生财务困难的情况下，债权人按照其与债务人达成的协议或者法院的裁定做出让步的事项。债务人发生财务困难是指因债务人出现资金周转困难、经营陷入困境或其他原因导致其无法或没有能力按原定条件偿还债务。债权人做出让步是指债权人同意发生财务困难的债务人现在或是将来以低于重组债务账面价值的金额或价值偿还债务。

债权人做出让步的情形主要包括：

(1) 债权人减免债务人部分债务本金或者利息；

(2) 降低债务人应付债务的利率；

(3) 延长债务人的偿债期限等。

债务重组的方式主要包括：

(1) 以资产清偿债务；

(2) 将债务转为资本；

(3) 修改其他债务条件；

(4) 以上三种方式的组合。

9.2 以非现金资产清偿债务的财税处理差异及调整

要　点

债务人以非现金资产清偿全部债务，包括用企业生产的产品、库存材料、固定资产、拥有的无形资产等进行清偿。企业以非现金资产清偿债务，会产生两部分差额，一部分是非现金资产的公允价值与其账面价值的差额；另一部分是非现金资产的公允价值与应偿付债务的账面价值的差额。相对于现金清偿债务，以非现金清偿的业务处理比较复杂。本节将对以非现金资产清偿债务的会计处理以及以非现金资产清偿债务的税务处理进行详细介绍。

解 释

◆ 以非现金资产清偿债务的会计处理

在会计处理上，以非现金资产清偿债务的非现金资产类别不相同，其会计处理也略有所不同。

从债务人的处理来看，以非现金资产清偿债务的，债务人应当分清债务重组利得与资产转让损益的界限，并在债务重组当期予以确认。债务重组利得是指重组债务的账面价值超过非现金资产公允价值之间的差额，应计入营业外收入。

非现金资产的公允价值应按照下列规定进行计量。

(1) 非现金资产属于企业持有的股票、债券、基金等金融资产，且该金融资产存在活跃市场的，应以金融资产的市价作为非现金资产的公允价值。

(2) 非现金资产属于金融资产，但该金融资产不存在活跃市场的，应采用《企业会计准则第 22 号——金融工具确认和计量》规定的估值技术等合理的方法确定其公允价值。

(3) 非现金资产属于固定资产、存货、无形资产等其他资产，且存在活跃市场的，应以其市场价格为基础，确定其公允价值；不存在活跃市场，但与其类似资产存在活跃市场的，应以类似资产的市场价格为基础确定其公允价值。在上述两种情况下仍不能确定非现金资产公允价值的，应采用估值技术等合理的方法确定其公允价值。

资产转让损益是指抵债的非现金资产的公允价值与其账面价值间的差额。非现金资产公允价值同账面价值的差额，应按照准则规定处理：

(1) 非现金资产为存货的，应作为销售处理。

(2) 非现金资产为固定资产的，应视同固定资产处置。

(3) 非现金资产为无形资产的，应视同无形资产处置。

(4) 非现金资产为企业投资的，非现金资产的公允价值扣除投资账面价值(对投资计提减值准备的，还应将相关减值准备予以结转)和直接相关费用之后的余额确认为转让资产损益，计入投资收益。

非现金资产的账面价值常为非现金资产的账面余额扣除其资产减值准备后的金额。其中非现金资产的账面余额，是指非现金资产账户在期末的实际金额，也即账户未扣除其资产减值准备之前的余额；未计提减值准备的非现金资产，其账面价值就是账面余额。

从债权人来说，以非现金资产清偿债务的，债权人应当对接受的非现金资产按其公允价值入账，重组债权的账面余额与受让的非现金资产的公允价值之间的差额，确认债务重组损失，计入营业外支出。重组债权已计提减值准备的，分别按照以下情况进行处理。

（1）债权人对重组债权分别提取了减值准备的，只需将上述差额冲减已计提减值准备，减值准备不足以冲减的部分作为债务重组损失，计入营业外支出；若减值准备冲完该差额之后仍有余额，应予以转回并抵减当期资产减值损失，不再确认债务重组损失。

（2）若债权人对重组债权不是分别提取减值准备，而是采用一揽子提取减值准备的方法，则债权人应当将对应于该债务人的损失准备计算出来，再确定是否确认债务重组损失。

◆ **以非现金资产清偿债务的税务处理**

在税务处理上，债务人以非现金资产清偿债务，除了企业重组或者清算另有规定之外，应分解为按公允价值转让非现金资产和按非现金资产公允价值相当的金额偿还债务两项经济业务进行所得税处理，债务人应确认有关资产的转让所得或损失，将重组债务的计税基础同实际支付非现金资产公允价值间的差额确认为应纳税所得额，计入收入总额。

债权人取得的非现金资产，应按照有关资产的公允价值（包括与转让资产有关的税费）确定其计税基础，据此计算出可以在企业所得税前扣除的固定资产折旧费用、无形资产摊销费用或结转商品销售成本等。债权人应将重组债权的计税基础同收到的非现金资产之间的差额，按有关税收规定，经确认为债务重组损失后，才允许在税前扣除。

实例详解

【例 9-1】 A 公司欠 B 公司货款 50 万元，因发生财务困难，2010 年 3 月，经与 B 公司协商并达成协议，B 公司同意 A 公司用库存商品一批抵债，完成债务重组。该批库存商品的账面价值为 25 万元，公允价值为 32 万元，计税价等于公允价值。A 公司为增值税一般纳税人，增值税税率为 17%。

【分析】

（1）债务人的会计处理。依据新准则，A 公司计入当期损益的金额为 25 万元

借：应付账款——B 公司　　500 000

　　贷：主营业务收入　　320 000

　　　应交税费——应交增值税　　　54 400
　　　营业外收入——债务重组利得　　　125 600

但是，在上述处理中没有考虑A公司用库存商品抵顶债务这一视同销售行为应缴纳的增值税5.44万元。按新《增值税暂行条例》规定，纳税人将自产货物用于非应税项目，属于视同销售行为，应开具发票，计算应缴纳的增值税。

A公司确认资产转让所得7万元，确认债务重组所得12.56万元，无须纳税调整。

这样处理的结果使得确认的会计收益与税法规定相一致。若按新准则将营业外收入确认为25万元，那么计提的增值税销项税额无法进行会计处理。

(2) 债权人的会计处理

借：库存商品　　　320 000
　　应交税费——应交增值税(进项税额)　　　54 400
　　营业外支出——债务重组损失　　　125 600
　　贷：应收账款——A公司　　　500 000

税法确认的债务重组损失为12.56万元，会计确认的债务重组损失同为12.56万元。

9.3　以债务转为资本的财税处理差异及调整

要　点

债务转为资本是债务重组较为常用的一种交易方式，在这种交易中，会计处理和税务处理的差异较小。本节主要介绍以债务转为资本的财税处理差异及调整。

解　释

◆ **以债务转为资本的财税处理差异及调整**

在债务重组过程中，若债务人以债务转为资本的方式来清偿债务，债务重组双方的会计处理同税务处理存在的差异如下所述。

债务人以债务转为资本的会计处理按债权人因放弃债权而享有股份的面值确认为股本，股份的公允价值同股本的差额作为资本公积，重组债务的账面价值同股份的公允价值之间的差额确认为债务重组利得计入当期损益。

发生一些税费，与股票发行直接相关的手续费等，可作为抵减资本公积处理，其他税费可直接计入当期损益，如印花税等。

债务人以债务转为资本的税务处理除了企业改组或者清算另有规定之外，将重组债务的账面价值同债权人因放弃债权而享有的股权的公允价值的差额，确认为债务重组所得，计入当期应纳税所得额。

债权人以债务转为资本的会计处理是：债权人将享有股份的公允价值，确认为对债务人的投资，重组债权的账面价值同股份公允价值间的差额计入当期损益。

债权人已经对债权计提减值准备的，应先将该差额冲减减值准备，减值准备不足以冲减的部分，计入当期损益。

发生的相关税费，应分别按照长期股权投资或金融工具确认和计量等准则的规定进行处理。

债权人以债务转为资本的税务处理是：将债权转为资本分解为债务清偿和投资两项业务进行处理，将享有股权的公允价值确认为该项投资的计税基础；同时重组债权的计税基础与收到的股权的公允价值间的差额，按有关税收规定，经确认为债务重组损失之后，才允许在税前扣除。

值得注意的是，若债权的会计计价成本与债权的计税基础相同，不必做纳税调整；若不一致，则应冲减或调增当期纳税所得，转回可抵扣暂时性差异或是转回应纳税暂时性差异对所得税的纳税影响，计入递延所得税资产贷方或是递延所得税负债借方。

实例详解

【例 9-2】 A 公司欠 B 公司货款 1 500 万元，A 公司无力偿还。B 公司同意 A 公司将其每股面值为 1 元的 500 万股普通股抵债，若股票每股市价为 2.2 元。

【分析】

(1) A 公司的会计与税法确认的债务重组利得均为 400 万元，计入营业外收入，无须纳税调整。

(2) B 公司会计确认的长期股权投资成本和税法确认的计税成本均为 1100 万元，会计确认的债务重组损失和税法确认的债务重组损失均为 400 万元，无须调整。

【例 9-3】 A 公司应收 B 公司货款 42 万元。双方协商后，B 公司以普通股偿还债务，普通股面值 1 元，B 公司以 18 万股抵偿该债务。A 公司对该项应收账款提取坏账准备 3 万元。A 公司将债权转为股权后，长期股权投资按成本法进行会计处理。假设 18 万股普通股的公允价值为 36 万元。

【分析】

B 公司的会计处理为：

借：应付账款——A 公司	420 000	
贷：股本		180 000
资本公积——股本溢价		180 000
营业外收入——债务重组利得		60 000

纳税申报时，确认的重组收益为 420 000－360 000＝60 000(元)，计入应纳税所得。

A 公司的会计处理为：

借：长期股权投资	360 000	
营业外支出——债务重组损失	30 000	
坏账准备	30 000	
贷：应收账款——B 公司		420 000

9.4　以修改其他债务条件清偿债务的财税处理差异及调整

要　点

以修改其他债务条件清偿债务，是指债务人不以其资产清偿债务，也不将债务转为资本，而是与债权人达成债务重组协议，用来减少未来债务本金、降低利率、减少或免除债务利息等方式清偿债务。企业采用修改其他债务条件进行债务重组的，应区分是否涉及或有应付(或应收)金额进行会计处理。或有应付(或应收)金额，是指需要根据未来某种事项的出现而发生的应付(或应收)金额，且该未来事项的出现具有不确定性。本节主要从不涉及或有应付金额的债务重组以及涉及或有应付金额的债务重组两方面介绍以修改其他债务条件清偿债务的财税处理差异。

解　释

◆ 不涉及或有应付金额的债务重组

在会计处理上，对债务人来说，以修改其他债务条件进行债务重组，如修改后的债务条款中不涉及或有应付金额，则重组债务(即修改其他债务条件后债务的公允价值)的差额为债务重组利得,计入营业外收入。

对债权人而言,以修改其他债务条件进行债务重组,修改后的债务条款中不涉及或有应收金额的,则债权人应将修改其他债务条件后的债权的公允价值作为重组后债权的账面价值,重组债权的账面余额与重组后债权的账面价值间的差额为债务重组损失,计入营业外支出。若债权人已对该债权计提减值准备,应先将该差额冲减减值准备,减值准备不足以冲减的部分作为债务重组损失,计入营业外支出。

在税务处理上,对债务人来说,以修改其他债务条件进行债务重组,如修改后的债务条款中不涉及或有应付金额,则重组债务的计税基础大于重组后债务的入账价值的差额,确认为应纳税所得额。

对债权人而言,以修改其他债务条件进行债务重组,如修改后的债务条款中不涉及或有应收金额,则债权人应将修改其他债务条件后的债权的公允价值作为重组后债权的计税基础,重组债权的计税基础余额同重组后债权的计税基础间的差额,按有关税收规定,经确认为债务重组损失后,才允许在税前扣除。

◆ 涉及或有应付金额的债务重组

在会计处理上,以修改其他债务条件进行的债务重组,修改后的债务条款如涉及或有应付金额,且该或有应付金额符合《企业会计准则第 13 号——或有事项》中有关预计负债确认条件的,债务人应将该或有应付金额确认为预计负债;重组债务的账面价值同重组后债务的入账价值(即重组后债务的公允价值)和预计负债金额之和的差额作为债务重组利得,计入营业外收入。如债务重组协议规定,债务人在债务重组后的一段时间里,其业绩改善到一定程度或符合一定要求(如扭亏为盈、摆脱财务困境等),应向债权人额外支付一定款项。当债务人承担的或有应付金额符合预计负债确认条件时,应将或有应付金额确认为预计负债。上述或有应付金额在随后会计期间没有发生的,企业应冲销已确认的预计负债,同时确认营业外收入。

对债权人而言,以修改其他债务条件进行债务重组,如修改后的债务条款中涉及或有应收金额,不应确认或有应收金额,不得将其计入重组后债权的账面价值。按照谨慎性原则,或有应收金额属于或有资产时,或有资产不予确认。只有在或有应收金额实际发生时,才能计入当期损益。

在税务处理上,以修改其他债务条件进行债务重组,修改后的债务条款若涉及或有应付金额,且债务人已将该项或有应付金额确认为预计负债的,需进行纳税调整,预计负债不得在税前扣除。重组债务的计税基础与重组后债务的计税基础(即重组后债务的公允价值)和预计负债金额之和的差额,作为债务重组所得,计入应纳税所得额。或有应付金额在随后会计期间如果发生,应按照税法的有关规定在实际发生当期税前扣除。

对债权人而言,以修改其他债务条款进行债务重组,修改后的债务条款中涉及或有应收金额的,不应确认或有应收金额,不得将其计入重组后债权的计税基础。重组债权的计税基础余额与重组后债权的计税基础之间的差额,按照有关税收规定,经确认为债务重组损失后,才允许在税前扣除。

相关知识

◆ 债务重组的法律属性

债务重组从本质而言,是一项法律活动,其是指在通过一定的方式改变债权人与目标公司(债务人)之间原有债权、债务合同关系的过程。例如,以资产清偿方式进行的重组,是债权人与目标公司变更债权、债务合同并依约履行的行为;以债权转股权方式的重组,将债权人与目标公司之间的债权、债务合同关系转变为股权投资关系;以修改债务条件方式进行的重组,则是对债权人与目标公司原有合同项下权利义务的变更。至于在法院主持下达成的重组协议及其履行过程,其法律属性更是毋庸置疑的。

另一方面,债权人与目标公司债务重组这一缔约过程的核心是双方间重新进行的债权、债务确认。而该确认本身就体现着新的法律关系的产生。

实例详解

【例 9-4】 A、B 公司均为上市公司,B 公司于 2010 年 1 月 31 日销售一批商品给 A 公司,销售价款 5 万元,增值税税率 17%,同时收到 A 公司签发并承兑的一张期限为 6 个月、票面年利率为 4%,到期还本付息的商业承兑汇票。票据到期日,由于 A 公司财务困难,无法偿还票据本息。经双方协定,进行债务重组:

(1) 免除积欠利息;

(2) 剩余债务于 2010 年 12 月 31 日之前偿还。

【分析】

A 公司的会计处理如下:

借:应付票据　　　　59 670

　　贷:应付账款　　　　58 500

营业外收入——债务重组利得 1 170

B公司的会计处理如下:

借:应收账款 58 500

营业外支出——债务重组损失 1 170

贷:应收票据 59 670

依税法规定,A公司债务重组收益1 170元应当计入当期应纳税所得额;B公司债务重组损失1 170元允许冲减当期应纳税所得额。

值得注意的是,若重组后债务的应付账款以后在证券市场上以抵押证券形式流通,其公允价值以市价计量,则此市价不一定等于即原债务额减去利息后的债务余额。那么,此时会计与税务处理差异就会很大。若免除积欠利息之后,债务的公允价值(此时应付单证上市流通)为58 970元。则:

A公司的会计处理:

借:应付票据 59 670

贷:应付账款 58 970

营业外收入——债务重组利得 700

B公司的会计处理:

借:应收账款 58 970

营业外支出——债务重组损失 700

贷:应收账款 59 670

此时,税法承认的A公司收益与B公司损失均为1 170元,而在这里会计上确认为700元,两者的差异如下。

A公司在交易时的会计处理是:重组后债务的公允价值为入账价值58 970元,同时确认债务重组收益700元。交易时的税务处理是:确认债务重组收益1170元计入当期应纳税所得额,故应调增会计利润470元,依法缴税。而B公司在交易时的会计处理是:债务重组后债权账面价值为58 970元,确认债务重组损失700元。税务处理是:确认债务重组损失1 170元,故应调减会计利润470元冲减当期应纳税所得额。

9.5 以组合方式清偿债务的财税处理差异及调整

要 点

以组合方式清偿债务是指采用以资产清偿债务、将债务转为资本以及修改其他债务条件三种方式组合的方式清偿债务。本节将主要从债务人的处理以及债权人的处理两方面介绍以组合方式清偿债务的财税处理差异及调整。

解 释

◆ 债务人的处理

在会计处理上，债务重组以现金、非现金资产、债务转为资本、修改其他债务条件等方式组合进行的，对债务人来说，应当依次以支付的现金、转让的非现金资产公允价值、债权人享有股份的公允价值冲减重组债务的账面价值；修改其他债务条件的，应当将修改其他债务条件后债务的公允价值作为重组后债务的入账价值。重组债务的账面价值与重组后债务的入账价值之间的差额，作为债务重组利得，计入营业外收入。修改后的债务条款如涉及或有应付金额，且该或有应付金额符合预计负债确认条件的，债务人应当将该或有应付金额确认为预计负债。重组债务的账面价值与重组后债务的入账价值和预计负债金额之和的差额，计入营业外收入。以上所产生的债务重组利得、资产转让损益等均于债务重组当期确认。

在税务处理上，债务重组以现金、非现金资产、债务转为资本、修改其他债务条件等方式组合进行的，对债务人来说，应当依次以支付的现金、转让的非现金资产公允价值、债权人享有股份的公允价值冲减重组债务的计税基础；修改其他债务条件的，应当将修改其他债务条件后债务的公允价值作为重组后债务的计税基础。重组债务的计税基础与重组后债务的计税基础之间的差额，作为债务重组所得，计入应纳税所得额。修改后的债务条款如涉及或有应付金额，且债务人已将该或有应付金额确认为预计负债的，应当进行纳税调整，预计负债不得在税前扣除；重组债务的计税基础与重组后债务的计税基础和预计负债金额之和的差额作为债务重组所得，计入应纳税所得额。或有应付金额在随后会计期间如果发生，应按照税法的有关规定在实际发生当期税前扣除。

◆ 债权人的处理

在会计处理上，债务重组采用以现金、非现金资产、债务转为资本、修改其他债务条件等方式组合进行的，对债权人来说，应当先以收到的现金、受让非现金资产的公允价值、因放弃债权而享有的股权的公允价值冲减重组债权的账面余额，差额与将来应收金额进行比较，据此计算债务重组损失。债权人已对债权计提减值准备的，应当先将该差额冲减减值准备，减值准备不足以冲减的部分，作为债务重组损失，计入营业外支出。以上产生的债务重组损失于债务重组当期确认。

在税务处理上，债务重组采用以现金、非现金资产、债务转为资本、修改其他债务条件等方式组合进行的，对债权人来说，应当先以收到的现金、受让非现金资产的公允价值、因放弃债权而享有的股权的公允价值冲减重组债权的计税基础，差额同将来应收金额进行比较，据此计算会计债务重组损失，在按有关税收规定经确认后，才允许在税前扣除。

实例详解

【例 9-5】 A 企业欠 B 企业 1 500 万元债务，经协商进行债务重组，A 企业以库存商品一批抵偿债务，评估价值 1 250 万元(含税)，其他债务免去。

【分析】

债权人 B 企业收到的存货公允价值为 1 250 万元，与债务账面价值 1 500 万元相比，做出了 250 万元的让步，让步金额为 250 万元。按照税法规定，可作为资产损失报税务机关审批后税前扣除。

债务人 A 企业以 1 250 万元存货抵消 1 500 万元债务，少归还债务 250 万元，获得债务重组收入 250 万元。按照税法规定，此项收入应计入当期应纳税所得额缴纳企业所得税。

实战训练

一、单项选择题

1. 除国务院财政、税务主管部门另有规定外，企业在重组过程中，应当在交易发生时确认有关资产的转让所得或者损失，相关资产应当按照(　　)确定计税基础。

A. 历史成本　　B. 账面净值

C. 交易价格　　D. 账面原值

2. 相关的财务会计制度是企业纳税政策管理的重要内容，因为企业依法进行税务管理的所有活动结果最终要靠(　　)资料加以体现并举。企业财务会计核算的法律依据是财务会计法规和有关税收法律法规。

A. 企业资金周转　　B. 企业纳税

C. 企业财务会计核算　　D. 企业税额

3. 依据企业会计准则的规定，下列有关债务重组的表述中，错误的是(　　)。

A. 债务人以非现金资产或以债转股方式抵偿债务的，重组债务的账面价值与转让的非现金资产或所转股份的公允价值之间的差额，应当确认为债务重组利得

B. 债务重组是在债务人发生财务困难情况下，债权人按其与债务人达成的协议或法院的裁定做出让步的事项

C. 延长债务偿还期限在没有减少利息或本金的情况下也有可能是债务重组

D. 关联方关系的存在可能导致发生债务重组具有调节损益的可能性

4. 以下关于税务会计主体的表述中正确的为(　　)。

A. 税务会计主体与财务会计主体相同

B. 财务会计主体都是税务会计主体

C. 税务会计主体一定是财务会计主体

D. 税务会计主体不一定是财务会计主体

5. A、B公司均为一般纳税企业，增值税税率17%；A公司销售给B公司一批库存商品，应收账款为含税价款800万元，款项尚未收到。到期时B公司无法按合同规定偿还债务，经双方协商，A公司同意B公司用存货抵偿该项债务，该产品公允价值600万元(不含增值税)，增值税为102万元，成本500万元，假设A公司为该应收账款计提了100万元的坏账准备。则A公司冲减资产减值损失的金额是(　　)万元。

A. 0　　B. 100

C. 2　　D. 98

二、多项选择题

1. 下列有关债务重组时债务人会计处理的表述中，正确的有(　　)。

A. 以现金清偿债务时，债务人实际支付的现金低于债务账面价值的差额计入当期损益

B. 以非现金资产清偿债务时，转让的非现金资产公允价值低于债务账面价值的差额计入资本公积

C. 以非现金资产清偿债务时，转让的非现金资产公允价值低于债务账面价值的差额计入当期损益

D. 以现金和非现金资产清偿债务时，现金和转让的非现金资产公允价值低于债务账面价值的差额计入当期损益

2. 关于债务重组准则中以非现金清偿债务的，下列说法中正确的有(　　)。

A. 债务人以非现金资产清偿债务的，债务人应当将重组债务的账面价值与转让的非现金资产公允价值之间的差额，确认为资本公积，计入所有者权益

B. 债务人以非现金资产清偿债务的，债务人应当将重组债务的账面价值与转让的非现金资产公允价值之间的差额，确认为营业外支出，计入当期损益

C. 债务人以非现金资产清偿债务的，债务人应当将重组债务的账面价值与转让的非现金资产公允价值之间的差额，计入当期损益

D. 债务人转让的非现金资产公允价值与其账面价值之间的差额，计入当期损益

3. 关于债务重组准则，下列说法中正确的有(　　)。

A. 债务重组一定是在债务人发生财务困难情况下发生的

B. 债务重组一定是债权人按照其与债务人达成的协议或者法院的裁定做出让步的事项

C. 债务重组既包括持续经营情况下的债务重组，也包括非持续经营情况下的债务重组

D. 只要债务条件发生变化，无论债权人是否做出让步，均属于债务重组

4. 关于债务重组准则中修改其他债务条件的，下列说法中正确的有(　　)。

A. 修改其他债务条件的，债务人应当将修改其他债务条件后债务的公允价值作为重组后债务的入账价值。重组债务的账面价值与重组后债务的入账价值之间的差额，计入当期损益

B. 修改其他债务条件的，债务人应当将修改其他债务条件后债务的公允价值作为重组后债务的入账价值。重组债务的账面价值与重组后债务的入账价值之间的差额，确认为资本公积

C. 修改后的债务条款如涉及或有应付金额，且该或有应付金额符合《企业会计准则第13号——或有事项》中有关预计负债确认条件的，债务人应当将该或有应付金额确认为预计负债。重组债务的账面价值，与重组后债务的入账价值与预计负债金额之和的差额，计入当期损益

D. 修改后的债务条款如涉及或有应付金额，无论是否符合预计负债确认条件，根据谨慎性原则，债务人应当将该或有应付金额确认为预计负债。重组债务的账面价值，与重组后债务的入账价值与

预计负债金额之和的差额，计入当期损益

5. 以下债务转为资本关于债权人会计处理的表述正确的有（　　）。

A. 债权人按享有股份的面值确认为对债务人的投资

B. 债权人按享有股份的公允价值确认为对债务人的投资

C. 重组债权账面余额与股份公允价值扣除减值准备后仍有余额的应确认为重组损失

D. 债券转投资时发生的税费按照长期股权投资或金融资产的相关规定入账

三、判断题

1. 企业所得税纳税人在计算应纳税所得额时，如果发生财务、会计处理办法同国家税法规定不一致的，应当按照财务会计处理办法计算纳税。（　　）

2. 在非股权债务重组中，债务人不会涉及资本公积科目。（　　）

3. 债务重组方式包括以资产清偿债务、将债务转为资本、修改其他债务条件等，但以上三种方式的组合方式不属于准则规范的债务重组方式。（　　）

4. 在债务重组中，债务人的或有应付金额在随后会计期间没有发生的，应在结算时转入资本公积。（　　）

5. 如果是以企业持有的投资偿还债务的，资产账面价值与公允价值的差额是计入投资收益核算的。（　　）

四、问答题

1. 会计准则对于债务重组的定义是怎样的？

2. 债务重组的方式主要有哪些？

3. A公司于2010年1月1日销售一批产品给B公司，价值为120万元（含增值税），B公司发生财务危机，短期内不能付款。2010年5月，经协商，A公司同意B公司以一批产品偿还债务，该批产品的账面价值为90万元，计提存货跌价准备为10万元，其公允价值为95万元（不含增值税），计税价等于公允价值，增值税税率为17%。A公司对该项应收账款计提坏账准备6万元，假如税法规定计提坏账的比例为5‰，未发生其他税费。试确定A、B公司的业务处理。

第10章

成本费用财税处理差异及调整

10.1 关于成本费用基本概念的差异

要 点

就一般意义而言，成本费用泛指企业在生产经营中所发生的各种资金耗费。成本费用是反映和监督劳动耗费的工具；是补偿生产耗费的尺度；可以综合反映企业的工作质量，是推动企业提高经营管理水平的重要杠杆；也是定制产品价格的一项重要依据。本节主要介绍关于成本费用基本概念的差异，主要内容包括：成本费用基本规定与分类的财税差异；成本概念的财税差异；费用概念的财税差异；税金概念的财税差异以及损失概念的财税差异。

解 释

◆ **成本费用基本规定与分类的财税差异**

《企业会计准则——基本准则》规定，费用是指企业在日常活动中发生的、会导致所有者权益减少的、与向所有者分配利润无关的经济利益的总流出。费用只有在经济利益很可能流出从而导致企业资产减少或者负债增加、且经济利益的流出额能够可靠计量时才能予以确认。企业为生产产品、提供劳务等发生的可归属于产品成本、劳务成本等的费用，应当在确认产品销售收入、劳务收入等时，将已销售产品、已提供劳务的成本等计入当期损益。企业发生的支出不产生经济利益的，或者即使能够产生经济利益但不符合或者不再符合资产确认条件的，应当在发生时确认为费用，计入当期损益。企业发生的交易或者事项导致其承担了一项负债而又不确认为一项资产的，应当在发生时确认为费用，计入当期损益。符合费用定义和费用确认条件的项目，应当列入利润表。

在《企业会计准则应用指南》中，通过会计科目对企业的成本、费用、损失及税金进行了划分和范围的确定。对成本设置了“主营业务成本”、

"其他业务成本"会计科目；对费用设置了"销售费用"、"管理费用"和"财务费用"会计科目；对税金设置了"营业税金和附加"和"所得税费用"会计科目；对损失设置了"资产减值损失"和"营业外支出"会计科目。

在《企业所得税法》中，与《企业会计准则》成本费用相对应的概念是扣除。

扣除＝会计核算的成本、费用、损失和税金－税法规定不允许税前扣除的成本、费用、税金、损失和其他支出－税法规定有限额在税前扣除的成本、费用、税金、损失和其他支出

《企业所得税法》第八条规定，企业实际发生的与取得收入有关的、合理的支出，包括成本、费用、税金、损失和其他支出，准予在计算应纳税所得额时扣除。根据《企业所得税法实施条例》第二十七条规定，《企业所得税法》第八条所称有关的支出，是指与取得收入直接相关的支出。《企业所得税法》第八条所称合理的支出，是指符合生产经营活动常规，应当计入当期损益或者有关资产成本的必要和正常的支出。第二十八条规定，企业发生的支出应当区分收益性支出和资本性支出。收益性支出在发生当期直接扣除；资本性支出应当分期扣除或者计入有关资产成本，不得在发生当期直接扣除。企业的不征税收入用于支出所形成的费用或者财产，不得扣除或者计算对应的折旧、摊销扣除。除《企业所得税法》和本条例另有规定外，企业实际发生的成本、费用、税金、损失和其他支出，不得重复扣除。

◆ 成本概念的财税差异

《企业会计准则》界定的"主营业务成本"科目，主要是核算企业确认销售商品、提供劳务等主营业务收入时应结转的成本，"其他业务成本"科目，主要是核算企业确认的除主营业务活动以外的其他经营活动所发生的支出，它包括销售材料的成本、出租固定资产的折旧额、出租无形资产的摊销额、出租包装物的成本或摊销额等。

《企业所得税法实施条例》第二十九条规定，《企业所得税法》第八条所称成本，是指企业在生产经营活动中发生的销售成本、销货成本、业务支出以及其他耗费。对《企业会计准则》同《企业所得税法》界定的成本差异分析如下。

1. 成本的范围

税法所指的成本概念与一般会计意义上的成本概念略有所不同。会计上的成本是指企业在生产产品、提供劳务过程中的劳动对象、劳动手段和活劳动的耗费，是对象化的费用，针对一定产出物计算归集的。在实务

中，成本通常包括直接材料、直接人工、燃料和动力、制造费用。其中直接材料是指直接用于产品生产、构成产品、主要材料、外购半产品、有助于产品形成的辅助材料以及其他直接材料；直接人工是指参加产品生产的工人工资及按生产工人工资总额和按规定比例计算提取的职工福利费；燃料和动力是指直接用于产品生产的外购及自制的燃料和动力费；制造费用是指为生产产品和提供劳务所发生的各项期间费用。

《企业所得税法》中的成本比会计中的成本范围要大，包括纳税申报期间已申报确认的销售商品（包括材料、下脚料、产品、废料和废旧物资等），提供劳务，转让、处置固定资产和无形资产的成本。企业对象化的费用有的成为了在产品或产成品等存货，只有销售出去，并在申报纳税期间确认了销售或营业收入的相关部分商品的成本才可申报扣除。

因《企业所得税法》和财务会计制度的目的不同，会计收入分类偏重于经济收入的稳定性和经常性，而《企业所得税法》收入分类的基础是税收政策待遇的异同。所以《企业所得税法》中成本归集的内容不仅包括了企业的主营业务成本，还包括其他业务成本和营业外支出。

纳税人应将经营活动中发生的成本合理地划分为直接成本和间接成本。直接成本是指可直接计入有关成本计算对象或劳务的经营成本中的直接材料和直接人工等；间接成本是指多个部门为同一成本对象提供服务的共同成本，或是同一种投入可制造、提供两种或两种以上的产品或劳务的联合成本。

直接成本可以根据有关会计凭证、记录直接计入有关成本计算对象或劳务的经营成本中。间接成本应根据与成本计算对象的因果关系和产量等，以合理的方法分配计入有关成本计算对象中。

2. 制造成本的分配

为了准确计算税前扣除成本，企业应当将全部制造成本在在产品和完工产品间进行合理分配。企业的产品制造成本可以采用简单法（品种法）、分批法（订单法）或分步法等方法进行计算。若企业从事的是单步骤的简单生产，产品单一、没有在产品，则可以采用简单法按照产品品种归集计算产品制造成本；若纳税人从事的是单件、小批的复杂生产，可以采用分批法按批计算产品制造成本；若企业从事的是连续式大批量复杂生产，可以采用分步法分产品，按步骤核算各步骤的半成品和产成品的成本。

3. 间接成本的分配

在计算确定税前扣除成本的过程中，间接成本分配不合理，很容易成为企业在不同纳税期间或不同产品、应税项目及非应税项目之间调剂利润，设法避税。因此，需要对间接成本明确提出合理分配的原则要求。

对多部门为同一成本对象提供服务的共同成本的分配，应以共同成本与成本对象的因果关系为基础。若共同成本与成本对象之间的关系不止一种，则可以采用双重或多重基础分配。在一般分配基础无法反映其间的因果关系时，也可以采取某些复杂性指标。若无法确定共同成本与成本对象间的关系，纳税人确定的最为合理的分配基础应保留详细资料，以备税务机关审查。

对同一种投入可以制造两种或两种以上的产品的联合成本的分配，应当反映出投入成本与产出经济效益间的关系，若联产品在联合生产结束时的分离点上可以出售，则应以售价或市价来进行分配；若联产品必须经过进一步加工才能出售，则应以再加工后的售价减加工成本，得到推定的净变现价值后进行分配；若联产品价格起伏不定，从分离点到可出售点之间需大量加工，或在成本加成合同下无法事先得知成本的情况下，可用联产品在体积、重量等方面的实际数量来分配联合成本，但必须保证联产品的实际数量能够反映其经济价值；若联产品中有不重要的副产品，可将全部联合成本分配给主产品。

◈ 费用概念的财税差异

《企业会计准则》界定的"销售费用"科目主要是为了核算企业销售商品和材料、提供劳务过程中发生的各种费用，包括：保险费、包装费、展览费和广告费、商品维修费、预计产品质量保证损失、运输费、装卸费，以及为销售本企业商品而专设的销售机构的职工薪酬、业务费、折旧费等经营费用。

《企业会计准则》界定的"管理费用"科目核算企业为了组织和管理企业生产经营所发生的管理费用，包括：企业在筹建期间内发生的开办费、董事会和行政管理部门在企业的经营管理中发生的或应由企业统一负担的公司经费、工会经费、董事会费、聘请中介机构费、咨询费、诉讼费、业务招待费、车船使用税、房产税、土地使用税、印花税、技术转让费、研究费用、矿产资源补偿费、排污费等。

《企业会计准则》界定的"财务费用"科目核算企业为了筹集生产经营所需资金等发生的筹资费用，包括利息支出（减利息收入）、汇兑损益及相关的手续费、企业发生的现金折扣或收到的现金折扣等。

《企业所得税法实施条例》第三十条规定，《企业所得税法》第八条所称费用，是指企业在生产经营活动中发生的销售费用、管理费用和财务费用，已经计入成本的有关费用除外。对《企业会计准则》同《企业所得税法》界定的费用差异分析如下。

1. 费用的范围

《企业所得税法实施条例》明确了与取得应税收入有关的支出，凡没有计入成本，没有资本化的支出，都应计入期间费用，包括销售费用、管理费用及财务费用。需注意的是，不能在成本与期间费用之间重复扣除。所以，企业发生的期间费用，只要符合税前扣除基本条件和一般原则规定的，与取得应税收入有关的支出，凡没有计入成本，没有资本化的支出，以及税法没有禁止和限制的，均应计入期间费用在税前扣除。

2. 销售费用

企业为销售商品和材料、提供劳务的过程中发生的，符合《企业所得税法》规定的各种费用允许在税前扣除。其中，按《企业会计准则》处理的广告费、销售佣金、福利费等费用，税前扣除有标准限制。预计产品质量保证损失在实际发生售后服务支出时才能扣除。企业发生的与专设销售机构相关的固定资产修理费用等后续支出，符合税法规定大修理支出标准的，应作为长期待摊费用进行资产化处理。

3. 管理费用

企业为组织和管理企业生产经营活动所发生的，符合《企业所得税法》规定的各种费用允许在税前扣除。其中，按照《企业会计准则》处理的行政管理部门职工福利费、工会经费、业务招待费等税前扣除有标准限制。研究费用符合规定条件的可加计扣除。属于被环境保护主管部门的排污罚款不允许扣除等。

4. 财务费用

财务费用是纳税人筹集经营性资金发生的筹资费用，其中按照《企业会计准则》处理利息支出应做纳税调整，因为利息收入已计入收入总额；汇兑损益应做纳税调整，因为汇兑收益已计入收入总额；企业发生的现金折扣可以作为财务费用，但收到的现金折扣应计入收入总额，同时应做纳税调整。

◆ 税金概念的财税差异

《企业会计准则》界定的“营业税金和附加”科目核算企业经营活动发生的营业税、消费税、城市维护建设税、资源税和教育费附加等相关税费。房产税、车船使用税、土地使用税、印花税在“管理费用”科目核算，但和投资性房地产相关的房产税、土地使用税在本科目核算。“所得税费用”科目核算企业确认的应从当期利润总额中扣除的所得税费用。

《企业所得税法实施条例》第三十一条规定,《企业所得税法》第八条所称税金,是指企业发生的除企业所得税和允许抵扣的增值税以外的各项税金及其附加。企业发生的税金是企业为了取得经营收入实际发生的必要的、正常的支出和企业发生的成本、费用性质一样,是企业取得经营收入实际发生的经济负担,符合税前扣除基本原则,所以,将税金和成本、费用并列为允许在税前扣除的支出。

企业所得税税款是依据应税收入减去扣除项目的余额计算得到的,本质上是企业利润分配的支出,同时还是国家参与企业经营成果分配的一种形式,并非为取得经营收入实际发生的费用支出,不得作为企业的税金在税前扣除。

目前,我国的增值税是价外税,产品的价格与税款分开。企业的增值税是通过逐环节抵扣,将增值税负担转嫁给最终消费者,并非企业的实际负担,故允许抵扣的增值税是不允许作为税金在税前扣除的。对于企业未实际抵扣,由企业最终负担的增值税税款,应当按照规定允许计入资产的成本,在当期或以后期间扣除。

◆ **损失概念的财税差异**

《企业会计准则》界定的“资产减值损失”科目,核算企业计提各项资产减值准备所形成的损失。“营业外支出”科目,核算企业发生的各项营业外支出,包括非流动资产处置损失、非货币性资产交换损失、债务重组损失、公益性捐赠支出、盘亏损失、非常损失等。

《企业所得税法实施条例》第三十二条规定,《企业所得税法》第八条所称损失,是指企业在生产经营活动中发生的固定资产和存货的盘亏、毁损、报废损失,转让财产损失,呆账损失,坏账损失,自然灾害等不可抗力因素造成的损失以及其他损失。企业发生的损失,减除责任人赔偿和保险赔款后的余额,依照国务院财政、税务主管部门的规定扣除。企业已经作为损失处理的资产,在以后纳税年度又全部收回或者部分收回时,应当计入当期收入。

企业的各项资产损失,按资产的性质分为货币资金损失、坏账损失、存货损失、投资转让或清算损失、固定资产损失、在建工程和工程物资损失、无形资产损失和其他资产损失;按申报扣除程序分为自行申报扣除财产损失和经审批扣除财产损失;按损失原因分为正常损失(包括正常转让、报废、清理等)、非正常损失(包括因战争、自然灾害等不可抗力造成损失,因人为管理责任毁损,被盗造成损失,政策因素造成损失等)、发生改组等评估损失等。这些损失允许按税法规定在税前扣除。

按会计“资产减值损失”科目核算企业计提各项资产减值准备所形成的损失，不得在计提时扣除，应在实际发生损失后，依照《企业所得税法》规定扣除。“营业外支出”科目，核算企业发生的各项营业外支出，包括：非流动资产处置损失、非货币性资产交换损失、债务重组损失、公益性捐赠支出、盘亏损失、非常损失等，符合《企业所得税法》规定条件和限额的，按照《企业所得税法》规定程序确认后方可在税前扣除。

除以上总结的成本、费用、税金、损失之外，《企业所得税法实施条例》第三十三条还规定，企业在生产经营活动中发生的与生产经营活动有关的、合理的其他支出，可按照《企业所得税法》第八条规定在税前扣除。企业经营活动中发生的支出种类很多，为保证企业经营活动中实际发生的有关的、合理的支出能得到扣除，条例中作为兜底条款处理。

相关知识

◆ 营业外支出

在会计处理上，要求企业的营业外支出应直接计入当期损益；而税法对营业外支出的税前扣除标准做了以下具体规定。

(1) 企业非公益性赞助支出不能在税前扣除。

广告性质的赞助支出，属于符合广告费列支的相关规定。若不符合广告费列支的相关规定，且确属于广告宣传性质，则可按照业务宣传费的规定处理。

(2) 企业因违反法律、行政法规而向行政部门、司法部门缴纳的罚款、罚金及滞纳金，不得扣除。

企业间因违反经济合同而支付的各种赔偿和罚款，允许在税前扣除。

(3) 捐赠支出。

新准则不区分公益救济性捐赠和非公益救济性捐赠，一律在“营业外支出”科目进行核算，税法对公益救济性捐赠分别按不同情况进行处理。

《企业所得税法》第十条规定，在计算应纳税所得额时，下列支出不得扣除：

1) 向投资者支付的股息、红利等权益性投资收益款项；

2) 企业所得税税款；

3) 税收滞纳金；

4) 罚金、罚款和被没收财物的损失；

5) 本法第九条规定以外的捐赠支出；

6) 赞助支出；

7）未经核定的准备金支出；

8）与取得收入无关的其他支出。

10.2 借款费用的财税处理差异及调整

要 点

借款费用是指企业因借款而发生的利息、折价或者溢价的摊销和辅助费用，以及因外币借款而发生的汇兑差额。它反映的是企业借入资金所付出的劳动和代价。本节主要介绍借款费用资本化处理的财税处理差异及调整；借款费用资本化确认的财税处理差异及调整；借款费用计量的财税处理差异及调整。

解 释

◆ **借款费用资本化处理的财税处理差异及调整**

依据国税发[2000]84号等有关借款费用处理的规定同新准则对比，两者在借款费用构成方面基本一样，但在借款费用资本化处理时有所差异。

1. 借款费用确定的口径差异

会计与税法实务中均对借款费用的范围有明确的规定，但双方确认的口径存在较大的差异。国税发[2000]84号第三十三条规定，借款费用是纳税人为经营活动的需要承担的、与借入资金相关的利息费用，包括：

（1）长期、短期借款的利息；

（2）与债券相关的折价或溢价的摊销；

（3）安排借款时发生的辅助费用的摊销；

（4）与借入资金有关，作为利息费用调整额的外币借款产生的差额。

由此可见，新准则规定的借款性质和用途比较笼统，并明确包括辅助费用项目。在税务处理时，对纳税人的借款种类、性质和用途等规定比较明确，但在借款费用范围内不包括辅助费用项目，只是提到了辅助费用的摊销。

2. 资本化资产范围差异

《企业所得税法实施条例》第三十七条规定，企业在生产经营活动中发生的合理的不需要资本化的借款费用，准予扣除。企业为购置、建造固定资产、无形资产和经过12个月以上的建造才能达到预定可销售状态的存货发生借款的，在有关资产购置、建造期间发生的合理的借款费用，应当作为资本性支出计入有关资产的成本，并依照规定扣除。《企业会计准则第17号——借款费用》规定，符合资本化条件的资产，是指需要经过相当长时间的购建或者生产活动才能达到预定可使用或者可销售状态的资产，包括固定资产和需要经过相当长时间的购建或者生产活动才能达到可使用或可销售状态的存货、投资性房地产等资产。

3. 资本化金额计算差异

国税发[2000]84号第三十四条规定，资产购建期间发生的借款费用，作为资本性支出计入有关资产的成本。纳税人借款未指明用途的，其借款费用应按经营性活动和资本性支出占用资金的比例，合理计算资本化和费用化的借款费用。纳税人在生产、经营期间，向金融机构借款的利息支出，按照实际发生数扣除向非金融机构借款的利息支出，不高于按照金融机构同类、同期贷款利率计算的数额以内的部分，准予扣除。纳税人从关联方取得的借款金额超过其注册资本50%的，超过部分的利息支出，不得在税前扣除，也不能资本化。

《企业会计准则第17号——借款费用》规定，每一会计期间的利息(包括折价或溢价的摊销)资本化金额应当区分专门借款和一般借款两种方式计算。差异表现在对一般借款的资本化金额计算方面，新准则规定的比较详细，这种处理税法无特殊规定时，可不必做纳税调整。另外，若借款利息费用超过了税法规定的限额，则不得税前扣除，也不允许资本化后计提折旧扣除，超额利息费用将形成永久性差异，在所得税汇算清缴时直接增加应税所得。

4. 资本化期间差异

新准则规定在同时满足三个条件时，企业在所购固定资产达到可使用状态前发生的专门借款费用才能开始资本化。在购置固定资产时，若发生非正常中断且中断时间较长，一般指连续超过三个月以上，其中断期间发生的借款费用不计入所购置固定资产的成本，可直接在发生当期扣除。国税发[2000]84号第三十四条规定，有关资产交付使用前资本化之后发生的借款费用，可以在发生当期扣除。

5. 辅助费用摊销处理差异

依照国税发[2000]84号规定，借款发生的辅助费用应分期摊销计入当期损益，即分期抵扣应纳税所得额。对于企业债券发行期间冻结资金的利息收入按规定不得抵减财务费用，调增应纳税所得额，增加当期应交所得税。《企业会计准则第17号——借款费用》规定专门借款发生的辅助费用，在所购建或者生产的符合资本化条件的资产达到预定可使用或者可销售状态之后发生的，在发生时根据其发生额确认为费用，计入当期损益。一般借款发生的辅助费用，在发生时根据其发生额确认为费用，计入当期损益。这样，在企业所得税汇算清缴时就会涉及因辅助费用需要摊销而产生的时间性差异，应调增应纳税所得额，当期要多缴企业所得税。

◆ **借款费用资本化确认的财税处理差异及调整**

在会计处理上，企业发生的借款费用，可直接归属于符合资本化条件的资产的购建或者生产的，应当予以资本化，计入相关资产成本；其他借款费用，应当在发生时根据其发生额确认为费用，计入当期损益。符合资本化条件的资产，是指需要经过相当长时间的购建或者生产活动才能达到预定可使用或者可销售状态的资产。

借款费用同时满足以下三个条件时，才应当开始资本化：

(1) 资产支出已经发生，资产支出包括为购建或者生产符合资本化条件的资产而以支付现金、转移非现金资产或者承担带息债务形式发生的支出；

(2) 借款费用已经发生；

(3) 为使资产达到预定可使用或者可销售状态所必要的购建或者生产活动已经开始。

在资本化期间内，属于价款费用资本化范围的外币借款本金及利息的汇兑差额，应当予以资本化，计入符合资本化条件的资产的成本。

专门借款发生的辅助费用，在所购建或者生产的符合资本化条件的资产达到预定可使用或者可销售状态之前发生的，应当在发生时根据其发生额予以资本化，计入符合资本化条件的资产的成本；在所购建或者生产的符合资本化条件的资产达到预定可使用或者可销售状态之后发生的，应当在发生时根据其发生额确认为费用，计入当期损益。

符合资本化条件的资产在购建或者生产过程中发生非正常中断，如果中断是所购建或者生产的符合资本化条件的资产达到预定可使用或者可销售状态必要的程序，借款费用的资本化应当继续进行。

购建或者生产符合资本化条件的资产达到预定可使用或者可销售状态，可从下列几个方面进行判断。

(1) 符合资本化条件的资产的实体建造（包括安装）或者生产工作已经全部完成或者实质上已经完成。

(2) 所购建或者生产的符合资本化条件的资产与设计要求、合同规定或者生产要求相符或者基本相符，即使有极个别与设计、合同或者生产要求不相符的地方，也不影响其正常使用或者销售。

(3) 继续发生在所购建或生产的符合资本化条件的资产上的支出金额很少或者几乎不再发生。

购建或者生产符合资本化条件的资产需要试生产或者试运行的，在试生产结果表明资产能够正常生产出合格产品，或者试运行结果表明资产能够正常运转或者营业时，应当认为该资产已经达到预定可使用或者可销售状态。

购建或者生产的符合资本化条件的资产的各部分分别完工，且每部分在其他部分继续建造过程中可供使用或者可对外销售、且为使该部分资产达到预定可使用或可销售状态所必要的购建或者生产活动实质上已经完成的，应当停止与该部分资产相关的借款费用的资本化。

购建或者生产的资产的各部分分别完工，但必须等到整体完工后才可使用或者可对外销售的，应当在该资产整体完工时停止借款费用的资本化。

企业借款购建或者生产的存货中，符合借款费用资本化条件的，应当将符合资本化条件的借款费用予以资本化。符合借款费用资本化条件的存货，主要包括企业(房地产开发)开发的用于对外出售的房地产开发产品、企业制造的用于对外出售的大型机械设备等。这类存货通常需要经过相当长时间的建造或者生产过程，才能达到预定可销售状态。其中“相当长时间”，是指为资产的购建或者生产所必需的时间，通常为 1 年以上(含 1 年)。

在税务处理上，根据《企业所得税法实施条例》第三十七条第二款规定，企业为购置、建造固定资产、无形资产和经过 12 个月以上的建造才能达到预定可销售状态的存货发生借款的，在有关资产购置、建造期间发生的合理的借款费用，应当作为资本性支出计入有关资产的成本，并依照本条例的规定扣除。其他借款费用不予资本化。购置、建造活动发生非正常中断，如果中断是资产达到可使用状态必需的程序，则中断期间发生的借款费用，仍应资本化。

◆ 借款费用计量的财税处理差异及调整

在会计处理上，在资本化期间内，每一会计期间的利息(包括折价或溢价的摊销)资本化金额，应当按照下列步骤和方法计算。

(1) 为购建或者生产符合资本化条件的资产而借入专门借款的，应以专门借款当期实际发生的利息费用，减去尚未动用的借款资金存入银行取得的利息收入或是进行暂时性投资取得的投资收益后的金额确定。

（2）为购建或者生产符合资本化条件的资产而占用了一般借款的，企业应当根据累计资产支出超过专门借款部分的资产支出加权平均数乘以所占用一般借款的资本化率，计算确定一般借款应予资本化的利息金额。

一般借款的资本化率应当根据一般借款加权平均利率计算确定。

资本化期间是指从借款费用开始资本化时点到停止资本化时点的期间，借款费用暂停资本化的期间不包括在内。

借款存在折价或者溢价的，应当按照实际利率法确定每一会计期间应摊销的折价或者溢价金额，调整每期利息金额。在资本化期间内，每一会计期间的利息资本化金额，不应当超过当期相关借款实际发生的利息金额。

在税务处理上，根据《企业所得税法实施条例》第三十八条规定，企业在生产经营活动中发生的下列利息支出，准予扣除：

（1）非金融企业向金融企业借款的利息支出、金融企业的各项存款利息支出和同业拆借利息支出、企业经批准发行债券的利息支出。

（2）非金融企业向非金融企业（包括自然人）借款的利息支出，不超过按照金融企业同期同类贷款利率计算的数额的部分。

根据《企业所得税法》第四十六条规定，企业从其关联方接受的债权性投资与权益性投资的比例超过规定标准而发生的利息支出，不得在计算应纳税所得额时扣除。

相关知识

◆ 借款费用的基本概念

借款费用是指企业因借款而发生的利息及其他相关成本。借款费用包括借款利息、折价或者溢价的摊销、辅助费用以及因外币借款而发生的汇兑差额等。

借款利息是指企业向银行或其他金融机构等借入资金发生的利息、发行公司债券发生的利息以及为购建或者生产符合资本化条件的资产发生的带息债务所承担的利息等。

折价或者溢价是指发行债券等所发生的折价或者溢价，发行债券中的折价或者溢价，其实质是对债券票面利息的调整（即将债券票面利率调整为实际利率），属于借款费用的范畴。

辅助费用是指企业在借款过程中发生的诸如手续费、佣金等费用，由于这些费用是因安排借款而发生的，也属于借入资金所付出的代价，是借款费用的构成部分。

因外币借款而发生的汇兑差额，是指由于汇率变动对外币借款本金及其利息的记账本位币金额所产生的影响金额。由于汇率的变化往往和利率的变化相联动，它是企业外币借款所需承担的风险，因此，因外币借款相关汇率变化所导致的汇兑差额属于借款费用的有机组成部分。

企业借款分为专门借款和一般借款。专门借款是指为购建或者生产符合资本化条件的资产而专门借入的款项；一般借款是指除专门借款之外的其他借款。

10.3 公益性捐赠支出的财税处理差异及调整

要 点

在会计处理上，公益性捐赠支出在“营业外支出”科目内核算。在税务处理上，根据《企业所得税法》第九条规定，企业发生的公益救济性捐赠，在年度利润总额12%以内的部分，准予扣除。本节主要介绍公益性捐赠税前扣除的管理；公益性捐赠的扣除比例规定以及公益性捐赠的扣除比例的基数。

解 释

◆ 公益性捐赠税前扣除的管理

界定公益性捐赠支出的关键是明确国家机关和公益性社会团体。国家机关，是指按照政府组织法成立的具有行政管理职能的行政机关。《企业所得税法实施条例》对公益性社会团体界定的条件和标准进行了明确规定，《企业所得税法实施条例》第五十二条规定，本条例第五十一条所称公益性社会团体，是指同时符合下列条件的基金会、慈善组织等社会团体：

(1) 依法登记，具有法人资格；

(2) 以发展公益事业为宗旨，且不以营利为目的；

(3) 全部资产及其增值为该法人所有；

(4) 收益和营运结余主要用于符合该法人设立目的的事业；

(5) 终止后的剩余财产不归属任何个人或者营利组织；

(6) 不经营与其设立目的无关的业务；

(7) 有健全的财务会计制度；

(8) 捐赠者不以任何形式参与社会团体财产的分配；

(9) 国务院财政、税务主管部门会同国务院民政部门等登记管理部门规定的其他条件。

◆ 公益性捐赠的扣除比例规定

《企业所得税法》第九条规定，企业发生的公益性捐赠支出，在年度利润总额12%以内的部分，准予扣除。主要考虑以下几个因素。

(1) 参照了国际上通行的做法。目前，其他国家对公益性捐赠都规定一个扣除比例，多数规定在10%左右。因此，借鉴世界各国税制改革惯例，有利于体现税法的科学性、完备性和前瞻性。

(2) 解决内资企业的公益性捐赠税负过重的问题。目前，内资企业总体上公益性捐赠支出税前扣除比例较低，适当提高公益性捐赠支出税前扣除比例有利于调动内资企业公益性捐赠的积极性，解决内资企业公益性捐赠税负过重问题。

(3) 有利于兼顾财政承受能力和纳税人负担水平，有效地组织财政收入。目前，对外资企业的公益性捐赠允许全额在税前扣除。由于公益性捐赠支出是企业的自愿行为，公益性捐赠支出税收负担应在国家和企业之间合理分配，如果允许公益性支出全额在税前扣除，其税收负担完全由国家承担，加大财政承受能力，不尽合理。适当提高外资企业公益性捐赠支出的税收负担有利于合理规范国家和企业的分配关系，有利于兼顾财政承受能力和纳税人负担水平。

◆ 公益性捐赠的扣除比例的基数

过去，无论内资企业还是外资企业，计算公益性捐赠税前扣除的基数都是应纳税所得额。《企业所得税法》将其改为利润总额，主要原因是便于公益性捐赠扣除的计算，方便纳税人的申报。

《企业所得税法实施条例》规定，年度利润总额，是指企业按照国家统一会计制度的规定计算的年度会计利润。

相关知识

◆ 公益性捐赠立法背景

捐赠是企业承担社会责任的主要形式之一。发达国家的企业捐赠是社会慈善事业的主要资金来源，国外十分重视公益性捐赠，相关税法也较完善。我国对公益性捐赠税收处理也采取了国际通行的做法，给予一定的照顾。

允许公益性捐赠支出可以在税前扣除的主要原因有以下两点。

(1) 弥补政府职能的缺位。

市场经济条件下，政府的主要职能是为市场和社会提供满足社会成员需要的公共产品或公共服务。由于我国正处在经济转轨时期，国家财力有限，许多本应由政府承担的公共事务(如教育、卫生、社会保障等)，并没有到位，需要全社会共同参与。

(2) 有利于调动企业积极参与社会公共事业的积极性。

由于公益性捐赠与企业经营的支出无关，不符合所得税税前扣除的基本原则，允许公益性捐赠支出按一定比例在税前扣除主要是为了激发企业支持社会公益事业的积极性，促进我国公益性事业发展。

实例详解

【例 10-1】 2009 年，企业向符合税法优惠条件，经认定的某公益性社会团体 ABC 基金会捐赠货币性资产和非货币性资产合计 100 万元，2008 年，该企业按照国家统一会计制度计算的会计利润总额(利润表中利润总额)800 万元。

【分析】

按照新的《企业所得税法》的规定，企业向公益性社会团体 ABC 基金会捐赠扣除限额为 96 万元(800×12%)，企业实际捐赠数额 100 万元，大于扣除限额 4 万元(100－96)，应做纳税调整增加，并入应纳税所得额计算征收企业所得税。

10.4 坏账准备的财税差异及所得税处理

要 点

坏账是指企业无法收回或收回的可能性极小的应收账款，坏账损失是由于实际发生坏账而产生的损失。坏账准备是指对应收账款预提的，对不能收回的应收账款用来抵消，是应收账款的备抵账户。本节主要介绍坏账准备的财税差异及所得税处理。

解 释

◆ **坏账准备的财税差异及所得税处理**

《企业会计准则第 8 号——资产减值》的规定，是针对“部分长期资产”的资产减值制定的准则，并不是全部长期资产，不适用于在其他具体准则中规范的减值。该准则规范的长期资产减值视同永久性减值，一经提取不得转回。只能在处置相关资产后或资产离开企业时，再进行资产减值的账务处理。

《企业会计准则第 22 号——金融工具确认和计量》应用指南规定，对于单项金额重大的应收款项，应单独进行减值测试，有客观证据表明其发生了减值的，应当根据其未来现金流量现值低于账面价值的差额，确认减值损失，计提坏账准备。坏账准备计提后，可以转回。

《企业会计准则第 22 号——金融工具确认和计量》准则第六章第四十二条规定，短期应收款项的预计未来现金流量与其现值相差很小的，在确定相关减值损失时，可不对其预计未来现金流量进行折现。

《企业会计准则第 18 号——所得税》规定，所得税会计采用资产负债表债务法。引入资产的计税基础、负债的计税基础、暂时性差异等概念。暂时性差异，是指资产或负债的账面价值与其计税基础之间的差额。

财政部发布的《应用指南——会计科目和主要账务处理附录》规定，一般企业坏账准备的计提范围是：应收票据、应收账款、预付账款、其他应收款、长期应收款等应收款项。计提范围较旧准则有所扩大。

旧准则体系计提 8 项资产减值准备形成的损失分别计入不同的损益类科目，例如计入“管理费用”、“营业外支出”、“投资收益”等。新准则体系计提资产减值准备要求统一计入新设置的“资产减值损失”科目。计提时，应借记“资产减值损失”，贷记“坏账准备”、“存货跌价准备”等减值准备类科目。资产价值回升时，借记有关减值准备类科目，贷记“资产减值损失”。

《企业会计准则第 22 号——金融工具确认和计量》规定：有客观证据表明应收款项发生了减值的，确认减值损失，计提坏账准备。

税法规定，企业发生的坏账，一般应按实际发生额据实扣除。但经税务机关批准，也可提取坏账准备金，提取坏账准备金的纳税人发生坏账损失时，应冲减坏账准备。实际发生的坏账损失，超过已提取坏账准备金的部分，可在当期直接扣除。

由于财税处理的差异，企业计提的坏账准备就存在“可抵减暂时性差异”，根据《企业会计准则第 18 号——所得税》规定，应采用债务法计提或冲回计提的坏账准备。

相关知识

◆ 审查企业坏账损失内部控制制度

检查企业坏账损失内部控制制度，重点应放在以下三方面。

(1) 是否建立了坏账准备金制度。采取直接转销法处理坏账损失的企业，不应再提取坏账准备金。

(2) 坏账准备的计提是否严格遵守会计制度的规定，计提的范围、计提的标准是否合理、合法。

(3) 是否建立了坏账审批制度。坏账损失的处理是否经过必要的审批程序，坏账批复手续是否符合法规。

查账人员可以通过查阅企业的会计账簿或者询问有关的会计人员来确定被审单位采用哪种方法来核销坏账；抽查一些金额大的坏账记录，检查其是否得到适当的审批，审批的依据是否合理有无隐瞒虚报情况，冲销应收账款的金额是否同批准的金额相一致。通过对企业坏账损失控制制度的评价，借出企业内部控制的薄弱环节，这些环节就是容易产生错弊的地方，从而确定下一步审计的重点。

实例详解

【例 10-2】 某企业 2007 年应收款项余额 200 万元，当年计提坏账准备 10 万元。2008 年发生坏账 12 万元，收回前期已核销的坏账 3 万元，2008 年年末应收款余额 220 万元，计提坏账准备 5.5 万元。2009 年发生坏账 15 万元，2009 年年末应收款余额 260 万元，计提坏账准备 13 万元。假设企业年末计提坏账准备，其发生的坏账损失已全部经过税务部门审批。企业所得税税率为 30%，每年会计利润为 500 万元，无其他调整项目，税法允许的计提坏账准备的比例为 0.5%，预计在未来 3 年内有足够的应纳税所得额可以抵扣。

【分析】

2007 年：年末计提坏账准备

借：资产减值损失　　　　100 000

　　贷：坏账准备　　　　　　100 000

年末计算所得税：坏账准备的账面价值=10 万元

坏账准备的计税基础＝200×0.5％＝1(万元)

累计可抵扣的暂时性差异＝10－1＝9(万元)

期末递延所得税资产＝9×30％＝2.7(万元)

应交所得税＝(500＋10－1)×30％＝152.7(万元)

借：所得税费用　　1 500 000

　　递延所得税资产　　27 000

　　贷：应交税费——应交所得税　　1 527 000

2008 年：发生坏账及收回已冲销的坏账

借：坏账准备　　120 000

　　贷：应收账款　　120 000

年末计提坏账准备：

借：资产减值损失　　55 000

　　贷：坏账准备　　55 000

年末计算所得税：坏账准备的账面价值＝10－12＋3＋5.5＝6.5(万元)

坏账准备的计税基础＝220×0.5％＝1.1(万元)

累计可抵扣的暂时性差异＝6.5－1.1＝5.4(万元)

期末递延所得税资产＝5.4×30％＝1.62(万元)

应转回递延所得税资产＝2.7－1.62＝1.08(万元)

应交所得税＝[500＋3－12＋5.5－(220－200)×0.5％]×30％＝148.92(万元)

借：所得税费用　　1 500 000

　　贷：应交税费——应交所得税　　1 489 200

　　　　递延所得税资产　　10 800

2009 年：发生坏账

借：坏账准备　　150 000

　　贷：应收账款　　150 000

年末计提坏账准备：

借：资产减值损失　　130 000

　　贷：坏账准备　　130 000

期末计算所得税：坏账准备的账面价值＝6.5－15＋13＝4.5(万元)

坏账准备的计税基础＝260×0.5％＝1.3(万元)

累计可抵扣的暂时性差异＝4.5－1.3＝3.2(万元)

期末递延所得税资产＝3.2×30％＝0.96(万元)

应转回递延所得税资产＝1.62－0.96＝0.66(万元)

应交所得税＝[500－15＋13－(260－220)×0.5%]×30%＝149.34(万元)

借：所得税费用　　1 500 000

　　贷：应交税费——应交所得税　　1 493 400

　　　　递延所得税资产　　6 600

10.5　业务招待费的财税处理差异及调整

要　点

在会计处理上，业务招待费按"管理费用"科目核算。根据《企业所得税法实施条例》第四十三条规定，企业发生的与生产经营活动有关的业务招待费支出，按照发生额的60%扣除，但最高不得超过当年销售(营业)收入的5‰。《企业所得税法实施条例》对业务招待费的税前扣除做了调整，本节主要介绍业务招待费的财税处理差异及调整。

解　释

◆ 业务招待费的财税处理差异及调整

业务招待费是指企业在经营管理等活动中用于接待应酬而支付的各种费用，主要包括业务洽谈、产品推销、对外联络、公关交往、会议接待、来宾接待等所发生的费用，例如，招待饭费、招待用烟茶、交通费等。新《企业所得税法实施条例》改变了以前的扣除比例，业务招待费作为企业生产、经营业务的合理费用，会计制度规定可以据实列支，税法规定在一定的比例范围内可在所得税前扣除，超过标准的部分不得扣除。

1. 业务招待费的列支范围

在业务招待费的范围上，不论是财务会计制度还是新旧税法都未给予准确的界定。在税务执法实践中，招待费具体范围如下：

(1) 企业生产经营需要而宴请或工作餐的开支；

(2) 企业生产经营需要赠送纪念品的开支；

(3) 企业生产经营需要而发生的旅游景点参观费和交通费及其他费用的开支；

(4) 企业生产经营需要而发生的业务关系人员的差旅费开支。

2. 业务招待费的会计处理

会计制度对业务招待费正确的会计处理应当计入“管理费用”的二级科目“业务招待费”，但这只是一般性的规定。根据“划分收益性支出与资本性支出原则”、“实际成本原则”、“配比原则”等会计核算的一般原则，对如企业在筹建期间发生的业务招待费按会计制度应计入“长期待摊费用——开办费”，现行企业会计制度对开办费应当在开始生产经营，取得营业收入时停止归集，并应当在开始生产经营的当月起一次计入生产经营当月的损益。

3. 业务招待费的税务处理

《企业所得税法》第八条规定，企业实际发生的与取得收入有关的、合理的支出，包括成本、费用、税金、损失和其他支出，准予在计算应纳税所得额时扣除。《企业所得税法实施条例》第四十三条进一步明确，企业发生的与生产经营有关的业务招待费支出按照发生额的60%扣除，但最高不得超过当年销售(营业)收入的5‰，也就是说，税法采用的是“两头卡”的方式。一方面，企业发生的业务招待费只允许列支60%，是为了区分业务招待费中的商业招待和个人消费，通过设计一个统一的比例，将业务招待费中的个人消费部分去掉；另一方面，最高扣除额限制为当年销售(营业)收入的5‰，这是用来防止有些企业为不调增40%的业务招待费，采用多找餐费发票甚至假发票冲账，造成业务招待费虚高的情况。

4. 业务招待费会计与税法处理的差异

税法与会计制度的差异主要有以下几点。

(1) 企业在日常经营过程中发生的与生产经营有关的业务招待费按会计规定可据实计入相应的成本费用中，税法规定要按一定比例扣除，形成的永久性差异在企业所得税申报时进行纳税调整。

(2) 企业在筹建期间发生的业务招待费计入开办费。会计制度规定，在开始生产经营的当月起一次计入生产经营当月的损益。税法规定从开始生产、经营(包括试生产、试营业)月份的次月起，在不短于5年的期限内分期扣除，形成时间性差异在企业所得税申报时进行纳税调整。

(3) 业务招待费的计税基数会计与税法不同，会计上允许扣除的基数是纳税人从事生产经营活动取得的收入(包括主营业务收入和其他业务收入)、补贴收入、视同销售收入、营业外收入。对纳税人从联营企业分回的税后利润或从股份企业分回的股息等，不作为招待费税前扣除的基数。

相关知识

◆ **规定业务招待费扣除标准的必要**

1. 原规定采取限额扣除不尽合理

原内资和外资企业所得税对业务招待费都采取按销售(营业)收入的一定比例限额扣除的做法。这种处理会造成一部分企业销售(营业)收入较少,计算扣除限额小,导致实际发生的业务招待费得不到税前扣除,特别是新办企业,往往处于业务拓展期,需要大量的业务招待费。而一部分销售(营业)收入较多的大型企业,计算扣除限额大,基本上能满足实际发生的业务招待费支出,起不到调节控制业务招待费的作用。因此,采取按销售(营业)收入的一定比例限额扣除的做法,对不同规模企业、新老企业不尽合理。

2. 企业的业务招待难以准确划分商业招待和个人娱乐

业务招待费支出是各国公司税法中滥用扣除最严重的领域,进行业务上的招待是一个十分正常的商业做法。但是,毫无疑问商业招待又不可避免包括个人娱乐的成分。在许多情况下,实际上根本无法将商业招待与个人娱乐区分开。有的国家甚至规定,如果接受业务招待的个人不将所受招待包括在个人所得税的收入总额中,招待方即不能申报有关业务招待费用的扣除。我国现行税法对业务招待费的总体政策是相当宽松的。所以我们更有必要加强对业务招待费税前列支管理。

◆ **业务招待费税前扣除的管理**

业务招待费支出管理难度大,为了强调对业务招待费税前扣除的管理,应加强业务招待费的真实性。业务招待费的真实性管理一方面有赖于完善申报制度,另一方面需要对真实性容易出问题的项目加强纳税检查。纳税人申报扣除的业务招待费,在主管税务机关要求提供证明材料的情况下,应能够提供证明真实性的足够的有效凭证或资料。否则,不得扣除。

10.6 广告费和业务宣传费的财税处理差异及调整

要 点

所谓广告费,是指企业通过各种媒体宣传或发放赠品等方式,激发消费者对其产品或劳务的购买欲望,以达到促销的目的所支付的费用。业务宣传费是指企业开展业务宣传活动所支付的费用，主要是指未通过媒体传播的广告性支出，包括企业发放的印有企业标志的礼品、纪念品等。本节将主要介绍广告费和业务宣传费的财税处理差异及调整。

解 释

◆ 广告费和业务宣传费的财税处理差异及调整

对于企业发生的广告费和业务宣传费支出，现行税法和企业会计准则间存在差异。

税务方面：《企业所得税法实施条例》第四十四条规定：企业发生的符合条件的广告费和业务宣传费支出，除国务院财政、税务主管部门另有规定外，不超过当年销售（营业）收入15%的部分，准予扣除；超过部分，准予在以后纳税年度结转扣除。

财政部、国家税务总局发布《关于部分行业广告费和业务宣传费税前扣除政策的通知》（财税[2009]72号）补充规定：（1）化妆品制造、医药制造和饮料制造（不含酒类制造）企业发生的广告费和业务宣传费支出，不超过当年销售（营业）收入30%的部分，准予扣除；超过部分，准予在以后纳税年度结转扣除。（2）烟草企业的广告费和业务宣传费支出，一律不得在计算应纳税所得额时扣除。财税[2009]72号的执行期间为2008年1月1日至2010年12月31日。

会计方面：从税法规定来看，企业发生的广告费和业务宣传费有其特殊之处，表面上是限额扣除规定，实际采取的是允许税前全额扣除政策，只是在扣除时间上做了相应递延，可以在以后年度无限期转回，因此会计处理不同于其他费用的扣除。根据《企业会计准则——应用指南》，广告费应作为期间费用归入“销售费用”科目核算，在税前全部列支，期末转入“本年利润”科目借方，作为会计利润的抵减额，计入当期损益。《企业会计准则——应用指南》中取消了“预提费用”和“待摊费用”两个科目，对于广告费用不得预提和待摊。企业发生的符合条件的广告费和业务宣传费支出，超过部分准予在以后纳税年度结转扣除。该类费用在发生时按照会计准则规定即计入当期损益，不形成资产负债表中的资产，但按照税法规定可以确定其计税基础，两者之间的差异，属于《企业会计准则第18号——所得税》规定的暂时性差异。所得税会计应采用资产负债表债务法，并采用一些新的会计科目进行会计核算，如“递延所得税资产”、“递延所得税负债”、“应交税费”、“所得税费用”科目。

相关知识

◆ **广告费和业务宣传费的区别**

两个费用的区别主要是承接业务对象和取得票据方面，要看具体业务是否通过广告公司、专业媒体在电视、网站、电台、报纸、户外广告牌等刊登，并取得广告业专用发票，如果这两条件是成立的，那可以作为广告费，否则只能作为业务宣传费。

作为广告费，虽然每年在企业所得税前有扣除限额，但超过部分可以往以后年度结转。业务宣传费同样每年在企业所得税前有扣除限额，超过部分可以往以后年度结转。

实例详解

【例 10-3】 A 企业 2009 年“主营业务收入”科目贷方发生额为 30 万元，“其他业务收入”科目贷方发生额为 2 万元，以物抵债商品的同期同类商品的不含税销售价格为 14 万元，“营业外收入”科目贷方发生额为 5.2 万元，全部为出售固定资产收入；A 企业 2009 年、2010 年实行 5 年过渡期优惠政策（所得税税率为 15%），2009 年会计利润为 12 万元；所得税会计处理采用资产负债表债务法，假设无其他纳税调整事项。

【分析】

2009 年广告费计提基数：300 000＋20 000＋140 000＝460 000（元）。

广告费税前允许列支数：460 000×15%＝6.9（万元），实际发生 8.9 万元，形成 2 万元可抵扣暂时性差异，计入备查账簿中。

递延所得税资产（发生额）：20 000×15%＝3 000（元）

应交所得税＝[（120 000＋20 000）]×15%＝2.1（万元）

会计处理为：

借：所得税费用　　18 000

　　递延所得税资产——广告费项目　　3 000

　　贷：应交税费——应交所得税　　21 000

实战训练

一、单项选择题

1. 某商业企业是增值税一般纳税人，本月进口化妆品，假定关税完税价格为 120 000 元，关税 120 000 元，增值税 42 947.37 元，消费税 12 631.58 元，该批货物的采购成本为（　　）元。

A. 120 000　　B. 252 631.58

C. 240 000　　D. 295 578.95

2. 某化工厂(一般纳税人)发生的下列(　　)业务,不允许抵扣进项税额。

A. 进口材料取得的海关完税凭证上注明的增值税额

B. 购进辅助材料取得增值税专用发票上注明的增值税额

C. 购料时卖方转来的代垫运费(货票台头开化工厂)

D. 为职工活动购进的娱乐设施取得增值税专用发票上注明的增值税额

3. 企业为增值税一般纳税人,购入钢铁材料一批,增值税专用发票上标明的价款为45万元,增值税为7.65万元,另支付材料的保险费3.6万元、包装物押金3.6万元。该批材料的采购成本为(　　)万元。

A. 48.6　　B. 52.65

C. 52.2　　D. 56.25

4. A贸易公司进口应税消费品一批,关税完税价格为210万元,关税105万元,该商品消费税税率为30%,增值税税率为17%,则进口该商品由海关代征增值税(　　)万元。

A. 135　　B. 94.5

C. 76.5　　D. 53.55

5. 某化妆品厂受托加工一批化妆品,委托方提供原材料成本40 000元,该厂收取加工费12 000元、代垫辅助材料款3 000元,该厂没有同类化妆品销售价格。该厂应代收代缴消费税(　　)元。(化妆品消费税税率为30%)

A. 20 142.86　　B. 23 990.15

C. 23 571.43　　D. 24 250.30

6. 某外贸公司2010年1月进口化妆品100箱,每箱关税的完税价格20 000元人民币;从境内报关地运到单位,发生运费1.7万元,保险费用等杂费2.5万元,假定关税税率为15%,则应缴纳进口环节消费税是(　　)万元。

A. 98.57　　B. 189.41

C. 126.28　　D. 296.14

二、多项选择题

1. 下列项目中,属于进口完税价格组成部分的有(　　)。

A. 货物价款中单独列明的进口关税

B. 与该货物视为一体的容器费用

C. 进口设施的安装调试费用

D. 进口货物购货方支付的经纪费

2. 转让旧房及建筑物，计算其土地增值税增值额时准予扣除的项目有(　　)。

A. 建造旧房产的重置成本

B. 旧房及建筑物的评估价格

C. 支付评估机构的费用

D. 转让环节缴纳的各种税费

3. 依据企业所得税的有关规定，企业发生的下列支出中，应作为长期待摊费用的有(　　)。

A. 长期借款的利息支出

B. 租入固定资产的改建支出

C. 固定资产的大修理支出

D. 已提足折旧的固定资产的改建支出

4. 下列说法中符合企业所得税法规定的有(　　)。

A. 企业发生的费用应当与收入配比扣除

B. 企业发生的费用应在实际支付时扣除

C. 企业发生的费用不得提前或滞后申报扣除

D. 企业可扣除的费用必须是确定的金额

5. 增值税一般纳税人在确定增值税纳税申报表中“本期进项税额”的“本期发生额”时，下列说法正确的有(　　)。

A. 纳税人购进“农业产品”按采购免税农业产品买价13%扣除率计算填列“免税农业产品”项目

B. “运输费用”项目，按照销售和购进货物所支付的运费金额的7%计算填列

C. 生产企业购进从废旧物资经营单位购进废旧物资按10%的扣除率计算填列，发生的运费如是运输单位开的发票也可以按7%计算填列

D. 购进的货物于10天后用于非应税项目的，其支付的增值税额不能在进项税额项目中填列

6. 企业纳税成本的组成是(　　)。

A. 正常税收支出　　B. 额外税收负担

C. 税务代理费用　　D. 办税费用、税收滞纳金、罚款

三、判断题

1. 各种赞助支出，包括广告性质的赞助支出，不可以从收入总额中扣除。(　　)

2. 凡随同销售货物或提供应税劳务向购买方收取的价外费用，无论其会计制度如何核算，均应并入销售额计算应纳税额，包括向购买方收取的代购缴纳的车辆购置税、车辆牌照等费用。(　　)

3. 依照外国(地区)法律成立、实际管理机构不在中国境内，且在中国境内未设立机构、场所，但有来源于中国境内所得的企业也是企业所得税纳税人。(　　)

4. 企业所得税法规定，公益性捐赠支出不超过年度会计利润12%的部分，准予扣除。(　　)

5. 在计算企业所得税应纳税所得额时，非广告性质的赞助支出准予从收入总额中直接扣除。(　　)

四、问答题

1. 哪些支出可以在计算应纳税所得额时加计扣除?

2. 某企业2008年实现会计利润65万元，经审核，“财务费用”账户中列支有两笔利息费用：一笔是向银行借入流动资金160万元，借用期限10个月，支付借款利息6万元；另一笔是向甲公司借款80万元，借用期5个月，支付利息3万元。“营业外支出”账户中有违法经营被工商行政管理部门罚款5万元。计算该企业2008年度应纳企业所得税。

3. 某小型企业，2009年1月20日向其主管税务机关申报2008年度取得收入总额30万元，发生的直接成本24万元，其他费用8万元，全年亏损2万元。经税务机关检查，其成本、费用无误，但收入总额不能准确核算。假定应税所得率为20%，按照核定征收企业所得税办法，该小型企业2008年度应缴纳的企业所得税为多少万元?

第11章

职工薪酬财税处理差异及调整

11.1 职工薪酬的会计处理

要点

《企业会计准则第9号——职工薪酬》的制定是为了规范职工薪酬的确认、计量和相关信息的披露。职工薪酬是指企业为获得职工提供的服务而给予各种形式的报酬以及其他相关支出。本节主要介绍职工薪酬的会计处理，主要内容包括：职工薪酬的确认和计量、应付职工薪酬的核算、职工范围的界定以及工资支出的财税处理差异及调整。

解释

◆ 职工薪酬的确认和计量

在职工为企业提供服务的会计期间，企业应根据职工提供服务的受益对象，将应确认的职工薪酬(包括货币性薪酬和非货币性福利)计入相关资产成本或当期损益，同时确认为应付职工薪酬，但解除劳动关系补偿除外。

(1) 计量应付职工薪酬时，国家规定了计提基础和计提比例的，应当按照国家规定的标准计提。

例如，应向社会保险经办机构等缴纳的医疗保险费、养老保险费(包括根据企业年金计划向企业年金基金相关管理人缴纳的补充养老保险费)、失业保险费、工伤保险费、生育保险费等社会保险费，应向住房公积金管理机构缴存的住房公积金，以及工会经费和职工教育经费等。

没有规定计提基础和计提比例的，企业应当根据历史经验数据和实际情况，合理预计当期应付职工薪酬。当期实际发生金额大于预计金额的，应当补提应付职工薪酬；当期实际发生金额小于预计金额的，应当冲回多提的应付职工薪酬。

对于在职工提供服务的会计期末以后一年以上到期的应付职工薪

酬，企业应当选择恰当的折现率，以应付职工薪酬折现后的金额计入相关资产成本或当期损益；应付职工薪酬金额与其折现后金额相差不大的，也可按照未折现金额计入相关资产成本或当期损益。

（2）企业以其自产产品作为非货币性福利发放给职工的，应当根据受益对象，按照该产品的公允价值，计入相关资产成本或当期损益，同时确认应付职工薪酬。

将企业拥有的房屋等资产无偿提供给职工使用的，应当根据受益对象，将该住房每期应计提的折旧计入相关资产成本或当期损益，同时确认应付职工薪酬。租赁住房等资产供职工无偿使用的，应当根据受益对象，将每期应付的租金计入相关资产成本或当期损益，并确认应付职工薪酬。难以认定受益对象的非货币性福利，直接计入当期损益和应付职工薪酬。

◆ 应付职工薪酬的核算

为了核算企业应付给职工的各种薪酬，在会计处理上应设置"应付职工薪酬"科目。

1."应付职工薪酬"核算的内容

（1）本科目主要核算企业根据有关规定应付给职工的各种薪酬，外商投资企业按规定从净利润中提取的职工奖励及福利基金，也在本科目核算。

（2）本科目应当按照"工资"、"职工福利"、"社会保险费"、"住房公积金"、"工会经费"、"职工教育经费"、"解除职工劳动关系补偿"、"股份支付"等应付职工薪酬项目进行明细核算。

2."应付职工薪酬"的主要账务处理

（1）企业按照有关规定向职工支付工资、奖金、津贴等，借记本科目，贷记"银行存款"、"库存现金"等科目。

企业从应付职工薪酬中扣还的各种款项（代垫的家属药费、个人所得税等），借记本科目，贷记"其他应收款"、"应交税费——应交个人所得税"等科目。

企业向职工支付职工福利费，借记本科目，贷记"银行存款"、"库存现金"等科目。

企业支付工会经费和职工教育经费用于工会运作和职工培训，借记本科目，贷记"银行存款"等科目。

企业按照国家有关规定缴纳社会保险费和住房公积金，借记本科目，贷记"银行存款"科目。

企业因解除与职工的劳动关系向职工给予的补偿，借记本科目，贷记

"银行存款"、"库存现金"等科目。

企业支付租赁住房等资产供职工无偿使用所发生的租金，借记本科目，贷记"银行存款"等科目。

在行权日，企业以现金与职工结算股份支付，借记本科目，贷记"银行存款"、"现金"等科目。

（2）企业应当根据职工提供服务的受益对象，对发生的职工薪酬分别以下列情况进行处理。

① 生产部门人员的职工薪酬，借记"生产成本"、"制造费用"、"劳务成本"科目，贷记本科目。

② 管理部门人员的职工薪酬，借记"管理费用"科目，贷记本科目。

③ 销售人员的职工薪酬，借记"销售费用"科目，贷记本科目。

④ 应由在建工程、研发支出负担的职工薪酬，借记"在建工程"、"研发支出"科目，贷记本科目。

⑤ 因解除与职工的劳动关系给予的补偿，借记"管理费用"科目，贷记本科目。

⑥ 无偿向职工提供住房等资产使用的，按应计提的折旧额，借记"管理费用"等科目，贷记本科目；同时，借记本科目，贷记"累计折旧"科目。

⑦ 租赁住房等资产供职工无偿使用的，每期应支付的租金，借记"管理费用"等科目，贷记本科目。

⑧ 在等待期内每个资产负债表日，根据股份支付准则确定的金额，借记"管理费用"等科目，货记本科目。

⑨ 在可行权日之后，根据股份支付准则确定的金额，借记或贷记"公允价值变动损益"科目，贷记或借记本科目。

⑩ 外商投资企业按规定从净利润中提取的职工奖励及福利基金，借记"利润分配——提取的职工奖励及福利基金"科目，贷记本科目。

◆ 职工范围的界定

《企业会计准则第 9 号——职工薪酬》应用指南规定，对于职工范围的界定比较宽泛，包括：与企业订立劳动合同的所有人员，含全职、兼职和临时职工；虽未与企业订立劳动合同、但由企业正式任命的人员，如董事会成员、监事会成员等；在企业的计划、领导和控制下，虽未与企业订立劳动合同、或企业未正式任命，但为其提供了与职工类似服务的人员，也纳入职工范畴。

税法中的"职工"，特指有任职或受雇关系的劳动者。任职或受雇关系，通常是指在一段时期内具有连续性的服务关系，在此期间提供服务的职员或雇员的主要收入或很大一部分收入来自于任职企业，企业向这部分人员提供的报酬称为“工资薪金”；不符合上述条件的向企业提供独立劳动的人员。不管职工的类型是什么，在会计核算方面，其所需解决的问题是根据各位员工工作的岗位、性质、时间和绩效等，将职工薪酬在不同期间的不同成本费用项目中进行合理分配，只要薪酬费用实际发生，即予以确认和计量。税法中对职工和劳务用工进行划分，首先，在个人所得税方面涉及不同的计税方法。职工工资薪金的个税计税方法是按月定额扣除费用后，对应纳税所得额适用九级超额累进税率计税。劳务报酬个税计税方法是按次定额扣除或比例扣除费用之后，进行定率计税并结合加成计税。其次，在企业所得税计税方面，职工工资薪金税前扣除的凭证是实际发放工资的自制凭据——工资单，而劳务报酬在税前扣除属于对外支付和结算，故主管税务机关会要求具备劳务费发票等外部凭证。

劳动用工中的“任职或者受雇”关系是用人单位根据《劳动合同法》，自用工之日起与劳动者建立劳动关系。用人单位应建立职工名册备查。

在税收征管实践中，税务机关有时会因各种条件所限而无法核查企业的劳动合同，故无论是在征收个人所得税还是企业所得税时，在劳动合同之外，还是倾向于选取一些易于获取的指标来判定职工人数。例如，一些基层税务机关将企业是否为个人缴纳了社会保障费用作为判断其是否为“职工”的标准，并据此掌握职工的人数。

◆ 工资支出的财税处理差异及调整

会计准则规定，企业应当在职工为其提供服务的会计期间，将应付的职工薪酬确认为负债，除因解除与职工的劳动关系给予的补偿外，应当根据职工提供服务的受益对象，分别以下列情况处理。

(1) 应由生产产品、提供劳务负担的职工薪酬，计入产品成本或劳务成本。

(2) 应由在建工程、无形资产负担的职工薪酬，计入建造固定资产或无形资产成本。

(3) 上述(1)和(2)之外的其他职工薪酬，确认为当期费用。

计算应付职工薪酬时，国家没有规定计提基础和计提比例的，企业应当根据历史经验数据和实际情况，合理预计当期应付职工薪酬。当期实际发生金额大于预计金额的，应当补提应付职工薪酬；当期实际发生金额小于预计金额的，应当冲回多提的应付职工薪酬。

税法规定，不能简单地把职工薪酬作为工资薪金支出在税前扣除，应把会计上的职工薪酬分解为税法对应的费用支出，根据税法规定确定能否在税前扣除。在税务处理上,根据《企业所得税法实施条例》第三十四条规定,企业发生的合理的工资薪金支出,准予扣除。由生产产品、提供劳务负担的职工薪酬,计入产品成本或劳务成本,在税前扣除;由在建工程、无形资产负担的职工薪酬,计入固定资产或无形资产成本,资本化后分期扣除。

国家税务总局《关于企业工资薪金及职工福利费扣除问题的通知》(国税函[2009]3 号)明确规定,《企业所得税法实施条例》第三十四条所称的“合理工资薪金”,是指企业按照股东大会、董事会、薪酬委员会或相关管理机构制定的工资薪金制度规定实际发放给员工的工资薪金。税务机关在对工资薪金进行合理性确认时,可按以下原则掌握:

(1) 企业制定了较为规范的员工工资薪金制度;

(2) 企业所制定的工资薪金制度符合行业及地区水平;

(3) 企业在一定时期所发放的工资薪金是相对固定的,工资薪金的调整是有序进行的;

(4) 企业对实际发放的工资薪金,已依法履行了代扣代缴个人所得税义务;

(5) 有关工资薪金的安排,不以减少或逃避税款为目的。

《企业所得税法实施条例》第四十条、第四十一条、第四十二条所称的“工资薪金总额”,是指企业按照税法规定实际发放的工资薪金总和,不包括企业的职工福利费、职工教育经费、工会经费以及养老保险费、医疗保险费、失业保险费、工伤保险费、生育保险费等社会保险费和住房公积金。属于国有性质的企业,其工资薪金不得超过政府有关部门给予的限定数额;超过部分,不得计入企业工资薪金总额,也不得在计算企业应纳税所得额时扣除。

另外,按照国家税务总局《关于企业所得税若干税务事项衔接问题的通知》(国税函[2009]98 号)规定,原执行工效挂钩办法的企业,在 2008 年 1 月 1 日以前已按规定提取,但因未实际发放而未在税前扣除的工资储备基金余额,2008 年及以后年度实际发放时,可在实际发放年度企业所得税前据实扣除。

《企业所得税法实施条例》及国税函[2009]3 号文件对工资、薪金的扣除都强调了实际发放,其范围也仅指工资、薪金,即工资、薪金总额必须是实际发放的。而且实际发放的工资、薪金总和,不包括“三费、五险、一金”,与《企业会计准则》所规范的“职工薪酬”范围明显不同。

企业在计算所得税工资、薪金总额时,务必至少把握下面几个事项内容。

(1) 实际工资、薪金总额是计算税法规定的职工福利费、职工教育经费、工会经费以及其他相关指标税前扣除限额的基本依据，企业应当通过"应付工资"或者"应付职工薪酬——工资"科目对工资薪金总额进行单独核算。

(2) 不合理的工资、薪金即使实际发放也不得扣除，如国有性质的企业超过政府有关部门给予的限定数额部分的工资薪金，不得扣除。

(3) 超标的工资、薪金本身不得包括在所得税税前扣除的"工资、薪金总额"之中，因此也不能将其作为计算职工福利费、职工教育经费、工会经费等税前扣除限额的依据。

工资、薪金支出税前扣除应当注意以下几点。

(1) 允许在税前扣除的工资、薪金，是属于当期实际发生的金额，仅计提的应付职工薪酬支出不发放给职工因而不允许在税前扣除。

(2) 工资、薪金支出存在"任职或雇佣关系"。参照各地税务机关的相关规定，劳动合同和基本养老保险缴单是证明企业与员工存在任职或雇佣关系的凭据，企业支付给员工的报酬只有在企业同员工签订劳动合同、或为员工缴纳基本养老保险的情况下才能作为工资、薪金支出，否则应作为劳务费支出，凭劳务费发票税前扣除。

(3) 与任职或雇用有关的全部支出，包括现金或非现金形式的全部报酬。

(4) 工资、薪金支出应是合理的。因任职或雇用关系支付的劳动报酬应与所付出的劳动相关，这是判断工资、薪金支出合理性的主要依据。企业的职工除了取得劳动报酬外，可能还持有该企业的股权，甚至是企业的主要股东；因此，必须将工资、薪金支出与股息分配区别开来，因为股息分配不得在税前扣除。特别是私营企业或私人控股公司，其所有者通过给自己或亲属支付高工资的办法变相分配利润，以达到在企业所得税前多扣除费用的目的。企业支付给其所有者及其亲属的不合理的工资薪金支出，应推定为股息分配。

另外，《企业所得税法》第三十条第二款规定，安置残疾人员及国家鼓励安置的其他就业人员所支付的工资，可以在计算应纳税所得额时加计扣除。《企业所得税法实施条例》第九十六条规定，企业安置残疾人员所支付工资的加计扣除，是指企业安置残疾人员的，在按照支付给残疾职工工资据实扣除的基础上，按照支付给残疾职工工资的100%加计扣除。企业安置国家鼓励安置的其他就业人员所支付工资的加计扣除办法，由国务院另行规定。

财政部、国家税务总局《关于安置残疾人员就业有关企业所得税优惠政策问题的通知》(财税[2009]70 号)规定如下。

(1) 企业安置残疾人员的，在按照支付给残疾职工工资据实扣除的基础上，可以在计算应纳税所得额时按照支付给残疾职工工资的 100%加计扣除。企业就支付给残疾职工的工资，在进行企业所得税预缴申报时，允许据实计算扣除；在年度终了进行企业所得税年度申报和汇算清缴时，再依照上述规定计算加计扣除。

(2) 残疾人员的范围适用《中华人民共和国残疾人保障法》的有关规定。

(3) 企业享受安置残疾职工工资 100%加计扣除应同时具备如下条件。

① 依法与安置的每位残疾人签订了 1 年以上(含 1 年)的劳动合同或服务协议，并且安置的每位残疾人在企业实际上岗工作。

② 为安置的每位残疾人按月足额缴纳了企业所在区、县人民政府根据国家政策规定的基本养老保险、基本医疗保险、失业保险和工伤保险等社会保险。

③ 定期通过银行等金融机构向安置的每位残疾人实际支付了不低于企业所在区、县适用的经省级人民政府批准的最低工资标准的工资。

④ 具备安置残疾人上岗工作的基本设施。

(4) 企业应在年度终了进行企业所得税年度申报和汇算清缴时，向主管税务机关报送本通知第四条规定的相关资料、已安置残疾职工名单及其《中华人民共和国残疾人证》或《中华人民共和国残疾军人证(1 至 8 级)》复印件和主管税务机关要求提供的其他资料，办理享受企业所得税加计扣除优惠的备案手续。

(5) 在企业汇算清缴结束后，主管税务机关在对企业进行日常管理、纳税评估和纳税检查时，应对安置残疾人员企业所得税加计扣除优惠的情况进行核实。

相关知识

◆ 基本工资制度

基本工资制度是指企业在全面测评职工潜在形态劳动的基础上，结合职工所在岗位或所任职务，在劳动前为职工预先确定报酬标准，供劳动后实际支付工资时作依据的包括工资等级、工资标准、定级升级、工资调整、支付形式等一系列制度规定的综合。基本工资制度一般有：岗位技能工资制、基数等级工资制、岗位工资制、岗位等级工资制、职务等级工资制、多元结构工资制和薪点工资制等几种。因工种、岗位制宜，选择适合其劳动特点的基本工资制度，是企业贯彻按劳分配原则和具体组织工资分配的起点和基础。

基本工资制度中规定的工资标准，只是对职工提供的定额劳动所支付的报酬。在实际支付工资时，必须在考核职工实际提供的劳动量后，运用不同的支付形式予以浮动地兑现。当职工在定额劳动之上提供了超额劳动时，除工资之外，还应另外支付超额劳动的报酬即奖金；当其完不成定额劳动时，则要扣减相应部分的工资。

实例详解

【例 11-1】 某企业 2010 年 1 月提取现金 78 590 元用于发放工资，企业为职工垫付的扣款项目为：储蓄存款、托儿费、饭票、房租水电等合计为 9 130 元，实发工资为 69 460 元。

【分析】

(1) 提取现金准备发工资时：

借：库存现金　　69 460

　　贷：银行存款　　69 460

(2) 发放工资时：

借：应付职工薪酬——工资　　78 590

　　贷：其他应收款　　9 130

　　　　库存现金　　69 460

【例 11-2】 2010 年 1 月，A 公司以银行存款缴纳参加职工医疗保险的医疗保险费 38 000 元。

【分析】

A 公司的会计处理如下：

借：应付职工薪酬——社会保险费　　38 000

　　贷：银行存款　　38 000

【例 11-3】 2010 年 5 月，A 公司根据工资费用分配表可知，固定资产基本建设工程人员工资 48 万元，无形资产研发费用中的职工工资 20 万元。其中，研究阶段的工资费用 6 万元，开发阶段的工资费用 14 万元。

【分析】

借：在建工程　　480 000

研发支出——费用化支出　60 000
　　　　——资本化支出　140 000
　贷：应付职工薪酬——工资　680 000

【例 11-4】 2010 年 5 月末，A 公司为生产车间青年职工无偿提供住房五套作为集体宿舍，为销售部门的总经理提供公寓一套。集体宿舍每月折旧额 500 元，一套公寓每月折旧额 600 元。

【分析】

(1) 2010 年各月，A 公司的会计处理如下：

借：生产成本　500
　管理费用　600
　贷：应付职工薪酬——非货币性福利　1 100

(2) 结转折旧时的会计处理如下：

借：应付职工薪酬——非货币性福利　1 100
　贷：累计折旧　1 100

【例 11-5】 2010 年 8 月 1 日，A 公司由于公司改造，拟解除与一部分职工的劳动关系，故应一次性支付具有辞退福利性质的经济补偿，但未签订解除劳动合同，共计金额 2 000 万元。2010 年 12 月 31 日，A 公司支付辞退福利性质的经济补偿。

【分析】

借：管理费用　20 000 000
　贷：应付职工薪酬　20 000 000
借：应付职工薪酬　20 000 000
　贷：银行存款　20 000 000

2010 年 12 月 31 日，A 公司根据辞退计划(职工有选择权)条款规定的职工数量、每一职位的辞退补偿计算并计提预计负债 4 000 万元。

借：管理费用　40 000 000
　贷：预计负债　40 000 000

【例 11-6】 2010 年 12 月，A 电器公司发生工资薪酬情况：基本生产车间生产电器发生工资为 6 万元，车间管理人员工资 3.5 万元，为开发专利产品发生职工工资 5 万元，行政管理部门人员职工工资 4.5 万元。

【分析】

借：生产成本——电器　60 000
　制造费用　35 000

研发支出 50 000

管理费用 45 000

贷：应付职工薪酬——工资 190 000

【例 11-7】 A 公司成立于 2008 年 1 月，该公司 2008 年工资提取数为 80 万元，实发数 65 万元，年末应付职工薪酬余额为 15 万元。2009 年提取数为 70 万元，实发数 85 万元，年末应付职工薪酬余额为 0。

【分析】

(1) 2008 年的会计处理

借：管理费用等 800 000

贷：应付职工薪酬——工资 800 000

借：应付职工薪酬——工资 650 000

贷：现金 650 000

(2) 2008 年的税务处理

税法规定，工资应按照实际“发生”数在税前列支，提取数大于实发数的应当调增应纳税所得额。A 公司 2008 年度应调增应纳税所得额 15 万元，“应付职工薪酬——工资”的账面价值为 15 万元，计税基础为 0，确认递延所得税资产：

借：管理费用等 800 000

贷：应付职工薪酬——工资 800 000

借：递延所得税资产 37 500

贷：所得税费用 37 500

(3) 2009 年会计处理

借：管理费用等 700 000

贷：应付职工薪酬——工资 700 000

借：应付职工薪酬——工资 850 000

贷：现金 850 000

(4) 2009 年税务处理

2009 年，A 公司动用了上年“应付职工薪酬——工资”余额 15 万元，应相应转回暂时性差异，即应当调减应纳税所得额 15 万元。此时“应付职工薪酬——工资”的账面价值和计税成本都为 0，转回递延所得税资产：

借：所得税费用 37 500

贷：递延所得税资产 37 500

11.2 职工福利费的财税处理差异及调整

要点

企业职工福利费是人工成本的重要组成部分，直接关系国家、企业和个人的利益分配，企业应当规范职工福利费财务管理，维护正常的收入分配秩序，保护各方合法权益。本节主要介绍职工福利费的会计处理；职工福利费的税务处理；职工福利费的财税处理差异及调整；非货币性福利的财税处理差异及调整以及辞退福利的财税处理差异。

解释

◆ 职工福利费的会计处理

会计处理上，财政部《关于企业加强职工福利费财务管理的通知》（财企[2009]242号）规定，企业职工福利费是指企业为职工提供的除职工工资、奖金、津贴、纳入工资总额管理的补贴、职工教育经费、社会保险费和补充养老保险费（年金）、补充医疗保险费及住房公积金以外的福利待遇支出，包括发放给职工或为职工支付的以下各项现金补贴和非货币性集体福利。

（1）为职工卫生保健、生活等发放或支付的各项现金补贴和非货币性福利，包括职工因公外地就医费用、暂未实行医疗统筹企业职工医疗费用、职工供养直系亲属医疗补贴、职工疗养费用、自办职工食堂经费补贴或未办职工食堂统一供应午餐支出、符合国家有关财务规定的供暖费补贴、防暑降温费等。

（2）企业尚未分离的内设集体福利部门所发生的设备、设施和人员费用，包括职工食堂、职工浴室、理发室、医务所、托儿所、疗养院、集体宿舍等集体福利部门设备、设施的折旧、维修保养费用以及集体福利部门工作人员的工资薪金、社会保险费、住房公积金、劳务费等人工费用。

（3）职工困难补助，或者企业统筹建立和管理的专门用于帮助、救济困难职工的基金支出。

（4）离退休人员统筹外费用，包括离休人员的医疗费及离退休人员其他统筹外费用。企业重组涉及的离退休人员统筹外费用，按照《财政部关于企业重组有关职工安置费用财务管理问题的通知》（财企[2009]117号）执行；国家另有规定的，从其规定。

(5) 按规定发生的其他职工福利费，包括丧葬补助费、抚恤费、职工异地安家费、独生子女费、探亲假路费，以及符合企业职工福利费定义但没有包括在该通知各条款项目中的其他支出。

企业为职工提供的交通、住房、通信待遇，已经实行货币化改革的，按月按标准发放或支付的住房补贴、交通补贴或者车改补贴、通信补贴，应当纳入职工工资总额，不再纳入职工福利费管理；尚未实行住房货币化改革的，企业发生的相关支出作为职工福利费管理，但根据国家有关企业住房制度改革政策的统一规定，不得再为职工购建住房。企业给职工发放的节日补助、未统一供餐而按月发放的午餐补贴，应当纳入工资总额管理。按照《企业财务通则》第四十六条规定，应当由个人承担的有关支出，企业不得作为职工福利费开支。

企业应当逐步推进内设集体福利部门的分离改革，通过市场化方式解决职工福利待遇问题。同时，结合企业薪酬制度改革，逐步建立完整的人工成本管理制度，将职工福利纳入职工工资总额管理。对实行年薪制等薪酬制度改革的企业负责人，企业应当将符合国家规定的各项福利性货币补贴纳入薪酬体系统筹管理，发放或支付的福利性货币补贴从其个人应发薪酬中列支。

企业职工福利一般应以货币形式为主。对以本企业产品和服务作为职工福利的，企业要严格控制。国家出资的电信、电力、交通、热力、供水、燃气等企业，将本企业产品和服务作为职工福利的，应当按商业化原则实行公平交易，不得直接供职工及其亲属免费或者低价使用。

企业职工福利费财务管理应当遵循以下原则和要求。

(1) 制度健全。企业应当依法制定职工福利费的管理制度，并经股东会或董事会批准，明确职工福利费开支的项目、标准、审批程序、审计监督。

(2) 标准合理。国家对企业职工福利费支出有明确规定的，企业应当严格执行；国家没有明确规定的，企业应当参照当地物价水平、职工收入情况、企业财务状况等要求，按照职工福利项目制定合理标准。

(3) 管理科学。企业应当统筹规划职工福利费开支，实行预算控制和管理。职工福利费预算应当经过职工代表大会审议后，纳入企业财务预算，按规定批准执行，并在企业内部向职工公开相关信息。

(4) 核算规范。企业发生的职工福利费，应当按规定进行明细核算，准确反映开支项目和金额。

企业按照企业内部管理制度，履行内部审批程序后发生的职工福利费，按照《企业会计准则》等有关规定进行核算，并在年度财务会计报告中按规定予以披露。

财政部《关于实施修订后的〈企业财务通则〉有关问题的通知》（财企[2007]48号）规定，修订后的《企业财务通则》实施后，企业不再按照工资总额14%提取职工福利费，2007年已经计提的职工福利费应当予以冲回。截至2006年12月31日，应付福利费账面余额（不含外商投资企业从税后利润中提取的职工福利及奖励基金余额）区别以下情况处理，上市公司另有规定的，从其规定如下。

（1）余额为赤字的，转入2007年年初未分配利润，由此造成年初未分配利润出现负数的，依次以任意公积金和法定公积金弥补；仍不足弥补的，以2007年及以后年度实现的净利润弥补。

（2）余额为结余的，继续按照原有规定使用，待结余使用完毕后，再按照修订后的《企业财务通则》执行。如果企业实行公司制改建或者产权转让，则应当按照财政部《关于〈公司制改建有关国有资本管理与财务处理的暂行规定〉有关问题的补充通知》（财企[2005]12号）转增资本公积。

◆ **职工福利费的税务处理**

税务处理上，《企业所得税法实施条例》第四十条规定，企业发生的职工福利费支出，不超过工资薪金总额14%的部分，准予扣除。为了进一步明确职工福利费的税前扣除问题，国家税务总局《关于企业工资薪金及职工福利费扣除问题的通知》（国税函[2009]3号）规定，《企业所得税法实施条例》第四十条规定的企业职工福利费，包括以下内容。

（1）尚未实行分离办社会职能的企业，其内设福利部门所发生的设备、设施和人员费用，包括职工食堂、职工浴室、理发室、医务所、托儿所、疗养院等集体福利部门的设备、设施及维修保养费用和福利部门工作人员的工资薪金、社会保险费、住房公积金、劳务费等。

（2）为职工卫生保健、生活、住房、交通等所发放的各项补贴和非货币性福利，包括企业向职工发放的因公外地就医费用、未实行医疗统筹企业职工医疗费用、职工供养直系亲属医疗补贴、供暖费补贴、职工防暑降温费、职工困难补贴、救济费、职工食堂经费补贴、职工交通补贴等。

（3）按照其他规定发生的其他职工福利费，包括丧葬补助费、抚恤费、安家费、探亲假路费等。

应注意，以下费用不属于职工福利费的开支范围。

① 离退休职工的费用。

② 被辞退职工的补偿金。

③ 职工劳动保护费。

④ 职工在病假、生育假、探亲假期间领取到的补助。

⑤ 职工的学习费。

⑥ 职工的伙食补助费，包括职工在企业的午餐补助和出差期间的伙食补助等。

(4) 企业发生的职工福利费，应该单独设置账册，进行准确核算。没有单独设置账册准确核算的，税务机关应责令企业在规定的期限内进行改正；逾期仍未改正的，税务机关可对企业发生的职工福利费进行合理的核定。

国家税务总局《关于做好2007年度企业所得税汇算清缴工作的补充通知》(国税函[2008]264号)规定，2007年度的企业职工福利费，仍按计税工资总额的14%计算扣除；未实际使用的部分，应累计计入职工福利费余额。2008年及以后年度发生的职工福利费，应先冲减以前年度累计计提但尚未实际使用的职工福利费余额，不足部分按《企业所得税法》规定扣除。

◆ 职工福利费的财税处理差异及调整

通过上述对会计和税法界定范围的分析，可以看出，职工福利费的财税处理差异主要表现在以下两个方面。

(1) 会计核算的职工福利费范围与税法规定的职工福利费税前扣除范围存在差异。

① 为职工住房、交通等所发放的各项补贴和非货币性福利。会计上规定，为职工提供的交通、住房、通信待遇，已经实行货币化改革的，按月按标准发放或支付的住房补贴、交通补贴或者车改补贴、通信补贴，应当纳入职工工资总额，不再纳入职工福利费管理；但税法规定，上述各项补贴和非货币性福利应作为职工福利费进行税务处理。

② 离退休人员统筹外费用，包括离休人员的医疗费及离退休人员其他统筹外费用。会计上规定，应将离退休人员统筹外费用纳入职工福利费管理；但税法规定，上述离退休人员统筹外费用不作为职工福利费进行税务处理。

③ 对于实行年薪制等薪酬制度改革的企业负责人的职工福利费，会计上规定，企业应将符合国家规定的各项福利性货币补贴，纳入薪酬体系统筹管理，发放或支付的福利性货币补贴从个人应发薪酬中列支。但税法规定，上述福利性货币补贴应作为职工福利费进行税务处理。

(2) 职工福利费的会计核算金额和税前扣除金额存在差异。

根据财企[2009]242号文件规定，在计算应纳税所得额时，企业职工福利费财务管理同税收法律、行政法规的规定不一致的，应当依照税收法律、行政法规的规定计算纳税。

(1) 有关流转税的税务处理

根据税法规定，企业以其自产产品作为非货币性福利发放给职工的，应当根据受益对象，按照该产品的公允价值，计入相关资产成本或当期损益，同时确认应付职工薪酬，在“应付职工薪酬——非货币性福利”中核算，贷记“主营业务收入”科目，还应当结转产成品的成本，在计算企业所得税时按税法规定扣除。涉及增值税的，按照《增值税暂行条例实施细则》第四条规定，将自产、委托加工的货物用于集体福利的视同销售货物，按货物的公允价值确认“应交税费——应交增值税(销项税额)”，并进行相应的账务处理。

(2) 有关企业所得税的税务处理

根据《企业所得税法实施条例》第四十条规定，企业实际发生的职工福利费支出，不超过工资、薪金总额14%的部分，准予扣除。

企业发生的职工福利费，应该单独设置账册，进行准确核算。没有单独设置账册准确核算的，税务机关应责令企业在规定的期限内进行改正；逾期仍未改正的，税务机关可对企业发生的职工福利费进行合理的核定。企业在会计处理时按财企[2009]242号文件执行，在进行纳税调整时按照国税函[2009]3号文件执行，分别进行处理。

需要进行纳税调整的主要涉及以下几个方面。

(1) 只有企业实际发生的符合税法界定的职工福利费，以国税函[2009]3号文件规定的“合理工资薪金”为基数，按照不超过其14%的部分在税前扣除。因在职工福利费界定范围上存在财税差异，故首先应将企业列入会计核算的“工资薪金”，调整为按税法规范的“合理工资薪金”。其次，按税法规范的职工福利费范围归集企业实际发生的职工福利费，即将会计核算中归集的职工福利费调整为按税法规范的职工福利费。如将企业已经实行货币化改革，按月按标准发放或支付的住房补贴、交通补贴或者车改补贴、通信补贴和实行年薪制等薪酬制度改革的企业负责人的职工福利费计入按照税法规范的职工福利费，将企业支付的离退休人员统筹外费用扣除。再次，按照“合理工资薪金”的14%与税法规范的职工福利费两者进行比较，确定纳税调整金额。若前者大于后者，不进行纳税调整，反之，则将两者的差额进行纳税调增。

(2) 将拥有或租赁的房屋、交通工具等资产，无偿提供给职工使用时，该资产每期应计提的折旧或支付的租金，不应计入相关资产成本或当期损益税前扣除，应做纳税调增，否则就会造成重复扣除。将拥有或租赁的房屋、交通工具等资产，用低于市场价值的租金价格转租给职工使用时，应按照使用资产的租金市价与实际收取职工的租金差额，计入按照税法规范的职工福利费。

(3) 针对以前结余的职工福利费不同处理。根据国税函[2008]264号文件的相关规定，企业2008年年初职工福利费会计余额可能有以下两种情况。

① 职工福利费的结余额较大，当年实际发生数小于结余数。这种情况可以按照实际发生数冲减结余数，即便当年发生数超过了当年按工资、薪金总额的14%计算的数额也不做调整；但不能再按当年工资、薪金总额的14%计算扣除。

② 职工福利费的结余为负数。若企业“职工福利费”科目发生赤字，无论数额大小，均需要用自有资金(税后利润或盈余公积)解决，即借记“利润分配——未分配利润”科目，贷记“应付职工薪酬——福利费”科目，将结余赤字冲零，不能用当年按工资薪金总额14%计提的数额冲减赤字。当然，对当年实际发生的职工福利费，如果不超过按工资薪金总额的14%计提的数额可以扣除。

国税函[2008]264号文件还规定，企业以前年度累计计提但尚未实际使用的职工福利费余额已在税前扣除，属于职工权益，如果改变用途的，应调整增加应纳税所得额；即对结余的职工福利费必须用在职工福利方面，不能拿来用于列支招待费、宣传费等。若企业在清算时仍有职工福利费结余，应当作为“清算所得”计征企业所得税。

(4) 有关个人所得税的税务处理

财企[2009]242号文件将各类补贴收入纳入职工薪酬核算，对原职工福利费中核算的项目调整到“应付职工薪酬——工资、奖金”等科目中核算，职工薪酬总额内容并没有发生实质性变化，个人所得税计税依据也并没有因为财务核算内容的变化而变化。从个人所得税的角度上看，个人所得税的缴纳应以税法规定为基础，不因会计制度的变化而变化。目前，企业职工收入的一部分在个人工资薪金中反映，还有一部分在福利费中以福利费支出的形式反映，这些收入在扣除法定费用后均属于应税范围。

根据国家税务总局《关于个人所得税有关政策问题的通知》(国税发[1999]58号)的规定，个人因公务用车和通信制度改革而取得的公务用车、通信补贴收入，扣除一定标准的公务费用后，按照“工资、薪金”所得项目计征个人所得税。按月发放的，并入当月“工资、薪金”所得计征个人所得税；不按月发放的，分解到所属月份并与该月份“工资、薪金”所得合并后计征个人所得税。公务费用的扣除标准，由省级地方税务局根据纳税人公务交通的实际发生情况调查测算，报经省级人民政府批准后确定，并报国家税务总局备案。根据国家税务总局大企业税收管理司《关于2009年度税收自查有关政策问题的函》（企便函[2009]33号）的规定，如当地政府未制定公务费用扣除标准，按交通补贴全额的30%作为个人收入扣缴个人所得税。

根据企便函[2009]33号文件的规定，企业向职工发放的通信补贴，扣除一定标准的公务费用后，按照“工资、薪金”所得项目计征个人所得税。公务费用扣除标准按照当地政府规定执行，如当地政府未制定公务费用扣除标准的，按通信补贴全额的20%作为个人收入，计算扣缴个人所得税。

根据国家税务总局《关于离退休人员取得单位发放离退休工资以外奖金补贴征收个人所得税的批复》（国税函[2008]723号）规定，离退休人员除按规定领取离退休工资或养老金外，另从原任职单位取得的各类补贴、奖金、实物，不属于《个人所得税法》第四条规定可以免税的退休工资、离休工资、离休生活补助费，应在减除费用扣除标准后，按“工资、薪金所得”项目缴纳个人所得税。

根据《个人所得税法实施条例》的规定，下列收入不征税：根据国家有关规定，从企业、事业单位、国家机关、社会团体提留的福利费或者工会经费中支付给个人的生活补助费，独生子女补贴，执行公务员工资制度未纳入基本工资总额的补贴、津贴差额，差旅费补贴、午餐补助，生育妇女取得的生育津贴、生育医疗费或其他属于生育保险性质的津贴、补贴。但下列收入征税：从超出国家规定的比例或基数计提的福利费、工会经费中支付给个人的各种补贴、补助，从福利费和工会经费中支付给本单位职工的人人有份的补贴、补助，单位为个人购买汽车、住房、电子计算机等不属于临时性生活困难补助性质的支出等。

对于午餐补贴，如果属于自办职工食堂经费补贴，或未办职工食堂统一供应午餐支出，可在职工福利费列支，不征收个人所得税。对于企业未统一供应午餐，而是按月发给职工的“午餐费补贴”，以现金发放的人人有份的补贴，则不属于职工福利费的开支范围，应纳入工资总额，征收个人所得税。

◆ 非货币性福利的财税处理差异及调整

在会计处理上，企业以其自产产品作为非货币性福利发放给职工的，应当根据受益对象，按照该产品的公允价值，计入相关资产成本或当期损益，同时确认应付职工薪酬。将企业拥有的房屋等资产无偿提供给职工使用的，应当根据受益对象，将该住房每期应计提的折旧计入相关资产成本或当期损益，同时确认应付职工薪酬。租赁住房等资产供职工无偿使用的，应当根据受益对象，将每期应付的租金计入相关资产成本或当期损益，并确认应付职工薪酬。难以认定受益对象的非货币性福利，直接计入当期损益和应付职工薪酬。

在税务处理上，根据《企业所得税法实施条例》第二十五条规定，企业以其自产产品作为非货币性福利发放给职工用于职工集体福利的，应当视同销售，按该产品的公允价值，确认销售货物收入；同时，以该价值计入工资薪金支出或职工福利费支出。职工福利费税前扣除受税法规定标准的限制。将企业拥有的房屋等资产无偿提供给职工使用的，该住房每期应计提的折旧不得重复计入相关资产成本或当期损益税前扣除，属于与经营活动无关的固定资产折旧应做纳税调整。租赁住房等资产供职工无偿使用的，每期应付的租金不得重复计入相关资产成本或当期损益，属于与取得收入无关的其他支出应做纳税调整。

◆ 辞退福利的财税处理差异

在会计处理上，企业在职工劳动合同到期之前解除与职工的劳动关系，或者为鼓励职工自愿接受裁减而提出给予补偿的建议，同时满足下列条件的，应当确认因解除与职工的劳动关系给予补偿而产生的预计负债，同时计入当期损益。

（1）企业已经制定正式的解除劳动关系计划或提出自愿裁减建议，并即将实施。该计划或建议应当包括拟解除劳动关系或裁减的职工所在部门、职位及数量；根据有关规定按工作类别或职位确定的解除劳动关系或裁减补偿金额；拟解除劳动关系或裁减的时间。

（2）企业不能单方面撤回解除劳动关系计划或裁减建议。

辞退福利包括以下两方面的内容：

① 在职工劳动合同尚未到期前，不论职工本人是否愿意，企业决定解除与职工的劳动关系而给予的补偿；

② 在职工劳动合同尚未到期前，为鼓励职工自愿接受裁减而给予的补偿，职工有权选择继续在职或接受补偿离职。

(3) 辞退福利常采取在解除劳动关系时一次性支付补偿的方式，也有通过提高退休后养老金或其他离职后福利的标准，或者将职工工资支付至辞退后未来某一期间的方式。

满足准则确认条件的解除劳动关系计划或自愿裁减建议的辞退福利应当计入当期管理费用，并确认应付职工薪酬。正式的辞退计划或建议应当经过批准。辞退工作一般应当在一年内实施完毕，但因付款程序等原因使部分款项推迟至一年后支付的，视为符合应付职工薪酬的确认条件。

企业应当根据《企业会计准则》的规定，严格按照辞退计划条款的规定，合理预计并确认辞退福利产生的应付职工薪酬。对于职工没有选择权的辞退计划，应当根据辞退计划条款规定的拟解除劳动关系的职工数量、每一职位的辞退补偿标准等，计提应付职工薪酬。

企业对于自愿接受裁减的建议，应当预计将会接受裁减建议的职工数量，根据预计的职工数量和每一职位的辞退补偿标准等，按照《企业会计准则第13号——或有事项》规定，计提应付职工薪酬。符合准则规定的应付职工薪酬确认条件、实质性辞退工作在一年内完成、但付款时间超过一年的辞退福利，企业应当选择恰当的折现率，以折现后的金额计量应付职工薪酬。

在税务处理上，企业已制定正式的解除劳动关系计划或是提出自愿裁减建议，并即将实施而确认因解除与职工劳动关系给予补偿而产生的预计负债，不应计入当期损益，当期不得在税前扣除，应在实际发生时才允许在税前扣除。

实例详解

【例11-8】 A公司是一家以生产冰箱为主的电器公司，2010年6月以账面成本5万元的自产冰箱作为福利发放给本厂职工。按当月同类冰箱的加权平均市场销售价格计算，该批冰箱不含税售价为8万元。假设冰箱的消费税税率均为30%，增值税税率为17%，不考虑其他税费。

【分析】

(1) 确认收入的会计处理如下

借：应付职工薪酬——非货币性福利　　93 600

　　贷：主营业务收入——冰箱　　80 000

　　　　应交税费——应交增值税(销项税额)　　13 600

(2) 结转成本的会计处理如下

借：主营业务成本——冰箱 50 000

贷：库存商品——冰箱 50 000

(3) 计提税金的会计处理如下

借：营业税金及附加 24 000

贷：应交税费——应交消费税 24 000

如果上述职工福利没有超过计税标准，则不需要进行纳税调整，不存在财税差异。

11.3 五险一金的财税处理差异及调整

要 点

五险指的是五种保险，包括养老保险、医疗保险、失业保险、工伤保险和生育保险；一金指的是住房公积金。其中养老保险、医疗保险和失业保险，这三种险是由企业和个人共同缴纳的保费，工伤保险和生育保险完全是由企业承担的，个人不需要缴纳。本节主要介绍五险一金的财税处理差异及调整，主要包括社会保险费和住房公积金两方面。

解 释

◆ **社会保险费**

社会保险费主要是五费，即医疗保险费、养老保险费、失业保险费、工伤保险费和生育保险费。企业按照国务院、各地方政府或企业年金计划规定的基准和比例计算，向社会保险经办机构缴纳的医疗保险费、养老保险费（包括向社会保险经办机构缴纳的基本养老保险费和向企业年金基金相关管理人员缴纳的补充养老保险费）、失业保险费、工伤保险费和生育保险费。企业以购买商业保险形式提供给职工的各种保险待遇属于企业提供的职工薪酬，按照职工薪酬的原则进行确认、计量和披露。

关于有关保险的税前扣除，《企业所得税法实施条例》第三十五条规定，企业依照国务院有关主管部门或者省级人民政府规定的范围和标准为职工缴纳的基本养老保险费、基本医疗保险费、失业保险费、工伤保险费、生育保险费等基本社会保险费和住房公积金，准予扣除。企业为投资者或者职工支付的补充养老保险费、补充医疗保险费，在国务院财政、税务主管部门规定的范围和标准内，准予扣除。第三十六条规定，除企业依照国家有关规定为特殊工种职工支付的人身安全保险费和国务院财政、税务主管部门规定可以扣除的其他商业保险费外，企业为投资者或者职工支付的商业保险费，不得扣除。税法强调的依国家有关规定缴纳的可以税前扣除，不符合规定的不予税前扣除。

对于企业按照国家规定给职工缴纳的基本医疗保险费、基本养老保险费、补充养老保险费、失业保险费、工伤保险费和生育保险费新准则和新税法上的口径基本相同。商业保险费用会计上确认为职工薪酬，而在税法上除了企业依照国家有关规定为特殊工种职工支付的人身安全保险费和国务院财政、税务主管部门规定可以扣除的，一律不得扣除。对于补充医疗保险费用会计上并没有提及，而税法上规定在国务院财政、税务主管部门规定的范围和标准内准予扣除。

◆ 住房公积金

住房公积金的提取基准和比例，会计上和税法上有所不同。《企业会计准则》规定，住房公积金是指企业按照国务院《住房公积金管理条例》规定的基准和比例计算，也即单位和职工均按照职工本人上一年度月平均工资乘以相应的缴存比例计算。《企业所得税法实施条例》规定，企业依照国务院有关主管部门或者省级人民政府规定的范围和标准为职工缴纳的住房公积金，准予扣除。财税[2006]10 号文件是针对个人所得税的规定，单位和个人分别在不超过职工本人上一年度月平均工资 12%的幅度内，其实际缴存的住房公积金，允许在个人应纳税所得额中扣除。单位和职工个人缴存住房公积金的月平均工资不得超过职工工作地所在设区城市上一年度职工月平均工资的 3 倍。单位和个人超过上述规定比例和标准缴付的住房公积金，将超过部分并入个人当期的工资、薪金收入，计征个人所得税。

实例详解

【例 11-9】 A 公司 2010 年为职工实际支付的工资、薪金总额为 2 000 万元，均是合理的工资、薪金支出。该企业 2010 年均按工资、薪金支出总额的 6%为职工支付补充养老保险费、补充医疗保险费，即支付补充养老保险费 120 万元，支付补充医疗保险费 120 万元。按财税[2009]27 号文件规定，该公司在计算应纳税所得额时允许税前扣除的补充养老保险费和补充医疗保险费限额均为 100 万元。因此，该公司 2010 年应调增应纳税所得额 40 万元。

11.4　工会经费的财税处理差异及调整

要　点

工会经费是指工会依法取得并开展正常活动所需的费用。本节主要介绍工会经费的财税处理差异及调整情况。

解　释

◆ 工会经费的财税处理差异及调整

按照国家税务总局《关于工会经费税前扣除问题的通知》(国税函[2000]678号)的规定,建立工会组织的企业、事业单位、社会团体,按每月全部职工工资总额的2%向工会拨缴的经费,凭工会组织开具的《工会经费拨缴款专用收据》在税前扣除。凡不能出具《工会经费拨缴款专用收据》的,其提取的职工工会经费不得在企业所得税前扣除。2005年,中华全国总工会和国家税务总局联合下发了《关于进一步加强工会经费税前扣除管理的通知》(总工发[2005]9号),对工会经费的税前扣除做了进一步的明确规定:凡依法建立工会组织的企业、事业单位以及其他组织,每月按照全部职工工资总额的2%向工会拨缴工会经费,并凭工会组织开具的《工会经费收入专用收据》在税前扣除。《企业所得税法实施条例》第四十一条规定,企业拨缴的工会经费,不超过工资薪金总额2%的部分,准予扣除。

需要注意的事项如下。

(1)《企业所得税法》中的扣除基数为合理工资薪金总额

根据《企业所得税法实施条例》第三十四条对工资薪金有明确的规定,工资薪金是指企业每一纳税年度支付给在本企业任职或者受雇的员工的所有现金形式或者非现金形式的劳动报酬,包括基本工资、奖金、津贴、补贴、年终加薪、加班工资,以及与员工任职或者受雇有关的其他支出。由此可以看出,随着工资薪金范围的扩大,工会经费的扣除基数也一并提高。

(2) 建立工会组织

建立工会组织的法律依据是《中华人民共和国工会法》和《中华人民共和国工会章程》的规定,在企业、事业、机关等基层单位经过上级工会批准建立的工会组织,都称为基层工会组织,它是工会组织体系中最基本的组织单位。基层工会组织具备《中华人民共和国民法通则》规定的法人条件的，按照中华全国总工会有关的规定，经办理法人资格登记、取得社会团体法人资格。作为基层工会组织一般具有独立的名称、办公场所、独立的活动经费。

(3) 工会经费的拨缴

工会是社团法人，具有法人的主体地位，拨缴工会经费是工会组织和企业两个法人组织之间的债权、债务关系法律行为的执行，因此，工会经费具有法定性、强制性。企业是债务人，工会是债权人，企业必须按规定每月及时足额地拨缴，否则就是侵犯工会和职工群众权利的违法行为。目前工会经费支付存在两种形式：一是由企业自动拨付，企业应按工资总额2%计算的工会经费，全部拨付给企业工会组织，工会组织再将其中的40%上缴上级工会，这种形式下的支付也可以由企业按规定计算出的工会经费分别将60%拨付给企业工会，40%拨付给上级工会。二是由税务机关代征。

◆ **工会经费的会计处理**

对于建立工会组织的企业，按工资总额的2%拨缴工会经费，会计核算应遵循《企业会计准则第9号——职工薪酬》第二条的规定。职工薪酬，是指企业为获得职工提供的服务而给予各种形式的报酬以及其他相关支出。职工薪酬包括工会经费和职工教育经费。《企业会计准则第9号——职工薪酬》第四条规定，企业应当在职工为其提供服务的会计期间，将应付的职工薪酬确认为负债，除因解除与职工的劳动关系给予的补偿外，应当根据职工提供服务的受益对象，分别按下列情况处理。

(1) 应由生产产品、提供劳务负担的职工薪酬，计入产品成本或劳务成本。

(2) 应由在建工程、无形资产负担的职工薪酬，计入建造固定资产或无形资产成本。

(3) 除上述外的其他职工薪酬，计入当期损益。

11.5 职工教育经费的财税处理差异及调整

要 点

职工教育经费是指企业按工资总额的一定比例提取用于职工教育事业的一项费用，是企业为职工学习先进技术和提高文化水平而支付的费用。本节主要介绍职工教育经费的财税处理差异及调整情况。

解释

◆职工教育经费的财税处理差异及调整

《企业所得税法实施条例》第四十二条规定，除国务院财政、税务主管部门另有规定的外，企业发生的职工教育经费支出，不超过工资薪金总额2.5%的部分，准予扣除；超过部分，准予在以后纳税年度结转扣除。按照国家税务总局《关于企业所得税若干税务事项衔接问题的通知》（国税函[2009]98号）规定，对于在2008年以前已经计提但尚未使用的职工教育经费余额，2008年及以后新发生的职工教育经费应先从余额中冲减；仍有余额的，留在以后年度继续使用。

另外，根据《关于鼓励软件产业和集成电路产业发展有关税收政策问题的通知》（财税[2000]25号）规定，软件生产企业的培训费用，可按实际发生额在计算应纳税所得额时扣除。根据《关于企业所得税若干优惠政策的通知》（财税[2008]1号）规定，软件生产企业的职工培训费用，可按实际发生额在计算应纳税所得额时扣除。按照国家税务总局《关于企业所得税执行中若干税务处理问题的通知》（国税函[2009]202号）规定，软件生产企业发生的职工教育经费中的职工培训费用，根据财税[2008]1号文件规定，可以全额在企业所得税前扣除。软件生产企业应准确划分职工教育经费中的职工培训费支出；对于不能准确划分的，以及准确划分后职工教育经费中扣除职工培训费用的余额，一律按照《企业所得税法实施条例》第四十二条规定的比例扣除。

企业职工教育经费必须专款专用，职工教育培训经费列支范围包括：

(1) 上岗和转岗培训；

(2) 各类岗位适应性培训；

(3) 岗位培训、职业技术等级培训、高技能人才培训；

(4) 专业技术人员继续教育；

(5) 特种作业人员培训；

(6) 企业组织的职工外送培训的经费支出；

(7) 职工参加的职业技能鉴定、职业资格认证等经费支出；

(8) 购置教学设备与设施；

(9) 职工岗位自学成才奖励费用；

(10) 职工教育培训管理费用；

(11) 有关职工教育的其他开支。

实战训练

一、单项选择题

1. 以下说法正确的有（　　）。

A. 企业发生的合法的工资薪金支出，准予在企业所得税前扣除

B. 职工福利费支出，以工资薪金总额14%计算税前列支

C. 拨缴的工会经费，不超过工资总额的2%以内列支

D. 发生的职工教育经费，不超过工资总额1.5%以内列支

2. 某生产企业2009年利润总额是500万元，其中销售收入为1 500万元，广告费支出为152万元。该年安置了一批残疾人员，在应付职工薪酬科目中列支了全年支付残疾人员的工资是20万元，另外，2008年广告费超标90万元，假定不存在其他纳税调整事项，则2009年应缴纳的企业所得税是（　　）万元。

A. 130　　B. 150

C. 101.75　　D. 97.5

3. 企业依照（　　）规定的范围和标准为职工缴纳的基本养老保险费、基本医疗保险费、失业保险费、工伤保险费、生育保险费等基本社会保险费和住房公积金，准予扣除。

A. 国务院有关主管部门　　B. 集团性公司

C. 地级以上人民政府　　D. 企业自定制度

4. 在商品营销活动中，企业和单位对营销业绩突出的非雇员以培训班、研讨会、工作考察等名义组织旅游活动，通过免收差旅费、旅游费对个人实行的营销业绩奖励，下列表述中正确的是（　　）。

A. 不缴纳个人所得税

B. 按劳务报酬所得缴纳个人所得税

C. 按工资、薪金所得缴纳个人所得税

D. 按偶然所得缴纳个人所得税

5. 甲公司2008年实现利润总额为1 000万元，当年实际发生工资薪酬比计税工资标准超支50万元，由于会计采用的折旧方法与税法规定不同，当期会计比税法规定少计提折旧100万元。2008年年初递延所得税负债的余额为66万元；年末固定资产账面价值为5 000万元，其计税基础为4 700万元。除上述差异外没有其他纳税调整事项和差异。甲公司适用所得税税率为25%。甲公司2008年的净利润为（　　）万元。

A. 670　　B. 719.5

C. 686.5　　D. 753.5

二、多项选择题

1. 企业发生的合理的工资薪金支出，准予扣除。工资薪金，是指企业每一纳税年度支付给在本企业任职或者受雇的员工的所有现金形式或者非现金形式的劳动报酬，包括(　　)，以及与员工任职或者受雇有关的其他支出。

A. 基本工资

B. 奖金、津贴

C. 补贴

D. 年终加薪、加班工资

2. 下列各项中，征收增值税和消费税的计税依据不相同的是(　　)。

A. 轮胎厂将自产的轮胎用于抵偿债务

B. 汽车厂将自产小汽车用于奖励职工

C. 啤酒厂销售自产的啤酒

D. 卷烟厂将自产卷烟用于发放职工福利

3. 下列税法正确的是(　　)。

A. 企业发生的职工福利费支出，不超过工资薪金总额14%的部分，准予扣除

B. 企业拨缴的工会经费，不超过工资薪金总额2%的部分，准予扣除

C. 除国务院财政、税务主管部门另有规定外，企业发生的职工教育经费支出，不超过工资薪金总额2.5%的部分，准予扣除；超过部分，准予在以后纳税年度结转扣除

D. 企业发生的与生产经营活动有关的业务招待费支出，按照发生额的60%扣除，但最高不得超过当年销售(营业)收入的5‰

4. 企业发生的合理的工资薪金支出包括(　　)。

A. 实物津贴

B. 补贴

C. 加班工资

D. 年终加薪

5. 根据企业所得税法的有关规定，下列说法错误的是(　　)。

A. 企业发生的工资薪金支出，准予扣除

B. 企业为投资者或者职工支付的商业保险费，准予扣除

C. 企业发生的职工教育经费支出，不超过工资薪金总额的2.5%的部分准予扣除；超过部分准予在以后年度结转扣除

D. 企业实际缴纳的补充养老保险、补充医疗保险费，准予税前扣除

三、判断题

1. 企业和个人按照省级人民政府规定的比例提取缴付的基本养老金、失业保险金，不计入个人当期的工资、薪金收入，免予征收个人所得税。但个人按照规定领取时，则应征收个人所得税。(　　)

2. 已抵扣进项税额的购进货物，如果作为集体福利发放给职工个人的，发放时应视同销售计算增值税的销项税额。(　　)

3. 某企业 2007 年确认应支付的职工薪酬共计 5 000 万元，尚未支付。按照税法规定的计税工资标准可以于当期扣除的部分为 4 500 万元，则 2007 年年末应付职工薪酬的计税基础为 500 万元。(　　)

4. 差旅费津贴是构成工资薪金的所得项目之一。(　　)

5. 基本工资、经常性奖金、养老保险费、辞退福利、工会经费和职工教育经费均应通过"应付职工薪酬"科目进行核算。(　　)

四、问答题

1. 一家国家重点扶持的高新技术企业，2008 年实现税前收入 2 000 万元(其中产品销售收入 1 850 万元，国债利息收入 50 万元，其他收入 100 万元)，发生成本费用 1 000 万元，其中包括合理的工资 200 万元，按规定为投资者个人缴纳的补充养老保险 5 万元，业务招待费 5 万元，职工福利费 50 万元，职工教育经费 20 万元，工会经费 10 万元，税收滞纳金 10 万元，提取的存货减值准备 100 万元。另外购入环境保护专用设备 500 万元，2009 年投入使用。该企业应纳的企业所得税是多少？

2. 某企业在 2008 年度，全年产品销售收入 6 000 万元，共发生下列支出事项：① 产品销售成本 4 000 万元；② 产品销售费用 300 万元，其中广告费 60 万元；③ 职工 1 200 人，全年发放工资总额 1 200 万元；④ 实际列支职工福利费 188 万元，职工教育经费 32 万元，职工工会经费 25 万元；⑤ 业务招待费 62 万元；⑥ 赞助支出 12 万元。试计算该企业当年的应纳税所得额。

附　录

附录 A　企业会计准则——基本准则

中华人民共和国财政部令第 33 号

根据《国务院关于〈企业财务通则〉、〈企业会计准则〉的批复》(国函[1992]178 号)的规定，财政部对《企业会计准则》财政部令第 5 号进行了修订，修订后的《企业会计准则——基本准则》已经部务会议讨论通过，现予公布，自 2007 年 1 月 1 日起施行。

中华人民共和国财政部长：金人庆

2006 年 2 月 15 日

第一章　总　　则

第一条　为了规范企业会计确认、计量和报告行为，保证会计信息质量，根据《中华人民共和国会计法》和其他有关法律、行政法规，制定本准则。

第二条　本准则适用于在中华人民共和国境内设立的企业(包括公司，下同)。

第三条　企业会计准则包括基本准则和具体准则，具体准则的制定应当遵循本准则。

第四条　企业应当编制财务会计报告(又称财务报告，下同)。财务会计报告的目标是向财务会计报告使用者提供与企业财务状况、经营成果和现金流量等有关的会计信息，反映企业管理层受托责任履行情况，有助于财务会计报告使用者作出经济决策。

财务会计报告使用者包括投资者、债权人、政府及其有关部门和社会公众等。

第五条　企业应当对其本身发生的交易或者事项进行会计确认、计量和报告。

第六条　企业会计确认、计量和报告应当以持续经营为前提。

第七条 企业应当划分会计期间，分期结算账目和编制财务会计报告。

会计期间分为年度和中期。中期是指短于一个完整的会计年度的报告期间。

第八条 企业会计应当以货币计量。

第九条 企业应当以权责发生制为基础进行会计确认、计量和报告。

第十条 企业应当按照交易或者事项的经济特征确定会计要素。会计要素包括资产、负债、所有者权益、收入、费用和利润。

第十一条 企业应当采用借贷记账法记账。

第二章 会计信息质量要求

第十二条 企业应当以实际发生的交易或者事项为依据进行会计确认、计量和报告，如实反映符合确认和计量要求的各项会计要素及其他相关信息，保证会计信息真实可靠、内容完整。

第十三条 企业提供的会计信息应当与财务会计报告使用者的经济决策需要相关，有助于财务会计报告使用者对企业过去、现在或者未来的情况作出评价或者预测。

第十四条 企业提供的会计信息应当清晰明了，便于财务会计报告使用者理解和使用。

第十五条 企业提供的会计信息应当具有可比性。

同一企业不同时期发生的相同或者相似的交易或者事项，应当采用一致的会计政策，不得随意变更。确需变更的，应当在附注中说明。

不同企业发生的相同或者相似的交易或者事项，应当采用规定的会计政策，确保会计信息口径一致、相互可比。

第十六条 企业应当按照交易或者事项的经济实质进行会计确认、计量和报告，不应仅以交易或者事项的法律形式为依据。

第十七条 企业提供的会计信息应当反映与企业财务状况、经营成果和现金流量等有关的所有重要交易或者事项。

第十八条 企业对交易或者事项进行会计确认、计量和报告应当保持应有的谨慎，不应高估资产或者收益、低估负债或者费用。

第十九条 企业对于已经发生的交易或者事项，应当及时进行会计确认、计量和报告，不得提前或者延后。

第三章 资　　产

第二十条 资产是指企业过去的交易或者事项形成的、由企业拥有或者控制的、预期会给企业带来经济利益的资源。

前款所指的企业过去的交易或者事项包括购买、生产、建造行为或其他交易或者事项。预期在未来发生的交易或者事项不形成资产。

由企业拥有或者控制，是指企业享有某项资源的所有权，或者虽然不享有某项资源的所有权，但该资源能被企业所控制。

预期会给企业带来经济利益，是指直接或者间接导致现金和现金等价物流入企业的潜力。

第二十一条　符合本准则第二十条规定的资产定义的资源，在同时满足以下条件时，确认为资产：

（一）与该资源有关的经济利益很可能流入企业；

（二）该资源的成本或者价值能够可靠地计量。

第二十二条　符合资产定义和资产确认条件的项目，应当列入资产负债表；符合资产定义、但不符合资产确认条件的项目，不应当列入资产负债表。

第四章　负　　债

第二十三条　负债是指企业过去的交易或者事项形成的、预期会导致经济利益流出企业的现时义务。

现时义务是指企业在现行条件下已承担的义务。未来发生的交易或者事项形成的义务，不属于现时义务，不应当确认为负债。

第二十四条　符合本准则第二十三条规定的负债定义的义务，在同时满足以下条件时，确认为负债：

（一）与该义务有关的经济利益很可能流出企业；

（二）未来流出的经济利益的金额能够可靠地计量。

第二十五条　符合负债定义和负债确认条件的项目，应当列入资产负债表；符合负债定义、但不符合负债确认条件的项目，不应当列入资产负债表。

第五章　所有者权益

第二十六条　所有者权益是指企业资产扣除负债后由所有者享有的剩余权益。

公司的所有者权益又称为股东权益。

第二十七条　所有者权益的来源包括所有者投入的资本、直接计入所有者权益的利得和损失、留存收益等。

直接计入所有者权益的利得和损失，是指不应计入当期损益、会导致所有者权益发生增减变动的、与所有者投入资本或者向所有者分配利润无关的利得或者损失。

利得是指由企业非日常活动所形成的、会导致所有者权益增加的、与所有者投入资本无关的经济利益的流入。

损失是指由企业非日常活动所发生的、会导致所有者权益减少的、与向所有者分配利润无关的经济利益的流出。

第二十八条 所有者权益金额取决于资产和负债的计量。

第二十九条 所有者权益项目应当列入资产负债表。

第六章 收 入

第三十条 收入是指企业在日常活动中形成的、会导致所有者权益增加的、与所有者投入资本无关的经济利益的总流入。

第三十一条 收入只有在经济利益很可能流入从而导致企业资产增加或者负债减少、且经济利益的流入额能够可靠计量时才能予以确认。

第三十二条 符合收入定义和收入确认条件的项目，应当列入利润表。

第七章 费 用

第三十三条 费用是指企业在日常活动中发生的、会导致所有者权益减少的、与向所有者分配利润无关的经济利益的总流出。

第三十四条 费用只有在经济利益很可能流出从而导致企业资产减少或者负债增加、且经济利益的流出额能够可靠计量时才能予以确认。

第三十五条 企业为生产产品、提供劳务等发生的可归属于产品成本、劳务成本等的费用，应当在确认产品销售收入、劳务收入等时，将已销售产品、已提供劳务的成本等计入当期损益。

企业发生的支出不产生经济利益的，或者即使能够产生经济利益但不符合或者不再符合资产确认条件的，应当在发生时确认为费用，计入当期损益。

企业发生的交易或者事项导致其承担了一项负债而又不确认为一项资产的，应当在发生时确认为费用，计入当期损益。

第三十六条 符合费用定义和费用确认条件的项目，应当列入利润表。

第八章　利　润

第三十七条　利润是指企业在一定会计期间的经营成果。利润包括收入减去费用后的净额、直接计入当期利润的利得和损失等。

第三十八条　直接计入当期利润的利得和损失，是指应当计入当期损益、会导致所有者权益发生增减变动的、与所有者投入资本或者向所有者分配利润无关的利得或者损失。

第三十九条　利润金额取决于收入和费用、直接计入当期利润的利得和损失金额的计量。

第四十条　利润项目应当列入利润表。

第九章　会计计量

第四十一条　企业在将符合确认条件的会计要素登记入账并列报于会计报表及其附注（又称财务报表，下同）时，应当按照规定的会计计量属性进行计量，确定其金额。

第四十二条　会计计量属性主要包括：

（一）历史成本。在历史成本计量下，资产按照购置时支付的现金或者现金等价物的金额，或者按照购置资产时所付出的对价的公允价值计量。负债按照因承担现时义务而实际收到的款项或者资产的金额，或者承担现时义务的合同金额，或者按照日常活动中为偿还负债预期需要支付的现金或者现金等价物的金额计量。

（二）重置成本。在重置成本计量下，资产按照现在购买相同或者相似资产所需支付的现金或者现金等价物的金额计量。负债按照现在偿付该项债务所需支付的现金或者现金等价物的金额计量。

（三）可变现净值。在可变现净值计量下，资产按照其正常对外销售所能收到现金或者现金等价物的金额扣减该资产至完工时估计将要发生的成本、估计的销售费用以及相关税费后的金额计量。

（四）现值。在现值计量下，资产按照预计从其持续使用和最终处置中所产生的未来净现金流入量的折现金额计量。负债按照预计期限内需要偿还的未来净现金流出量的折现金额计量。

（五）公允价值。在公允价值计量下，资产和负债按照在公平交易中，熟悉情况的交易双方自愿进行资产交换或者债务清偿的金额计量。

第四十三条　企业在对会计要素进行计量时，一般应当采用历史成本，采用重置成本、可变现净值、现值、公允价值计量的，应当保证所确定的会计要素金额能够取得并可靠计量。

第十章 财务会计报告

第四十四条 财务会计报告是指企业对外提供的反映企业某一特定日期的财务状况和某一会计期间的经营成果、现金流量等会计信息的文件。

财务会计报告包括会计报表及其附注和其他应当在财务会计报告中披露的相关信息和资料。会计报表至少应当包括资产负债表、利润表、现金流量表等报表。

小企业编制的会计报表可以不包括现金流量表。

第四十五条 资产负债表是指反映企业在某一特定日期的财务状况的会计报表。

第四十六条 利润表是指反映企业在一定会计期间的经营成果的会计报表。

第四十七条 现金流量表是指反映企业在一定会计期间的现金和现金等价物流入和流出的会计报表。

第四十八条 附注是指对在会计报表中列示项目所作的进一步说明,以及对未能在这些报表中列示项目的说明等。

第十一章 附　　则

第四十九条 本准则由财政部负责解释。

第五十条 本准则自 2007 年 1 月 1 日起施行。

附录 B 中华人民共和国企业所得税法

中华人民共和国主席令第 63 号

《中华人民共和国企业所得税法》已由中华人民共和国第十届全国人民代表大会第五次会议于 2007 年 3 月 16 日通过,现予公布,自 2008 年 1 月 1 日起施行。

中华人民共和国主席　胡锦涛

2007 年 3 月 16 日

第一章 总　　则

第一条 在中华人民共和国境内,企业和其他取得收入的组织(以下统称企业)为企业所得税的纳税人,依照本法的规定缴纳企业所得税。

个人独资企业、合伙企业不适用本法。

第二条 企业分为居民企业和非居民企业。

本法所称居民企业,是指依法在中国境内成立,或者依照外国(地区)法律成立但实际管理机构在中国境内的企业。

本法所称非居民企业,是指依照外国(地区)法律成立且实际管理机构不在中国境内,但在中国境内设立机构、场所的,或者在中国境内未设立机构、场所,但有来源于中国境内所得的企业。

第三条 居民企业应当就其来源于中国境内、境外的所得缴纳企业所得税。

非居民企业在中国境内设立机构、场所的,应当就其所设机构、场所取得的来源于中国境内的所得,以及发生在中国境外但与其所设机构、场所有实际联系的所得,缴纳企业所得税。

非居民企业在中国境内未设立机构、场所的,或者虽设立机构、场所但取得的所得与其所设机构、场所没有实际联系的,应当就其来源于中国境内的所得缴纳企业所得税。

第四条 企业所得税的税率为25%。

非居民企业取得本法第三条第三款规定的所得,适用税率为20%。

第二章 应纳税所得额

第五条 企业每一纳税年度的收入总额,减除不征税收入、免税收入、各项扣除以及允许弥补的以前年度亏损后的余额,为应纳税所得额。

第六条 企业以货币形式和非货币形式从各种来源取得的收入,为收入总额。包括:

(一) 销售货物收入;

(二) 提供劳务收入;

(三) 转让财产收入;

(四) 股息、红利等权益性投资收益;

(五) 利息收入;

(六) 租金收入;

(七) 特许权使用费收入;

(八) 接受捐赠收入;

(九) 其他收入。

第七条 收入总额中的下列收入为不征税收入:

（一）财政拨款；

（二）依法收取并纳入财政管理的行政事业性收费、政府性基金；

（三）国务院规定的其他不征税收入。

第八条 企业实际发生的与取得收入有关的、合理的支出，包括成本、费用、税金、损失和其他支出，准予在计算应纳税所得额时扣除。

第九条 企业发生的公益性捐赠支出，在年度利润总额12%以内的部分，准予在计算应纳税所得额时扣除。

第十条 在计算应纳税所得额时，下列支出不得扣除：

（一）向投资者支付的股息、红利等权益性投资收益款项；

（二）企业所得税税款；

（三）税收滞纳金；

（四）罚金、罚款和被没收财物的损失；

（五）本法第九条规定以外的捐赠支出；

（六）赞助支出；

（七）未经核定的准备金支出；

（八）与取得收入无关的其他支出。

第十一条 在计算应纳税所得额时，企业按照规定计算的固定资产折旧，准予扣除。

下列固定资产不得计算折旧扣除：

（一）房屋、建筑物以外未投入使用的固定资产；

（二）以经营租赁方式租入的固定资产；

（三）以融资租赁方式租出的固定资产；

（四）已足额提取折旧仍继续使用的固定资产；

（五）与经营活动无关的固定资产；

（六）单独估价作为固定资产入账的土地；

（七）其他不得计算折旧扣除的固定资产。

第十二条 在计算应纳税所得额时，企业按照规定计算的无形资产摊销费用，准予扣除。

下列无形资产不得计算摊销费用扣除：

（一）自行开发的支出已在计算应纳税所得额时扣除的无形资产；

（二）自创商誉；

（三）与经营活动无关的无形资产；

（四）其他不得计算摊销费用扣除的无形资产。

第十三条 在计算应纳税所得额时，企业发生的下列支出作为长期待摊费用，按照规定摊销的，准予扣除：

（一）已足额提取折旧的固定资产的改建支出；

（二）租入固定资产的改建支出；

（三）固定资产的大修理支出；

（四）其他应当作为长期待摊费用的支出。

第十四条　企业对外投资期间，投资资产的成本在计算应纳税所得额时不得扣除。

第十五条　企业使用或者销售存货，按照规定计算的存货成本，准予在计算应纳税所得额时扣除。

第十六条　企业转让资产，该项资产的净值，准予在计算应纳税所得额时扣除。

第十七条　企业在汇总计算缴纳企业所得税时，其境外营业机构的亏损不得抵减境内营业机构的盈利。

第十八条　企业纳税年度发生的亏损，准予向以后年度结转，用以后年度的所得弥补，但结转年限最长不得超过五年。

第十九条　非居民企业取得本法第三条第三款规定的所得，按照下列方法计算其应纳税所得额：

（一）股息、红利等权益性投资收益和利息、租金、特许权使用费所得，以收入全额为应纳税所得额；

（二）转让财产所得，以收入全额减除财产净值后的余额为应纳税所得额；

（三）其他所得，参照前两项规定的方法计算应纳税所得额。

第二十条　本章规定的收入、扣除的具体范围、标准和资产的税务处理的具体办法，由国务院财政、税务主管部门规定。

第二十一条　在计算应纳税所得额时，企业财务、会计处理办法与税收法律、行政法规的规定不一致的，应当依照税收法律、行政法规的规定计算。

第三章　应纳税额

第二十二条　企业的应纳税所得额乘以适用税率，减除依照本法关于税收优惠的规定减免和抵免的税额后的余额，为应纳税额。

第二十三条　企业取得的下列所得已在境外缴纳的所得税税额，可以从其当期应纳税额中抵免，抵免限额为该项所得依照本法规定计算的应纳税额；超过抵免限额的部分，可以在以后五个年度内，用每年度抵免限额抵免当年应抵税额后的余额进行抵补：

（一）居民企业来源于中国境外的应税所得；

（二）非居民企业在中国境内设立机构、场所，取得发生在中国境外但与该机构、场所有实际联系的应税所得。

第二十四条 居民企业从其直接或者间接控制的外国企业分得的来源于中国境外的股息、红利等权益性投资收益，外国企业在境外实际缴纳的所得税税额中属于该项所得负担的部分，可以作为该居民企业的可抵免境外所得税税额，在本法第二十三条规定的抵免限额内抵免。

第四章 税收优惠

第二十五条 国家对重点扶持和鼓励发展的产业和项目，给予企业所得税优惠。

第二十六条 企业的下列收入为免税收入：

（一）国债利息收入；

（二）符合条件的居民企业之间的股息、红利等权益性投资收益；

（三）在中国境内设立机构、场所的非居民企业从居民企业取得与该机构、场所有实际联系的股息、红利等权益性投资收益；

（四）符合条件的非营利组织的收入。

第二十七条 企业的下列所得，可以免征、减征企业所得税：

（一）从事农、林、牧、渔业项目的所得；

（二）从事国家重点扶持的公共基础设施项目投资经营的所得；

（三）从事符合条件的环境保护、节能节水项目的所得；

（四）符合条件的技术转让所得；

（五）本法第三条第三款规定的所得。

第二十八条 符合条件的小型微利企业，减按20%的税率征收企业所得税。

国家需要重点扶持的高新技术企业，减按15%的税率征收企业所得税。

第二十九条 民族自治地方的自治机关对本民族自治地方的企业应缴纳的企业所得税中属于地方分享的部分，可以决定减征或者免征。自治州、自治县决定减征或者免征的，须报省、自治区、直辖市人民政府批准。

第三十条 企业的下列支出，可以在计算应纳税所得额时加计扣除：

（一）开发新技术、新产品、新工艺发生的研究开发费用；

（二）安置残疾人员及国家鼓励安置的其他就业人员所支付的工资。

第三十一条 创业投资企业从事国家需要重点扶持和鼓励的创业投资，可以按投资额的一定比例抵扣应纳税所得额。

第三十二条 企业的固定资产由于技术进步等原因，确需加速折旧的，可以缩短折旧年限或者采取加速折旧的方法。

第三十三条 企业综合利用资源，生产符合国家产业政策规定的产品所取得的收入，可以在计算应纳税所得额时减计收入。

第三十四条 企业购置用于环境保护、节能节水、安全生产等专用设备的投资额，可以按一定比例实行税额抵免。

第三十五条 本法规定的税收优惠的具体办法，由国务院规定。

第三十六条 根据国民经济和社会发展的需要，或者由于突发事件等原因对企业经营活动产生重大影响的，国务院可以制定企业所得税专项优惠政策，报全国人民代表大会常务委员会备案。

第五章 源泉扣缴

第三十七条 对非居民企业取得本法第三条第三款规定的所得应缴纳的所得税，实行源泉扣缴，以支付人为扣缴义务人。税款由扣缴义务人在每次支付或者到期应支付时，从支付或者到期应支付的款项中扣缴。

第三十八条 对非居民企业在中国境内取得工程作业和劳务所得应缴纳的所得税，税务机关可以指定工程价款或者劳务费的支付人为扣缴义务人。

第三十九条 依照本法第三十七条、第三十八条规定应当扣缴的所得税，扣缴义务人未依法扣缴或者无法履行扣缴义务的，由纳税人在所得发生地缴纳。纳税人未依法缴纳的，税务机关可以从该纳税人在中国境内其他收入项目的支付人应付的款项中，追缴该纳税人的应纳税款。

第四十条 扣缴义务人每次代扣的税款，应当自代扣之日起七日内缴入国库，并向所在地的税务机关报送扣缴企业所得税报告表。

第六章 特别纳税调整

第四十一条 企业与其关联方之间的业务往来，不符合独立交易原则而减少企业或者其关联方应纳税收入或者所得额的，税务机关有权按照合理方法调整。

企业与其关联方共同开发、受让无形资产，或者共同提供、接受劳务发生的成本，在计算应纳税所得额时应当按照独立交易原则进行分摊。

第四十二条 企业可以向税务机关提出与其关联方之间业务往来的定价原则和计算方法，税务机关与企业协商、确认后，达成预约定价安排。

第四十三条 企业向税务机关报送年度企业所得税纳税申报表时，应当就其与关联方之间的业务往来，附送年度关联业务往来报告表。

税务机关在进行关联业务调查时，企业及其关联方，以及与关联业务调查有关的其他企业，应当按照规定提供相关资料。

第四十四条 企业不提供与其关联方之间业务往来资料，或者提供虚假、不完整资料，未能真实反映其关联业务往来情况的，税务机关有权依法核定其应纳税所得额。

第四十五条 由居民企业，或者由居民企业和中国居民控制的设立在实际税负明显低于本法第四条第一款规定税率水平的国家（地区）的企业，并非由于合理的经营需要而对利润不作分配或者减少分配的，上述利润中应归属于该居民企业的部分，应当计入该居民企业的当期收入。

第四十六条 企业从其关联方接受的债权性投资与权益性投资的比例超过规定标准而发生的利息支出，不得在计算应纳税所得额时扣除。

第四十七条 企业实施其他不具有合理商业目的的安排而减少其应纳税收入或者所得额的，税务机关有权按照合理方法调整。

第四十八条 税务机关依照本章规定作出纳税调整，需要补征税款的，应当补征税款，并按照国务院规定加收利息。

第七章 征收管理

第四十九条 企业所得税的征收管理除本法规定外，依照《中华人民共和国税收征收管理法》的规定执行。

第五十条 除税收法律、行政法规另有规定外，居民企业以企业登记注册地为纳税地点；但登记注册地在境外的，以实际管理机构所在地为纳税地点。

居民企业在中国境内设立不具有法人资格的营业机构的，应当汇总计算并缴纳企业所得税。

第五十一条 非居民企业取得本法第三条第二款规定的所得，以机构、场所所在地为纳税地点。非居民企业在中国境内设立两个或者两个以上机构、场所的，经税务机关审核批准，可以选择由其主要机构、场所汇总缴纳企业所得税。

非居民企业取得本法第三条第三款规定的所得，以扣缴义务人所在地为纳税地点。

第五十二条 除国务院另有规定外，企业之间不得合并缴纳企业所得税。

第五十三条 企业所得税按纳税年度计算。纳税年度自公历 1 月 1 日起至 12 月 31 日止。

企业在一个纳税年度中间开业，或者终止经营活动，使该纳税年度的实际经营期不足十二个月的，应当以其实际经营期为一个纳税年度。

企业依法清算时，应当以清算期间作为一个纳税年度。

第五十四条 企业所得税分月或者分季预缴。

企业应当自月份或者季度终了之日起十五日内，向税务机关报送预缴企业所得税纳税申报表，预缴税款。

企业应当自年度终了之日起五个月内，向税务机关报送年度企业所得税纳税申报表，并汇算清缴，结清应缴应退税款。

企业在报送企业所得税纳税申报表时，应当按照规定附送财务会计报告和其他有关资料。

第五十五条 企业在年度中间终止经营活动的，应当自实际经营终止之日起六十日内，向税务机关办理当期企业所得税汇算清缴。

企业应当在办理注销登记前，就其清算所得向税务机关申报并依法缴纳企业所得税。

第五十六条 依照本法缴纳的企业所得税，以人民币计算。所得以人民币以外的货币计算的，应当折合成人民币计算并缴纳税款。

第八章 附 则

第五十七条 本法公布前已经批准设立的企业，依照当时的税收法律、行政法规规定，享受低税率优惠的，按照国务院规定，可以在本法施行后五年内，逐步过渡到本法规定的税率；享受定期减免税优惠的，按照国务院规定，可以在本法施行后继续享受到期满为止，但因未获利而尚未享受优惠的，优惠期限从本法施行年度起计算。

法律设置的发展对外经济合作和技术交流的特定地区内，以及国务院已规定执行上述地区特殊政策的地区内新设立的国家需要重点扶持的高新技术企业，可以享受过渡性税收优惠，具体办法由国务院规定。

国家已确定的其他鼓励类企业，可以按照国务院规定享受减免税优惠。

第五十八条 中华人民共和国政府同外国政府订立的有关税收的协定与本法有不同规定的，依照协定的规定办理。

第五十九条 国务院根据本法制定实施条例。

第六十条 本法自 2008 年 1 月 1 日起施行。1991 年 4 月 9 日第七届全国人民代表大会第四次会议通过的《中华人民共和国外商投资企业和外国企业所得税法》和 1993 年 12 月 13 日国务院发布的《中华人民共和国企业所得税暂行条例》同时废止。

附录 C 中华人民共和国企业所得税法实施条例

中华人民共和国国务院令第 512 号

《中华人民共和国企业所得税法实施条例》已经 2007 年 11 月 28 日国务院第 197 次常务会议通过，现予公布，自 2008 年 1 月 1 日起施行。

总理 温家宝

2007 年 12 月 6 日

第一章 总 则

第一条 根据《中华人民共和国企业所得税法》(以下简称企业所得税法)的规定，制定本条例。

第二条 《企业所得税法》第一条所称个人独资企业、合伙企业，是指依照中国法律、行政法规成立的个人独资企业、合伙企业。

第三条 《企业所得税法》第二条所称依法在中国境内成立的企业，包括依照中国法律、行政法规在中国境内成立的企业、事业单位、社会团体以及其他取得收入的组织。

《企业所得税法》第二条所称依照外国(地区)法律成立的企业，包括依照外国(地区)法律成立的企业和其他取得收入的组织。

第四条 《企业所得税法》第二条所称实际管理机构，是指对企业的生产经营、人员、账务、财产等实施实质性全面管理和控制的机构。

第五条 《企业所得税法》第二条第三款所称机构、场所，是指在中国境内从事生产经营活动的机构、场所，包括：

(一) 管理机构、营业机构、办事机构；

(二) 工厂、农场、开采自然资源的场所；

(三) 提供劳务的场所；

(四) 从事建筑、安装、装配、修理、勘探等工程作业的场所；

(五) 其他从事生产经营活动的机构、场所。

非居民企业委托营业代理人在中国境内从事生产经营活动的，包括委托单位或者个人经常代其签订合同，或者储存、交付货物等，该营业代理人视为非居民企业在中国境内设立的机构、场所。

第六条　《企业所得税法》第三条所称所得，包括销售货物所得、提供劳务所得、转让财产所得、股息红利等权益性投资所得、利息所得、租金所得、特许权使用费所得、接受捐赠所得和其他所得。

第七条　《企业所得税法》第三条所称来源于中国境内、境外的所得，按照以下原则确定：

（一）销售货物所得，按照交易活动发生地确定；

（二）提供劳务所得，按照劳务发生地确定；

（三）转让财产所得，不动产转让所得按照不动产所在地确定，动产转让所得按照转让动产的企业或者机构、场所所在地确定，权益性投资资产转让所得按照被投资企业所在地确定；

（四）股息、红利等权益性投资所得，按照分配所得的企业所在地确定；

（五）利息所得、租金所得、特许权使用费所得，按照负担、支付所得的企业或者机构、场所所在地确定，或者按照负担、支付所得的个人的住所地确定；

（六）其他所得，由国务院财政、税务主管部门确定。

第八条　《企业所得税法》第三条所称实际联系，是指非居民企业在中国境内设立的机构、场所拥有据以取得所得的股权、债权，以及拥有、管理、控制据以取得所得的财产等。

第二章　应纳税所得额

第一节　一般规定

第九条　企业应纳税所得额的计算，以权责发生制为原则，属于当期的收入和费用，不论款项是否收付，均作为当期的收入和费用；不属于当期的收入和费用，即使款项已经在当期收付，均不作为当期的收入和费用。本条例和国务院财政、税务主管部门另有规定的除外。

第十条　《企业所得税法》第五条所称亏损，是指企业依照企业所得税法和本条例的规定将每一纳税年度的收入总额减除不征税收入、免税收入和各项扣除后小于零的数额。

第十一条　《企业所得税法》第五十五条所称清算所得，是指企业的全部资产可变现价值或者交易价格减除资产净值、清算费用以及相关税费等后的余额。

投资方企业从被清算企业分得的剩余资产，其中相当于从被清算企业累计未分配利润和累计盈余公积中应当分得的部分，应当确认为股息所得；剩余资产减除上述股息所得后的余额，超过或者低于投资成本的部分，应当确认为投资资产转让所得或者损失。

第二节　收　　入

第十二条　《企业所得税法》第六条所称企业取得收入的货币形式，包括现金、存款、应收账款、应收票据、准备持有至到期的债券投资以及债务的豁免等。

《企业所得税法》第六条所称企业取得收入的非货币形式，包括固定资产、生物资产、无形资产、股权投资、存货、不准备持有至到期的债券投资、劳务以及有关权益等。

第十三条　《企业所得税法》第六条所称企业以非货币形式取得的收入，应当按照公允价值确定收入额。

前款所称公允价值，是指按照市场价格确定的价值。

第十四条　《企业所得税法》第六条第（一）项所称销售货物收入，是指企业销售商品、产品、原材料、包装物、低值易耗品以及其他存货取得的收入。

第十五条　《企业所得税法》第六条第（二）项所称提供劳务收入，是指企业从事建筑安装、修理修配、交通运输、仓储租赁、金融保险、邮电通信、咨询经纪、文化体育、科学研究、技术服务、教育培训、餐饮住宿、中介代理、卫生保健、社区服务、旅游、娱乐、加工以及其他劳务服务活动取得的收入。

第十六条　《企业所得税法》第六条第（三）项所称转让财产收入，是指企业转让固定资产、生物资产、无形资产、股权、债权等财产取得的收入。

第十七条　《企业所得税法》第六条第（四）项所称股息、红利等权益性投资收益，是指企业因权益性投资从被投资方取得的收入。

股息、红利等权益性投资收益，除国务院财政、税务主管部门另有规定外，按照被投资方作出利润分配决定的日期确认收入的实现。

第十八条　《企业所得税法》第六条第（五）项所称利息收入，是指企业将资金提供他人使用但不构成权益性投资，或者因他人占用本企业资金取得的收入，包括存款利息、贷款利息、债券利息、欠款利息等收入。

利息收入，按照合同约定的债务人应付利息的日期确认收入的实现。

第十九条 《企业所得税法》第六条第(六)项所称租金收入,是指企业提供固定资产、包装物或者其他有形资产的使用权取得的收入。

租金收入,按照合同约定的承租人应付租金的日期确认收入的实现。

第二十条 《企业所得税法》第六条第(七)项所称特许权使用费收入,是指企业提供专利权、非专利技术、商标权、著作权以及其他特许权的使用权取得的收入。

特许权使用费收入,按照合同约定的特许权使用人应付特许权使用费的日期确认收入的实现。

第二十一条 《企业所得税法》第六条第(八)项所称接受捐赠收入,是指企业接受的来自其他企业、组织或者个人无偿给予的货币性资产、非货币性资产。

接受捐赠收入,按照实际收到捐赠资产的日期确认收入的实现。

第二十二条 《企业所得税法》第六条第(九)项所称其他收入,是指企业取得的除《企业所得税法》第六条第(一)项至第(八)项规定的收入外的其他收入,包括企业资产溢余收入、逾期未退包装物押金收入、确实无法偿付的应付款项、已作坏账损失处理后又收回的应收款项、债务重组收入、补贴收入、违约金收入、汇兑收益等。

第二十三条 企业的下列生产经营业务可以分期确认收入的实现:

(一)以分期收款方式销售货物的,按照合同约定的收款日期来确认收入的实现;

(二)企业受托加工制造大型机械设备、船舶、飞机,以及从事建筑、安装、装配工程业务或者提供其他劳务等,持续时间超过12个月的,按照纳税年度内完工进度或者完成的工作量确认收入的实现。

第二十四条 采取产品分成方式取得收入的,按照企业分得产品的日期确认收入的实现,其收入额按照产品的公允价值确定。

第二十五条 企业发生非货币性资产交换,以及将货物、财产、劳务用于捐赠、偿债、赞助、集资、广告、样品、职工福利或者利润分配等用途的,应当视同销售货物、转让财产或者提供劳务,但国务院财政、税务主管部门另有规定的除外。

第二十六条 《企业所得税法》第七条第(一)项所称财政拨款,是指各级人民政府对纳入预算管理的事业单位、社会团体等组织拨付的财政资金,但国务院和国务院财政、税务主管部门另有规定的除外。

《企业所得税法》第七条第(二)项所称行政事业性收费,是指依照法律法规等有关规定,按照国务院规定程序批准,在实施社会公共管理,以及在向公民、法人或者其他组织提供特定公共服务过程中，向特定对象收取并纳入财政管理的费用。

《企业所得税法》第七条第（二）项所称政府性基金，是指企业依照法律、行政法规等有关规定，代政府收取的具有专项用途的财政资金。

《企业所得税法》第七条第（三）项所称国务院规定的其他不征税收入，是指企业取得的，由国务院财政、税务主管部门规定专项用途并经国务院批准的财政性资金。

第三节 扣 除

第二十七条 《企业所得税法》第八条所称有关的支出，是指与取得收入直接相关的支出。

《企业所得税法》第八条所称合理的支出，是指符合生产经营活动常规，应当计入当期损益或者有关资产成本的必要和正常的支出。

第二十八条 企业发生的支出应当区分收益性支出和资本性支出。收益性支出在发生当期直接扣除；资本性支出应当分期扣除或者计入有关资产成本，不得在发生当期直接扣除。

企业的不征税收入用于支出所形成的费用或者财产，不得扣除或者计算对应的折旧、摊销扣除。

除企业所得税法和本条例另有规定外，企业实际发生的成本、费用、税金、损失和其他支出，不得重复扣除。

第二十九条 《企业所得税法》第八条所称成本，是指企业在生产经营活动中发生的销售成本、销货成本、业务支出以及其他耗费。

第三十条 《企业所得税法》第八条所称费用，是指企业在生产经营活动中发生的销售费用、管理费用和财务费用，已经计入成本的有关费用除外。

第三十一条 《企业所得税法》第八条所称税金，是指企业发生的除企业所得税和允许抵扣的增值税以外的各项税金及其附加。

第三十二条 《企业所得税法》第八条所称损失，是指企业在生产经营活动中发生的固定资产和存货的盘亏、毁损、报废损失，转让财产损失，呆账损失，坏账损失，自然灾害等不可抗力因素造成的损失以及其他损失。

企业发生的损失，减除责任人赔偿和保险赔款后的余额，依照国务院财政、税务主管部门的规定扣除。

企业已经作为损失处理的资产，在以后纳税年度又全部收回或者部分收回时，应当计入当期收入。

第三十三条　《企业所得税法》第八条所称其他支出，是指除成本、费用、税金、损失外，企业在生产经营活动中发生的与生产经营活动有关的、合理的支出。

第三十四条　企业发生的合理的工资薪金支出，准予扣除。

前款所称工资薪金，是指企业每一纳税年度支付给在本企业任职或者受雇的员工的所有现金形式或者非现金形式的劳动报酬，包括基本工资、奖金、津贴、补贴、年终加薪、加班工资，以及与员工任职或者受雇有关的其他支出。

第三十五条　企业依照国务院有关主管部门或者省级人民政府规定的范围和标准为职工缴纳的基本养老保险费、基本医疗保险费、失业保险费、工伤保险费、生育保险费等基本社会保险费和住房公积金，准予扣除。

企业为投资者或者职工支付的补充养老保险费、补充医疗保险费，在国务院财政、税务主管部门规定的范围和标准内，准予扣除。

第三十六条　除企业依照国家有关规定为特殊工种职工支付的人身安全保险费和国务院财政、税务主管部门规定可以扣除的其他商业保险费外，企业为投资者或者职工支付的商业保险费，不得扣除。

第三十七条　企业在生产经营活动中发生的合理的不需要资本化的借款费用，准予扣除。

企业为购置、建造固定资产、无形资产和经过 12 个月以上的建造才能达到预定可销售状态的存货发生借款的，在有关资产购置、建造期间发生的合理的借款费用，应当作为资本性支出计入有关资产的成本，并依照本条例的规定扣除。

第三十八条　企业在生产经营活动中发生的下列利息支出，准予扣除：

（一）非金融企业向金融企业借款的利息支出、金融企业的各项存款利息支出和同业拆借利息支出、企业经批准发行债券的利息支出；

（二）非金融企业向非金融企业借款的利息支出，不超过按照金融企业同期同类贷款利率计算的数额的部分。

第三十九条　企业在货币交易中，以及纳税年度终了时将人民币以外的货币性资产、负债按照期末即期人民币汇率中间价折算为人民币时产生的汇兑损失，除已经计入有关资产成本以及与向所有者进行利润分配相关的部分外，准予扣除。

第四十条　企业发生的职工福利费支出，不超过工资薪金总额 14% 的部分，准予扣除。

第四十一条 企业拨缴的工会经费，不超过工资薪金总额2%的部分，准予扣除。

第四十二条 除国务院财政、税务主管部门另有规定外，企业发生的职工教育经费支出，不超过工资薪金总额2.5%的部分，准予扣除；超过部分，准予在以后纳税年度结转扣除。

第四十三条 企业发生的与生产经营活动有关的业务招待费支出，按照发生额的60%扣除，但最高不得超过当年销售（营业）收入的5‰。

第四十四条 企业发生的符合条件的广告费和业务宣传费支出，除国务院财政、税务主管部门另有规定外，不超过当年销售（营业）收入15%的部分，准予扣除；超过部分，准予在以后纳税年度结转扣除。

第四十五条 企业依照法律、行政法规有关规定提取的用于环境保护、生态恢复等方面的专项资金，准予扣除。上述专项资金提取后改变用途的，不得扣除。

第四十六条 企业参加财产保险，按照规定缴纳的保险费，准予扣除。

第四十七条 企业根据生产经营活动的需要租入固定资产支付的租赁费，按照以下方法扣除：

（一）以经营租赁方式租入固定资产发生的租赁费支出，按照租赁期限均匀扣除；

（二）以融资租赁方式租入固定资产发生的租赁费支出，按照规定构成融资租入固定资产价值的部分应当提取折旧费用，分期扣除。

第四十八条 企业发生的合理的劳动保护支出，准予扣除。

第四十九条 企业之间支付的管理费、企业内营业机构之间支付的租金和特许权使用费，以及非银行企业内营业机构之间支付的利息，不得扣除。

第五十条 非居民企业在中国境内设立的机构、场所，就其中国境外总机构发生的与该机构、场所生产经营有关的费用，能够提供总机构出具的费用汇集范围、定额、分配依据和方法等证明文件，并合理分摊的，准予扣除。

第五十一条 《企业所得税法》第九条所称公益性捐赠，是指企业通过公益性社会团体或者县级以上人民政府及其部门，用于《中华人民共和国公益事业捐赠法》规定的公益事业的捐赠。

第五十二条 本条例第五十一条所称公益性社会团体，是指同时符合下列条件的基金会、慈善组织等社会团体：

（一）依法登记，具有法人资格；

（二）以发展公益事业为宗旨，且不以营利为目的；

（三）全部资产及其增值为该法人所有；

（四）收益和营运结余主要用于符合该法人设立目的的事业；

（五）终止后的剩余财产不归属任何个人或者营利组织；

（六）不经营与其设立目的无关的业务；

（七）有健全的财务会计制度；

（八）捐赠者不以任何形式参与社会团体财产的分配；

（九）国务院财政、税务主管部门会同国务院民政部门等登记管理部门规定的其他条件。

第五十三条　企业发生的公益性捐赠支出，不超过年度利润总额12%的部分，准予扣除。

年度利润总额，是指企业依照国家统一会计制度的规定计算的年度会计利润。

第五十四条　《企业所得税法》第十条第（六）项所称赞助支出，是指企业发生的与生产经营活动无关的各种非广告性质支出。

第五十五条　《企业所得税法》第十条第（七）项所称未经核定的准备金支出，是指不符合国务院财政、税务主管部门规定的各项资产减值准备、风险准备等准备金支出。

第四节　资产的税务处理

第五十六条　企业的各项资产，包括固定资产、生物资产、无形资产、长期待摊费用、投资资产、存货等，以历史成本为计税基础。

前款所称历史成本，是指企业取得该项资产时实际发生的支出。

企业持有各项资产期间资产增值或者减值，除国务院财政、税务主管部门规定可以确认损益外，不得调整该资产的计税基础。

第五十七条　《企业所得税法》第十一条所称固定资产，是指企业为生产产品、提供劳务、出租或者经营管理而持有的、使用时间超过12个月的非货币性资产，包括房屋、建筑物、机器、机械、运输工具以及其他与生产经营活动有关的设备、器具、工具等。

第五十八条　固定资产按照以下方法确定计税基础：

（一）外购的固定资产，以购买价款和支付的相关税费以及直接归属于使该资产达到预定用途发生的其他支出为计税基础；

（二）自行建造的固定资产，以竣工结算前发生的支出为计税基础；

（三）融资租入的固定资产，以租赁合同约定的付款总额和承租人在签订租赁合同过程中发生的相关费用为计税基础，租赁合同未约定付款总额的，以该资产的公允价值和承租人在签订租赁合同过程中发生的相关费用为计税基础；

（四）盘盈的固定资产，以同类固定资产的重置完全价值为计税基础；

（五）通过捐赠、投资、非货币性资产交换、债务重组等方式取得的固定资产，以该资产的公允价值和支付的相关税费为计税基础；

（六）改建的固定资产，除《企业所得税法》第十三条第（一）项和第（二）项规定的支出外，以改建过程中发生的改建支出增加计税基础。

第五十九条 固定资产按照直线法计算的折旧，准予扣除。

企业应当自固定资产投入使用月份的次月起计算折旧；停止使用的固定资产，应当自停止使用月份的次月起停止计算折旧。

企业应当根据固定资产的性质和使用情况，合理确定固定资产的预计净残值。固定资产的预计净残值一经确定，不得变更。

第六十条 除国务院财政、税务主管部门另有规定外，固定资产计算折旧的最低年限如下：

（一）房屋、建筑物，为 20 年；

（二）飞机、火车、轮船、机器、机械和其他生产设备，为 10 年；

（三）与生产经营活动有关的器具、工具、家具等，为 5 年；

（四）飞机、火车、轮船以外的运输工具，为 4 年；

（五）电子设备，为 3 年。

第六十一条 从事开采石油、天然气等矿产资源的企业，在开始商业性生产前发生的费用和有关固定资产的折耗、折旧方法，由国务院财政、税务主管部门另行规定。

第六十二条 生产性生物资产按照以下方法确定计税基础：

（一）外购的生产性生物资产，以购买价款和支付的相关税费为计税基础；

（二）通过捐赠、投资、非货币性资产交换、债务重组等方式取得的生产性生物资产，以该资产的公允价值和支付的相关税费为计税基础。

前款所称生产性生物资产，是指企业为生产农产品、提供劳务或者出租等而持有的生物资产，包括经济林、薪炭林、产畜和役畜等。

第六十三条 生产性生物资产按照直线法计算的折旧，准予扣除。

企业应当自生产性生物资产投入使用月份的次月起计算折旧；停止使用的生产性生物资产，应当自停止使用月份的次月起停止计算折旧。

企业应当根据生产性生物资产的性质和使用情况，合理确定生产性生物资产的预计净残值。生产性生物资产的预计净残值一经确定，不得变更。

第六十四条 生产性生物资产计算折旧的最低年限如下：

（一）林木类生产性生物资产，为10年；

（二）畜类生产性生物资产，为3年。

第六十五条 《企业所得税法》第十二条所称无形资产，是指企业为生产产品、提供劳务、出租或者经营管理而持有的、没有实物形态的非货币性长期资产，包括专利权、商标权、著作权、土地使用权、非专利技术、商誉等。

第六十六条 无形资产按照以下方法确定计税基础：

（一）外购的无形资产，以购买价款和支付的相关税费以及直接归属于使该资产达到预定用途发生的其他支出为计税基础；

（二）自行开发的无形资产，以开发过程中该资产符合资本化条件后至达到预定用途前发生的支出为计税基础；

（三）通过捐赠、投资、非货币性资产交换、债务重组等方式取得的无形资产，以该资产的公允价值和支付的相关税费为计税基础。

第六十七条 无形资产按照直线法计算的摊销费用，准予扣除。

无形资产的摊销年限不得低于10年。

作为投资或者受让的无形资产，有关法律规定或者合同约定了使用年限的，可以按照规定或者约定的使用年限分期摊销。

外购商誉的支出，在企业整体转让或者清算时，准予扣除。

第六十八条 《企业所得税法》第十三条第（一）项和第（二）项所称固定资产的改建支出，是指改变房屋或者建筑物结构、延长使用年限等发生的支出。

《企业所得税法》第十三条第（一）项规定的支出，按照固定资产预计尚可使用年限分期摊销；第（二）项规定的支出，按照合同约定的剩余租赁期限分期摊销。

改建的固定资产延长使用年限的，除《企业所得税法》第十三条第（一）项和第（二）项规定外，应当适当延长折旧年限。

第六十九条 《企业所得税法》第十三条第（三）项所称固定资产的大修理支出，是指同时符合下列条件的支出：

（一）修理支出达到取得固定资产时的计税基础50%以上；

（二）修理后固定资产的使用年限延长2年以上。

《企业所得税法》第十三条第(三)项规定的支出，按照固定资产尚可使用年限分期摊销。

第七十条 《企业所得税法》第十三条第(四)项所称其他应当作为长期待摊费用的支出，自支出发生月份的次月起，分期摊销，摊销年限不得低于3年。

第七十一条 《企业所得税法》第十四条所称投资资产，是指企业对外进行权益性投资和债权性投资形成的资产。

企业在转让或者处置投资资产时，投资资产的成本，准予扣除。

投资资产按照以下方法确定成本：

（一）通过支付现金方式取得的投资资产，以购买价款为成本；

（二）通过支付现金以外的方式取得的投资资产，以该资产的公允价值和支付的相关税费为成本。

第七十二条 《企业所得税法》第十五条所称存货，是指企业持有以备出售的产品或者商品、处在生产过程中的在产品、在生产或者提供劳务过程中耗用的材料和物料等。

存货按照以下方法确定成本：

（一）通过支付现金方式取得的存货，以购买价款和支付的相关税费为成本；

（二）通过支付现金以外的方式取得的存货，以该存货的公允价值和支付的相关税费为成本；

（三）生产性生物资产收获的农产品，以产出或者采收过程中发生的材料费、人工费和分摊的间接费用等必要支出为成本。

第七十三条 企业使用或者销售的存货的成本计算方法，可以在先进先出法、加权平均法、个别计价法中选用一种。计价方法一经选用，不得随意变更。

第七十四条 《企业所得税法》第十六条所称资产的净值和第十九条所称财产净值，是指有关资产、财产的计税基础减除已经按照规定扣除的折旧、折耗、摊销、准备金等后的余额。

第七十五条 除国务院财政、税务主管部门另有规定外，企业在重组过程中，应当在交易发生时确认有关资产的转让所得或者损失，相关资产应当按照交易价格重新确定计税基础。

第三章 应纳税额

第七十六条 《企业所得税法》第二十二条规定的应纳税额的计算公

式为：

应纳税额＝应纳税所得额×适用税率－减免税额－抵免税额

公式中的减免税额和抵免税额，是指依照企业所得税法和国务院的税收优惠规定减征、免征和抵免的应纳税额。

第七十七条　《企业所得税法》第二十三条所称已在境外缴纳的所得税税额，是指企业来源于中国境外的所得依照中国境外税收法律以及相关规定应当缴纳并已经实际缴纳的企业所得税性质的税款。

第七十八条　《企业所得税法》第二十三条所称抵免限额，是指企业来源于中国境外的所得，依照企业所得税法和本条例的规定计算的应纳税额。除国务院财政、税务主管部门另有规定外，该抵免限额应当分国（地区）不分项计算，计算公式如下：

抵免限额＝中国境内、境外所得依照企业所得税法和本条例的规定计算的应纳税总额×来源于某国（地区）的应纳税所得额÷中国境内、境外应纳税所得总额

第七十九条　《企业所得税法》第二十三条所称5个年度，是指从企业取得的来源于中国境外的所得，已经在中国境外缴纳的企业所得税性质的税额超过抵免限额的当年的次年起连续5个纳税年度。

第八十条　《企业所得税法》第二十四条所称直接控制，是指居民企业直接持有外国企业20%以上股份。

《企业所得税法》第二十四条所称间接控制，是指居民企业以间接持股方式持有外国企业20%以上股份，具体认定办法由国务院财政、税务主管部门另行制定。

第八十一条　企业依照《企业所得税法》第二十三条、第二十四条的规定抵免企业所得税税额时，应当提供中国境外税务机关出具的税款所属年度的有关纳税凭证。

第四章　税收优惠

第八十二条　《企业所得税法》第二十六条第（一）项所称国债利息收入，是指企业持有国务院财政部门发行的国债取得的利息收入。

第八十三条　《企业所得税法》第二十六条第（二）项所称符合条件的居民企业之间的股息、红利等权益性投资收益，是指居民企业直接投资于其他居民企业取得的投资收益。《企业所得税法》第二十六条第（二）项和第（三）项所称股息、红利等权益性投资收益，不包括连续持有居民企业公开发行并上市流通的股票不足12个月取得的投资收益。

第八十四条 《企业所得税法》第二十六条第(四)项所称符合条件的非营利组织,是指同时符合下列条件的组织:

(一)依法履行非营利组织登记手续;

(二)从事公益性或者非营利性活动;

(三)取得的收入除用于与该组织有关的、合理的支出外,全部用于登记核定或者章程规定的公益性或者非营利性事业;

(四)财产及其孳息不用于分配;

(五)按照登记核定或者章程规定,该组织注销后的剩余财产用于公益性或者非营利性目的,或者由登记管理机关转赠给与该组织性质、宗旨相同的组织,并向社会公告;

(六)投入人对投入该组织的财产不保留或者享有任何财产权利;

(七)工作人员工资福利开支控制在规定的比例内,不变相分配该组织的财产。

前款规定的非营利组织的认定管理办法由国务院财政、税务主管部门会同国务院有关部门制定。

第八十五条 《企业所得税法》第二十六条第(四)项所称符合条件的非营利组织的收入,不包括非营利组织从事营利性活动取得的收入,但国务院财政、税务主管部门另有规定的除外。

第八十六条 《企业所得税法》第二十七条第(一)项规定的企业从事农、林、牧、渔业项目的所得,可以免征、减征企业所得税,是指:

(一)企业从事下列项目的所得,免征企业所得税:

1. 蔬菜、谷物、薯类、油料、豆类、棉花、麻类、糖料、水果、坚果的种植;

2. 农作物新品种的选育;

3. 中药材的种植;

4. 林木的培育和种植;

5. 牲畜、家禽的饲养;

6. 林产品的采集;

7. 灌溉、农产品初加工、兽医、农技推广、农机作业和维修等农、林、牧、渔服务业项目;

8. 远洋捕捞。

(二)企业从事下列项目的所得,减半征收企业所得税:

1. 花卉、茶以及其他饮料作物和香料作物的种植;

2. 海水养殖、内陆养殖。

企业从事国家限制和禁止发展的项目，不得享受本条规定的企业所得税优惠。

第八十七条　《企业所得税法》第二十七条第(二)项所称国家重点扶持的公共基础设施项目，是指《公共基础设施项目企业所得税优惠目录》规定的港口码头、机场、铁路、公路、城市公共交通、电力、水利等项目。

企业从事前款规定的国家重点扶持的公共基础设施项目的投资经营的所得，自项目取得第一笔生产经营收入所属纳税年度起，第一年至第三年免征企业所得税，第四年至第六年减半征收企业所得税。

企业承包经营、承包建设和内部自建自用本条规定的项目，不得享受本条规定的企业所得税优惠。

第八十八条　《企业所得税法》第二十七条第(三)项所称符合条件的环境保护、节能节水项目，包括公共污水处理、公共垃圾处理、沼气综合开发利用、节能减排技术改造、海水淡化等。项目的具体条件和范围由国务院财政、税务主管部门商国务院有关部门制定，报国务院批准后公布施行。

企业从事前款规定的符合条件的环境保护、节能节水项目的所得，自项目取得第一笔生产经营收入所属纳税年度起，第一年至第三年免征企业所得税，第四年至第六年减半征收企业所得税。

第八十九条　依照本条例第八十七条和第八十八条规定享受减免税优惠的项目，在减免税期限内转让的，受让方自受让之日起，可以在剩余期限内享受规定的减免税优惠；减免税期限届满后转让的，受让方不得就该项目重复享受减免税优惠。

第九十条　《企业所得税法》第二十七条第(四)项所称符合条件的技术转让所得免征、减征企业所得税，是指一个纳税年度内，居民企业技术转让所得不超过500万元的部分，免征企业所得税；超过500万元的部分，减半征收企业所得税。

第九十一条　非居民企业取得《企业所得税法》第二十七条第(五)项规定的所得，减按10%的税率征收企业所得税。

下列所得可以免征企业所得税：

(一) 外国政府向中国政府提供贷款取得的利息所得；

(二) 国际金融组织向中国政府和居民企业提供优惠贷款取得的利息所得；

(三) 经国务院批准的其他所得。

第九十二条　《企业所得税法》第二十八条第一款所称符合条件的小

型微利企业，是指从事国家非限制和禁止行业，并符合下列条件的企业：

（一）工业企业，年度应纳税所得额不超过30万元，从业人数不超过100人，资产总额不超过3000万元；

（二）其他企业，年度应纳税所得额不超过30万元，从业人数不超过80人，资产总额不超过1000万元。

第九十三条 《企业所得税法》第二十八条第二款所称国家需要重点扶持的高新技术企业，是指拥有核心自主知识产权，并同时符合下列条件的企业：

（一）产品（服务）属于《国家重点支持的高新技术领域》规定的范围；

（二）研究开发费用占销售收入的比例不低于规定比例；

（三）高新技术产品（服务）收入占企业总收入的比例不低于规定比例；

（四）科技人员占企业职工总数的比例不低于规定比例；

（五）高新技术企业认定管理办法规定的其他条件。

《国家重点支持的高新技术领域》和高新技术企业认定管理办法由国务院科技、财政、税务主管部门商国务院有关部门制订，报国务院批准后公布施行。

第九十四条 《企业所得税法》第二十九条所称民族自治地方，是指依照《中华人民共和国民族区域自治法》的规定，实行民族区域自治的自治区、自治州、自治县。

对民族自治地方内国家限制和禁止行业的企业，不得减征或者免征企业所得税。

第九十五条 《企业所得税法》第三十条第（一）项所称研究开发费用的加计扣除，是指企业为开发新技术、新产品、新工艺发生的研究开发费用，未形成无形资产计入当期损益的，在按照规定据实扣除的基础上，按照研究开发费用的50%加计扣除；形成无形资产的，按照无形资产成本的150%摊销。

第九十六条 《企业所得税法》第三十条第（二）项所称企业安置残疾人员所支付的工资的加计扣除，是指企业安置残疾人员的，在按照支付给残疾职工工资据实扣除的基础上，按照支付给残疾职工工资的100%加计扣除。残疾人员的范围适用《中华人民共和国残疾人保障法》的有关规定。

《企业所得税法》第三十条第（二）项所称企业安置国家鼓励安置的其他就业人员所支付的工资的加计扣除办法，由国务院另行规定。

第九十七条　《企业所得税法》第三十一条所称抵扣应纳税所得额，是指创业投资企业采取股权投资方式投资于未上市的中小高新技术企业2年以上的，可以按照其投资额的70%在股权持有满2年的当年抵扣该创业投资企业的应纳税所得额；当年不足抵扣的，可以在以后纳税年度结转抵扣。

第九十八条　《企业所得税法》第三十二条所称可以采取缩短折旧年限或者采取加速折旧的方法的固定资产，包括：

（一）由于技术进步，产品更新换代较快的固定资产；

（二）常年处于强震动、高腐蚀状态的固定资产。

采取缩短折旧年限方法的，最低折旧年限不得低于本条例第六十条规定折旧年限的60%；采取加速折旧方法的，可以采取双倍余额递减法或者年数总和法。

第九十九条　《企业所得税法》第三十三条所称减计收入，是指企业以《资源综合利用企业所得税优惠目录》规定的资源作为主要原材料，生产国家非限制和禁止并符合国家和行业相关标准的产品取得的收入，减按90%计入收入总额。

前款所称原材料占生产产品材料的比例不得低于《资源综合利用企业所得税优惠目录》规定的标准。

第一百条　《企业所得税法》第三十四条所称税额抵免，是指企业购置并实际使用《环境保护专用设备企业所得税优惠目录》、《节能节水专用设备企业所得税优惠目录》和《安全生产专用设备企业所得税优惠目录》规定的环境保护、节能节水、安全生产等专用设备的，该专用设备的投资额的10%可以从企业当年的应纳税额中抵免；当年不足抵免的，可以在以后5个纳税年度结转抵免。

享受前款规定的企业所得税优惠的企业，应当实际购置并自身实际投入使用前款规定的专用设备；企业购置上述专用设备在5年内转让、出租的，应当停止享受企业所得税优惠，并补缴已经抵免的企业所得税税款。

第一百零一条　本章第八十七条、第九十九条、第一百条规定的企业所得税优惠目录，由国务院财政、税务主管部门商国务院有关部门制定，报国务院批准后公布施行。

第一百零二条　企业同时从事适用不同企业所得税待遇的项目的，其优惠项目应当单独计算所得，并合理分摊企业的期间费用；没有单独计算的，不得享受企业所得税优惠。

第五章　源泉扣缴

第一百零三条　依照企业所得税法对非居民企业应当缴纳的企业所得税实行源泉扣缴的，应当依照《企业所得税法》第十九条的规定计算应纳税所得额。

《企业所得税法》第十九条所称收入全额，是指非居民企业向支付人收取的全部价款和价外费用。

第一百零四条　《企业所得税法》第三十七条所称支付人，是指依照有关法律规定或者合同约定对非居民企业直接负有支付相关款项义务的单位或者个人。

第一百零五条　《企业所得税法》第三十七条所称支付，包括现金支付、汇拨支付、转账支付和权益兑价支付等货币支付和非货币支付。

《企业所得税法》第三十七条所称到期应支付的款项，是指支付人按照权责发生制原则应当计入相关成本、费用的应付款项。

第一百零六条　《企业所得税法》第三十八条规定的可以指定扣缴义务人的情形，包括：

（一）预计工程作业或者提供劳务期限不足一个纳税年度，且有证据表明不履行纳税义务的；

（二）没有办理税务登记或者临时税务登记，且未委托中国境内的代理人履行纳税义务的；

（三）未按照规定期限办理企业所得税纳税申报或者预缴申报的。

前款规定的扣缴义务人，由县级以上税务机关指定，并同时告知扣缴义务人所扣税款的计算依据、计算方法、扣缴期限和扣缴方式。

第一百零七条　《企业所得税法》第三十九条所称所得发生地，是指依照本条例第七条规定的原则确定的所得发生地。在中国境内存在多处所得发生地的，由纳税人选择其中之一申报缴纳企业所得税。

第一百零八条　《企业所得税法》第三十九条所称该纳税人在中国境内其他收入，是指该纳税人在中国境内取得的其他各种来源的收入。

税务机关在追缴该纳税人应纳税款时，应当将追缴理由、追缴数额、缴纳期限和缴纳方式等告知该纳税人。

第六章　特别纳税调整

第一百零九条　《企业所得税法》第四十一条所称关联方，是指与企业有下列关联关系之一的企业、其他组织或者个人：

（一）在资金、经营、购销等方面存在直接或者间接的控制关系；

（二）直接或者间接地同为第三者控制；

（三）在利益上具有相关联的其他关系。

第一百一十条　《企业所得税法》第四十一条所称独立交易原则，是指没有关联关系的交易各方，按照公平成交价格和营业常规进行业务往来遵循的原则。

第一百一十一条　《企业所得税法》第四十一条所称合理方法，包括：

（一）可比非受控价格法，是指按照没有关联关系的交易各方进行相同或者类似业务往来的价格进行定价的方法；

（二）再销售价格法，是指按照从关联方购进商品再销售给没有关联关系的交易方的价格，减除相同或者类似业务的销售毛利进行定价的方法；

（三）成本加成法，是指按照成本加合理的费用和利润进行定价的方法；

（四）交易净利润法，是指按照没有关联关系的交易各方进行相同或者类似业务往来取得的净利润水平确定利润的方法；

（五）利润分割法，是指将企业与其关联方的合并利润或者亏损在各方之间采用合理标准进行分配的方法；

（六）其他符合独立交易原则的方法。

第一百一十二条　企业可以依照《企业所得税法》第四十一条第二款的规定，按照独立交易原则与其关联方分摊共同发生的成本，达成成本分摊协议。

企业与其关联方分摊成本时，应当按照成本与预期收益相配比的原则进行分摊，并在税务机关规定的期限内，按照税务机关的要求报送有关资料。

企业与其关联方分摊成本时违反本条第一款、第二款规定的，其自行分摊的成本不得在计算应纳税所得额时扣除。

第一百一十三条　《企业所得税法》第四十二条所称预约定价安排，是指企业就其未来年度关联交易的定价原则和计算方法，向税务机关提出申请，与税务机关按照独立交易原则协商、确认后达成的协议。

第一百一十四条　《企业所得税法》第四十三条所称相关资料，包括：

（一）与关联业务往来有关的价格、费用的制定标准、计算方法和说明等同期资料；

（二）关联业务往来所涉及的财产、财产使用权、劳务等的再销售（转让）价格或者最终销售（转让）价格的相关资料；

（三）与关联业务调查有关的其他企业应当提供的与被调查企业可比的产品价格、定价方式以及利润水平等资料；

（四）其他与关联业务往来有关的资料。

《企业所得税法》第四十三条所称与关联业务调查有关的其他企业，是指与被调查企业在生产经营内容和方式上相类似的企业。

企业应当在税务机关规定的期限内提供与关联业务往来有关的价格、费用的制定标准、计算方法和说明等资料。关联方以及与关联业务调查有关的其他企业应当在税务机关与其约定的期限内提供相关资料。

第一百一十五条 税务机关依照《企业所得税法》第四十四条的规定核定企业的应纳税所得额时，可以采用下列方法：

（一）参照同类或者类似企业的利润率水平核定；

（二）按照企业成本加合理的费用和利润的方法核定；

（三）按照关联企业集团整体利润的合理比例核定；

（四）按照其他合理方法核定。

企业对税务机关按照前款规定的方法核定的应纳税所得额有异议的，应当提供相关证据，经税务机关认定后，调整核定的应纳税所得额。

第一百一十六条 《企业所得税法》第四十五条所称中国居民，是指根据《中华人民共和国个人所得税法》的规定，就其从中国境内、境外取得的所得在中国缴纳个人所得税的个人。

第一百一十七条 《企业所得税法》第四十五条所称控制，包括：

（一）居民企业或者中国居民直接或者间接单一持有外国企业10%以上有表决权股份，且由其共同持有该外国企业50%以上股份；

（二）居民企业，或者居民企业和中国居民持股比例没有达到第（一）项规定的标准，但在股份、资金、经营、购销等方面对该外国企业构成实质控制。

第一百一十八条 《企业所得税法》第四十五条所称实际税负明显低于《企业所得税法》第四条第一款规定税率水平，是指低于《企业所得税法》第四条第一款规定税率的50%。

第一百一十九条 《企业所得税法》第四十六条所称债权性投资，是指企业直接或者间接从关联方获得的，需要偿还本金和支付利息或者需要以其他具有支付利息性质的方式予以补偿的融资。

企业间接从关联方获得的债权性投资，包括：

（一）关联方通过无关联第三方提供的债权性投资；

（二）无关联第三方提供的、由关联方担保且负有连带责任的债权性投资；

（三）其他间接从关联方获得的具有负债实质的债权性投资。

《企业所得税法》第四十六条所称权益性投资，是指企业接受的不需要偿还本金和支付利息，投资人对企业净资产拥有所有权的投资。

《企业所得税法》第四十六条所称标准，由国务院财政、税务主管部门另行规定。

第一百二十条 《企业所得税法》第四十七条所称不具有合理商业目的，是指以减少、免除或者推迟缴纳税款为主要目的。

第一百二十一条 税务机关根据税收法律、行政法规的规定，对企业作出特别纳税调整的，应当对补征的税款，自税款所属纳税年度的次年6月1日起至补缴税款之日止的期间，按日加收利息。

前款规定加收的利息，不得在计算应纳税所得额时扣除。

第一百二十二条 《企业所得税法》第四十八条所称利息，应当按照税款所属纳税年度中国人民银行公布的与补税期间同期的人民币贷款基准利率加5个百分点计算。

企业依照《企业所得税法》第四十三条和本条例的规定提供有关资料的，可以只按前款规定的人民币贷款基准利率计算利息。

第一百二十三条 企业与其关联方之间的业务往来，不符合独立交易原则，或者企业实施其他不具有合理商业目的的安排的，税务机关有权在该业务发生的纳税年度起10年内，进行纳税调整。

第七章 征收管理

第一百二十四条 《企业所得税法》第五十条所称企业登记注册地，是指企业依照国家有关规定登记注册的住所地。

第一百二十五条 企业汇总计算并缴纳企业所得税时，应当统一核算应纳税所得额，具体办法由国务院财政、税务主管部门另行制定。

第一百二十六条 《企业所得税法》第五十一条所称主要机构、场所，应当同时符合下列条件：

（一）对其他各机构、场所的生产经营活动负有监督管理责任；

（二）设有完整的账簿、凭证，能够准确反映各机构、场所的收入、成本、费用和盈亏情况。

第一百二十七条 《企业所得税法》第五十一条所称经税务机关审核批准，是指经各机构、场所所在地税务机关的共同上级税务机关审核批准。

非居民企业经批准汇总缴纳企业所得税后，需要增设、合并、迁移、关闭机构场所或者停止机构、场所业务的，应当事先由负责汇总申报缴纳企业所得税的主要机构、场所向其所在地税务机关报告；需要变更汇总缴纳企业所得税的主要机构、场所的，依照前款规定办理。

第一百二十八条 企业所得税分月或者分季预缴，由税务机关具体核定。

企业根据《企业所得税法》第五十四条规定分月或者分季预缴企业所得税时，应当按照月度或者季度的实际利润额预缴；按照月度或者季度的实际利润额预缴有困难的，可以按照上一纳税年度应纳税所得额的月度或者季度平均额预缴，或者按照经税务机关认可的其他方法预缴。预缴方法一经确定，该纳税年度内不得随意变更。

第一百二十九条 企业在纳税年度内无论盈利或者亏损，都应当依照《企业所得税法》第五十四条规定的期限，向税务机关报送预缴企业所得税纳税申报表、年度企业所得税纳税申报表、财务会计报告和税务机关规定应当报送的其他有关资料。

第一百三十条 企业所得以人民币以外的货币计算的，预缴企业所得税时，应当按照月度或者季度最后一日的人民币汇率中间价，折合成人民币计算应纳税所得额。年度终了汇算清缴时，对已经按照月度或者季度预缴税款的，不再重新折合计算，只就该纳税年度内未缴纳企业所得税的部分，按照纳税年度最后一日的人民币汇率中间价，折合成人民币计算应纳税所得额。

经税务机关检查确认，企业少计或者多计前款规定的所得的，应当按照检查确认补税或者退税时的上一个月最后一日的人民币汇率中间价，将少计或者多计的所得折合成人民币计算应纳税所得额，再计算应补缴或者应退的税款。

第八章 附 则

第一百三十一条 《企业所得税法》第五十七条第一款所称本法公布前已经批准设立的企业，是指企业所得税法公布前已经完成登记注册的企业。

第一百三十二条 在香港特别行政区、澳门特别行政区和台湾地区成立的企业，参照适用《企业所得税法》第二条第二款、第三款的有关规定。

第一百三十三条 本条例自 2008 年 1 月 1 日起施行。1991 年 6 月 30 日国务院发布的《中华人民共和国外商投资企业和外国企业所得税法实施细则》和 1994 年 2 月 4 日财政部发布的《中华人民共和国企业所得税暂行条例实施细则》同时废止。

附录D 中华人民共和国营业税暂行条例

中华人民共和国国务院令第540号

《中华人民共和国营业税暂行条例》已经2008年11月5日国务院第34次常务会议修订通过，现将修订后的《中华人民共和国营业税暂行条例》公布，自2009年1月1日起施行。

总理 温家宝

2008年11月10日

第一条 在中华人民共和国境内提供本条例规定的劳务、转让无形资产或者销售不动产的单位和个人，为营业税的纳税人，应当依照本条例缴纳营业税。

第二条 营业税的税目、税率，依照本条例所附的《营业税税目税率表》执行。

税目、税率的调整，由国务院决定。

纳税人经营娱乐业具体适用的税率，由省、自治区、直辖市人民政府在本条例规定的幅度内决定。

第三条 纳税人兼有不同税目的应当缴纳营业税的劳务（以下简称应税劳务）、转让无形资产或者销售不动产，应当分别核算不同税目的营业额、转让额、销售额（以下统称营业额）；未分别核算营业额的，从高适用税率。

第四条 纳税人提供应税劳务、转让无形资产或者销售不动产，按照营业额和规定的税率计算应纳税额。应纳税额计算公式：

应纳税额＝营业额×税率

营业额以人民币计算。纳税人以人民币以外的货币结算营业额的，应当折合成人民币计算。

第五条 纳税人的营业额为纳税人提供应税劳务、转让无形资产或者销售不动产收取的全部价款和价外费用。但是，下列情形除外：

（一）纳税人将承揽的运输业务分给其他单位或者个人的，以其取得的全部价款和价外费用扣除其支付给其他单位或者个人的运输费用后的余额为营业额；

（二）纳税人从事旅游业务的，以其取得的全部价款和价外费用扣除替旅游者支付给其他单位或者个人的住宿费、餐费、交通费、旅游景点门票和支付给其他接团旅游企业的旅游费后的余额为营业额；

（三）纳税人将建筑工程分包给其他单位的，以其取得的全部价款和价外费用扣除其支付给其他单位的分包款后的余额为营业额；

（四）外汇、有价证券、期货等金融商品买卖业务，以卖出价减去买入价后的余额为营业额；

（五）国务院财政、税务主管部门规定的其他情形。

第六条 纳税人按照本条例第五条规定扣除有关项目，取得的凭证不符合法律、行政法规或者国务院税务主管部门有关规定的，该项目金额不得扣除。

第七条 纳税人提供应税劳务、转让无形资产或者销售不动产的价格明显偏低并无正当理由的，由主管税务机关核定其营业额。

第八条 下列项目免征营业税：

（一）托儿所、幼儿园、养老院、残疾人福利机构提供的育养服务，婚姻介绍，殡葬服务；

（二）残疾人员个人提供的劳务；

（三）医院、诊所和其他医疗机构提供的医疗服务；

（四）学校和其他教育机构提供的教育劳务，学生勤工俭学提供的劳务；

（五）农业机耕、排灌、病虫害防治、植物保护、农牧保险以及相关技术培训业务，家禽、牲畜、水生动物的配种和疾病防治；

（六）纪念馆、博物馆、文化馆、文物保护单位管理机构、美术馆、展览馆、书画院、图书馆举办文化活动的门票收入，宗教场所举办文化、宗教活动的门票收入；

（七）境内保险机构为出口货物提供的保险产品。

除前款规定外，营业税的免税、减税项目由国务院规定。任何地区、部门均不得规定免税、减税项目。

第九条 纳税人兼营免税、减税项目的，应当分别核算免税、减税项目的营业额；未分别核算营业额的，不得免税、减税。

第十条 纳税人营业额未达到国务院财政、税务主管部门规定的营业税起征点的，免征营业税；达到起征点的，依照本条例规定全额计算缴纳营业税。

第十一条 营业税扣缴义务人：

（一）中华人民共和国境外的单位或者个人在境内提供应税劳务、转让无形资产或者销售不动产，在境内未设有经营机构的，以其境内代理人为扣缴义务人；在境内没有代理人的，以受让方或者购买方为扣缴义务人。

（二）国务院财政、税务主管部门规定的其他扣缴义务人。

第十二条　营业税纳税义务发生时间为纳税人提供应税劳务、转让无形资产或者销售不动产并收讫营业收入款项或者取得索取营业收入款项凭据的当天。国务院财政、税务主管部门另有规定的，从其规定。

营业税扣缴义务发生时间为纳税人营业税纳税义务发生的当天。

第十三条　营业税由税务机关征收。

第十四条　营业税纳税地点：

（一）纳税人提供应税劳务应当向其机构所在地或者居住地的主管税务机关申报纳税。但是，纳税人提供的建筑业劳务以及国务院财政、税务主管部门规定的其他应税劳务，应当向应税劳务发生地的主管税务机关申报纳税。

（二）纳税人转让无形资产应当向其机构所在地或者居住地的主管税务机关申报纳税。但是，纳税人转让、出租土地使用权，应当向土地所在地的主管税务机关申报纳税。

（三）纳税人销售、出租不动产应当向不动产所在地的主管税务机关申报纳税。

扣缴义务人应当向其机构所在地或者居住地的主管税务机关申报缴纳其扣缴的税款。

第十五条　营业税的纳税期限分别为 5 日、10 日、15 日、1 个月或者 1 个季度。纳税人的具体纳税期限，由主管税务机关根据纳税人应纳税额的大小分别核定；不能按照固定期限纳税的，可以按次纳税。

纳税人以 1 个月或者 1 个季度为一个纳税期的，自期满之日起 15 日内申报纳税；以 5 日、10 日或者 15 日为一个纳税期的，自期满之日起 5 日内预缴税款，于次月 1 日起 15 日内申报纳税并结清上月应纳税款。

扣缴义务人解缴税款的期限，依照前两款的规定执行。

第十六条　营业税的征收管理，依照《中华人民共和国税收征收管理法》及本条例有关规定执行。

第十七条　本条例自 2009 年 1 月 1 日起施行。

附：

营业税税目税率表

税　　目	税　　率
一、交通运输业	3%
二、建筑业	3%
三、金融保险业	5%
四、邮电通信业	3%
五、文化体育业	3%
六、娱乐业	5%～20%
七、服务业	5%
八、转让无形资产	5%
九、销售不动产	5%

附录E　中华人民共和国增值税暂行条例

中华人民共和国国务院令第538号

《中华人民共和国增值税暂行条例》已经2008年11月5日国务院第34次常务会议修订通过，现将修订后的《中华人民共和国增值税暂行条例》公布，自2009年1月1日起施行。

总理　温家宝

2008年11月10日

第一条　在中华人民共和国境内销售货物或者提供加工、修理修配劳务以及进口货物的单位和个人，为增值税的纳税人，应当依照本条例缴纳增值税。

第二条　增值税税率：

（一）纳税人销售或者进口货物，除本条第（二）项、第（三）项规定外，税率为17%。

（二）纳税人销售或者进口下列货物，税率为13%：

1. 粮食、食用植物油；

2. 自来水、暖气、冷气、热水、煤气、石油液化气、天然气、沼气、居民用煤炭制品；

3. 图书、报纸、杂志；

4. 饲料、化肥、农药、农机、农膜；

5. 国务院规定的其他货物。

（三）纳税人出口货物，税率为零；但是，国务院另有规定的除外。

（四）纳税人提供加工、修理修配劳务（以下称应税劳务），税率为17%。

税率的调整，由国务院决定。

第三条　纳税人兼营不同税率的货物或者应税劳务，应当分别核算不同税率货物或者应税劳务的销售额；未分别核算销售额的，从高适用税率。

第四条　除本条例第十一条规定外，纳税人销售货物或者提供应税劳务（以下简称销售货物或者应税劳务），应纳税额为当期销项税额抵扣当期进项税额后的余额。应纳税额计算公式：

应纳税额＝当期销项税额－当期进项税额

当期销项税额小于当期进项税额不足抵扣时，其不足部分可以结转下期继续抵扣。

第五条　纳税人销售货物或者应税劳务，按照销售额和本条例第二条规定的税率计算并向购买方收取的增值税额，为销项税额。销项税额计算公式：

销项税额＝销售额×税率

第六条　销售额为纳税人销售货物或者应税劳务向购买方收取的全部价款和价外费用，但是不包括收取的销项税额。

销售额以人民币计算。纳税人以人民币以外的货币结算销售额的，应当折合成人民币计算。

第七条　纳税人销售货物或者应税劳务的价格明显偏低并无正当理由的，由主管税务机关核定其销售额。

第八条　纳税人购进货物或者接受应税劳务（以下简称购进货物或者应税劳务）支付或者负担的增值税额，为进项税额。

下列进项税额准予从销项税额中抵扣：

（一）从销售方取得的增值税专用发票上注明的增值税额。

（二）从海关取得的海关进口增值税专用缴款书上注明的增值税额。

（三）购进农产品，除取得增值税专用发票或者海关进口增值税专用缴款书外，按照农产品收购发票或者销售发票上注明的农产品买价和13%的扣除率计算的进项税额。进项税额计算公式：

进项税额＝买价×扣除率

（四）购进或者销售货物以及在生产经营过程中支付运输费用的，按照运输费用结算单据上注明的运输费用金额和7%的扣除率计算的进项税额。进项税额计算公式：

进项税额=运输费用金额×扣除率

准予抵扣的项目和扣除率的调整，由国务院决定。

第九条 纳税人购进货物或者应税劳务，取得的增值税扣税凭证不符合法律、行政法规或者国务院税务主管部门有关规定的，其进项税额不得从销项税额中抵扣。

第十条 下列项目的进项税额不得从销项税额中抵扣：

（一）用于非增值税应税项目、免征增值税项目、集体福利或者个人消费的购进货物或者应税劳务；

（二）非正常损失的购进货物及相关的应税劳务；

（三）非正常损失的在产品、产成品所耗用的购进货物或者应税劳务；

（四）国务院财政、税务主管部门规定的纳税人自用消费品；

（五）本条第（一）项至第（四）项规定的货物的运输费用和销售免税货物的运输费用。

第十一条 小规模纳税人销售货物或者应税劳务，实行按照销售额和征收率计算应纳税额的简易办法，并不得抵扣进项税额。应纳税额计算公式：

应纳税额=销售额×征收率

小规模纳税人的标准由国务院财政、税务主管部门规定。

第十二条 小规模纳税人增值税征收率为3%。

征收率的调整，由国务院决定。

第十三条 小规模纳税人以外的纳税人应当向主管税务机关申请资格认定。具体认定办法由国务院税务主管部门制定。

小规模纳税人会计核算健全，能够提供准确税务资料的，可以向主管税务机关申请资格认定，不作为小规模纳税人，依照本条例有关规定计算应纳税额。

第十四条 纳税人进口货物，按照组成计税价格和本条例第二条规定的税率计算应纳税额。组成计税价格和应纳税额计算公式：

组成计税价格=关税完税价格+关税+消费税

应纳税额=组成计税价格×税率

第十五条 下列项目免征增值税：

（一）农业生产者销售的自产农产品；

（二）避孕药品和用具；

（三）古旧图书；

（四）直接用于科学研究、科学试验和教学的进口仪器、设备；

（五）外国政府、国际组织无偿援助的进口物资和设备；

（六）由残疾人的组织直接进口供残疾人专用的物品；

（七）销售的自己使用过的物品。

除前款规定外，增值税的免税、减税项目由国务院规定。任何地区、部门均不得规定免税、减税项目。

第十六条　纳税人兼营免税、减税项目的，应当分别核算免税、减税项目的销售额；未分别核算销售额的，不得免税、减税。

第十七条　纳税人销售额未达到国务院财政、税务主管部门规定的增值税起征点的，免征增值税；达到起征点的，依照本条例规定全额计算缴纳增值税。

第十八条　中华人民共和国境外的单位或者个人在境内提供应税劳务，在境内未设有经营机构的，以其境内代理人为扣缴义务人；在境内没有代理人的，以购买方为扣缴义务人。

第十九条　增值税纳税义务发生时间：

（一）销售货物或者应税劳务，为收讫销售款项或者取得索取销售款项凭据的当天；先开具发票的，为开具发票的当天。

（二）进口货物，为报关进口的当天。

增值税扣缴义务发生时间为纳税人增值税纳税义务发生的当天。

第二十条　增值税由税务机关征收，进口货物的增值税由海关代征。

个人携带或者邮寄进境自用物品的增值税，连同关税一并计征。具体办法由国务院关税税则委员会会同有关部门制定。

第二十一条　纳税人销售货物或者应税劳务，应当向索取增值税专用发票的购买方开具增值税专用发票，并在增值税专用发票上分别注明销售额和销项税额。

属于下列情形之一的，不得开具增值税专用发票：

（一）向消费者个人销售货物或者应税劳务的；

（二）销售货物或者应税劳务适用免税规定的；

（三）小规模纳税人销售货物或者应税劳务的。

第二十二条　增值税纳税地点：

（一）固定业户应当向其机构所在地的主管税务机关申报纳税。总机构和分支机构不在同一县(市)的，应当分别向各自所在地的主管税务机关申报纳税；经国务院财政、税务主管部门或者其授权的财政、税务机关批准，可以由总机构汇总向总机构所在地的主管税务机关申报纳税。

（二）固定业户到外县(市)销售货物或者应税劳务，应当向其机构所在地的主管税务机关申请开具外出经营活动税收管理证明，并向其机构所在地的主管税务机关申报纳税；未开具证明的，应当向销售地或者劳务发生地的主管税务机关申报纳税；未向销售地或者劳务发生地的主管税务机关申报纳税的，由其机构所在地的主管税务机关补征税款。

（三）非固定业户销售货物或者应税劳务，应当向销售地或者劳务发生地的主管税务机关申报纳税；未向销售地或者劳务发生地的主管税务机关申报纳税的，由其机构所在地或者居住地的主管税务机关补征税款。

（四）进口货物，应当向报关地海关申报纳税。

扣缴义务人应当向其机构所在地或者居住地的主管税务机关申报缴纳其扣缴的税款。

第二十三条 增值税的纳税期限分别为 1 日、3 日、5 日、10 日、15 日、1 个月或者 1 个季度。纳税人的具体纳税期限，由主管税务机关根据纳税人应纳税额的大小分别核定；不能按照固定期限纳税的，可以按次纳税。

纳税人以 1 个月或者 1 个季度为 1 个纳税期的，自期满之日起 15 日内申报纳税；以 1 日、3 日、5 日、10 日或者 15 日为 1 个纳税期的，自期满之日起 5 日内预缴税款，于次月 1 日起 15 日内申报纳税并结清上月应纳税款。

扣缴义务人解缴税款的期限，依照前两款规定执行。

第二十四条 纳税人进口货物，应当自海关填发海关进口增值税专用缴款书之日起 15 日内缴纳税款。

第二十五条 纳税人出口货物适用退(免)税规定的，应当向海关办理出口手续，凭出口报关单等有关凭证，在规定的出口退(免)税申报期内按月向主管税务机关申报办理该项出口货物的退(免)税。具体办法由国务院财政、税务主管部门制定。

出口货物办理退税后发生退货或者退关的，纳税人应当依法补缴已退的税款。

第二十六条 增值税的征收管理，依照《中华人民共和国税收征收管理法》及本条例有关规定执行。

第二十七条 本条例自 2009 年 1 月 1 日起施行。

附录F　中华人民共和国消费税暂行条例

中华人民共和国国务院令第539号

《中华人民共和国消费税暂行条例》已经2008年11月5日国务院第34次常务会议修订通过，现将修订后的《中华人民共和国消费税暂行条例》公布，自2009年1月1日起施行。

总理　温家宝

2008年11月10日

第一条　在中华人民共和国境内生产、委托加工和进口本条例规定的消费品的单位和个人，以及国务院确定的销售本条例规定的消费品的其他单位和个人，为消费税的纳税人，应当依照本条例缴纳消费税。

第二条　消费税的税目、税率，依照《消费税税目税率表》执行。

消费税税目、税率的调整，由国务院决定。

第三条　纳税人兼营不同税率的应当缴纳消费税的消费品（以下简称应税消费品），应当分别核算不同税率应税消费品的销售额、销售数量；未分别核算销售额、销售数量，或者将不同税率的应税消费品组成成套消费品销售的，从高适用税率。

第四条　纳税人生产的应税消费品，于纳税人销售时纳税。纳税人自产自用的应税消费品，用于连续生产应税消费品的，不纳税；用于其他方面的，于移送使用时纳税。

委托加工的应税消费品，除受托方为个人外，由受托方在向委托方交货时代收代缴税款。委托加工的应税消费品，委托方用于连续生产应税消费品的，所纳税款准予按规定抵扣。

进口的应税消费品，于报关进口时纳税。

第五条　消费税实行从价定率、从量定额，或者从价定率和从量定额复合计税（以下简称复合计税）的办法计算应纳税额。应纳税额计算公式：

实行从价定率办法计算的应纳税额＝销售额×比例税率

实行从量定额办法计算的应纳税额＝销售数量×定额税率

实行复合计税办法计算的应纳税额＝销售额×比例税率＋销售数量×定额税率

纳税人销售的应税消费品，以人民币计算销售额。纳税人以人民币以外的货币结算销售额的，应当折合成人民币计算。

第六条 销售额为纳税人销售应税消费品向购买方收取的全部价款和价外费用。

第七条 纳税人自产自用的应税消费品，按照纳税人生产的同类消费品的销售价格计算纳税；没有同类消费品销售价格的，按照组成计税价格计算纳税。

实行从价定率办法计算纳税的组成计税价格计算公式：

组成计税价格＝(成本＋利润)÷(1－比例税率)

实行复合计税办法计算纳税的组成计税价格计算公式：

组成计税价格＝(成本＋利润＋自产自用数量×定额税率)÷(1－比例税率)

第八条 委托加工的应税消费品，按照受托方的同类消费品的销售价格计算纳税；没有同类消费品销售价格的，按照组成计税价格计算纳税。

实行从价定率办法计算纳税的组成计税价格计算公式：

组成计税价格＝(材料成本＋加工费)÷(1－比例税率)

实行复合计税办法计算纳税的组成计税价格计算公式：

组成计税价格＝(材料成本＋加工费＋委托加工数量×定额税率)÷(1－比例税率)

第九条 进口的应税消费品，按照组成计税价格计算纳税。

实行从价定率办法计算纳税的组成计税价格计算公式：

组成计税价格＝(关税完税价格＋关税)÷(1－消费税比例税率)

实行复合计税办法计算纳税的组成计税价格计算公式：

组成计税价格＝(关税完税价格＋关税＋进口数量×消费税定额税率)÷(1－消费税比例税率)

第十条 纳税人应税消费品的计税价格明显偏低并无正当理由的，由主管税务机关核定其计税价格。

第十一条 对纳税人出口应税消费品，免征消费税；国务院另有规定的除外。出口应税消费品的免税办法，由国务院财政、税务主管部门规定。

第十二条 消费税由税务机关征收，进口的应税消费品的消费税由海关代征。

个人携带或者邮寄进境的应税消费品的消费税，连同关税一并计征。具体办法由国务院关税税则委员会会同有关部门制定。

第十三条 纳税人销售的应税消费品，以及自产自用的应税消费品，除国务院财政、税务主管部门另有规定外，应当向纳税人机构所在地或者居住地的主管税务机关申报纳税。

委托加工的应税消费品，除受托方为个人外，由受托方向机构所在地或者居住地的主管税务机关解缴消费税税款。

进口的应税消费品，应当向报关地海关申报纳税。

第十四条　消费税的纳税期限分别为 1 日、3 日、5 日、10 日、15 日、1 个月或者 1 个季度。纳税人的具体纳税期限，由主管税务机关根据纳税人应纳税额的大小分别核定；不能按照固定期限纳税的，可以按次纳税。

纳税人以 1 个月或者 1 个季度为 1 个纳税期的，自期满之日起 15 日内申报纳税；以 1 日、3 日、5 日、10 日或者 15 日为 1 个纳税期的，自期满之日起 5 日内预缴税款，于次月 1 日起 15 日内申报纳税并结清上月应纳税款。

第十五条　纳税人进口应税消费品，应当自海关填发海关进口消费税专用缴款书之日起 15 日内缴纳税款。

第十六条　消费税的征收管理，依照《中华人民共和国税收征收管理法》及本条例有关规定执行。

第十七条　本条例自 2009 年 1 月 1 日起施行。

附：

消费税税目税率表

税　　目	税　　率
一、烟	
1. 卷烟	
(1) 甲类卷烟	45%加 0.003 元/支
(2) 乙类卷烟	30%加 0.003 元/支
2. 雪茄烟	25%
3. 烟丝	30%
二、酒及酒精	
1. 白酒	20%加 0.5 元/500 克(或者 500 毫升)
2. 黄酒	240 元/吨
3. 啤酒	
(1) 甲类啤酒	250 元/吨
(2) 乙类啤酒	220 元/吨
4. 其他酒	10%
5. 酒精	5%
三、化妆品	30%
四、贵重首饰及珠宝玉石	
1. 金银首饰、铂金首饰和钻石及钻石饰品	5%
2. 其他贵重首饰盒珠宝玉石	10%

续表

税目	税率
五、鞭炮、焰火	15%
六、成品油 1. 汽油 (1) 含铅汽油 (2) 无铅汽油 2. 柴油 3. 航空煤油 4. 石脑油 5. 溶剂油 6. 润滑油 7. 燃料油	 0.28 元/升 0.20 元/升 0.10 元/升 0.10 元/升 0.20 元/升 0.20 元/升 0.20 元/升 0.10 元/升
七、汽车轮胎	3%
八、摩托车 1. 气缸容量(排气量,下同)在 250 毫升(含 250 毫升)以下的 2. 气缸容量在 250 毫升以上的	 3% 10%
九、小汽车 1. 乘用车 (1) 气缸容量(排气量,下同)在 1.0 升(含 1.0 升)以下的 (2) 气缸容量在 1.0 升以上至 1.5 升(含 1.5 升)的 (3) 气缸容量在 1.5 升以上至 2.0 升(含 2.0 升)的 (4) 气缸容量在 2.0 升以上至 2.5 升(含 2.5 升)的 (5) 气缸容量在 2.5 升以上至 3.0 升(含 3.0 升)的 (6) 气缸容量在 3.0 升以上至 4.0 升(含 4.0 升)的 (7) 气缸容量在 4.0 以上的 2. 中轻型商务客车	 1% 3% 5% 9% 12% 25% 40% 5%
十、高尔夫球及球具	10%
十一、高档手表	20%
十二、游艇	10%
十三、木制一次性筷子	5%
十四、实木地板	5%

参考文献

[1] 蔡昌,张西克.新会计准则与涉税处理技巧[M].广州:广东省出版集团,2006.

[2] 余恕莲.西方财务会计[M].北京:对外经济贸易大学出版社,2007.

[3] 王秀丽.中级财务会计[M].北京:中信出版社,2006.

[4] 张新民.企业财务报表分析[M].北京:对外经济贸易大学出版社,2007.

[5] 中国注册会计师协会.会计[M].北京:中国财政经济出版社,2010.

[6] 中国注册会计师协会.税法[M].北京:经济科学出版社,2010.

[7] 盖地.税务筹划[M].北京:高等教育出版社,2006.

[8] 中华人民共和国财政部制定.企业会计准则——应用指南(2006)[S].北京:中国财政经济出版社,2006.

[9] 中华人民共和国财政部制定.企业会计准则(2006)[S].北京:经济科学出版社,2006.

[10] 国家税务总局.新企业所得税法解读[M].北京:中国税务工业出版社,2008.

[11] 孙瑞标,缪慧频,刘丽坚.《中华人民共和国企业所得税法》讲解[M].北京:人民出版社,2010.

[12] 孙瑞标,缪慧频,刘丽坚.《中华人民共和国企业所得税法》操作解答[M].北京:中国商业出版社,2010.

[13] 中国税务学会学术研究委员会.统一内外资企业所得税制研究[M].北京:中国税务出版社,2006.

[14] 财政部会计司编写组.企业会计准则讲解[M].北京:人民出版社,2007.

[15] 中华人民共和国企业所得税法起草小组.中华人民共和国企业所得税法实施条例释义及适用指南[M].北京:中国财政经济出版社,2007.

[16] 靳东升、李本贵.企业所得税理论与实践[M].北京:经济科学出版社,2006.